世界

世界の郷土料理事典

地　方　特　色

料　理　圖　鑑

集結300個國家、地區，藉著食譜認識各地歷史、文化、宗教飲食規則

前　言

　　世界料理綜合情報網站「e-food.jp」創立迄今已迎向第 20 個年頭，我們決
定將網站的主要內容「世界料理食譜集」集結成冊。儘管 e-food.jp 網站上刊載了
超過193個聯合國會員國、208個國際奧林匹克委員會（IOC）成員國與地區（2020
年 5 月）的食譜，但世界上其實有許多地區面臨主權獨立和領土相關問題，並且
僅以政治上的國家劃分來談論飲食文化也令我們感到不夠充分。

　　例如，英國是由英格蘭、蘇格蘭、威爾斯和北愛爾蘭組成的聯合王國，不僅
在一些運動項目中有各自的國家隊，語言與文化也有所不同。

　　此外，談及飲食文化時，我們也不能忽略歷史與地理條件。像是許多非洲國
家經歷了數百年的歐洲殖民，獨立至今才 70 年左右。另一方面，義大利在 19 世
紀成為一個獨立的統一國家前，有好幾世紀的時間是分屬不同的小國家。受到這
些歷史遺緒的影響，義大利各省至今仍有十分鮮明的獨特個性，加上國土遭南北
向的山脈貫穿，孕育出了豐富的地方色彩。西班牙、法國、印度以及我國日本也
是一樣的情形。

　　因此，我才希望在篇幅許可的範圍內，除了各國代表性的「國民料理」外，
也盡可能介紹那些在擁有重要飲食文化的區域裡，受到人們愛戴的地方特色料理
食譜。

　　地方特色料理是一地的人們悉心利用當地特有食材與料理方式代代傳承下來

的食物，料理中飽含著希冀家人能健康生活的心意。20 年過去，地方傳統料理的深奧與妝點餐桌的美麗民族風織品始終令我著迷不已。一有機會，我便會前往世界各地拜訪當地的職業廚師、專家、傳統宗教老師，或是聽他們分享、學習烹飪，或是親自品嘗和採訪，這些事對我而言是莫大的樂趣。

從這些經驗中我也開始深信，「食物是連結人與人之間最好的一種溝通方式」。

本書不只收錄料理的製作方式，也花了相當的篇幅說明料理的歷史文化、國際交流／商業基礎的飲食國際禮儀（protocol）和宗教飲食規定。即使語言不通，美味的家鄉菜也是世上所有人都津津樂道的話題，只要貼近對方的立場，展現出理解的態度，一定能加深彼此的信任。

當然，對於想學習飲食文化的人而言，我也衷心期盼本書除了引起各位對未知料理的期待與興奮外，也能像是每個人家中的一本常備百科，為你的料理靈感帶來幫助。

青木百合子

CHAPTER 2
│中東│
64 Middle East

CHAPTER 3
88 Europe
│歐洲│

CHAPTER 4
168 Africa
｜非 洲｜

CHAPTER 5　**216**
North and Central
America & Caribbean
｜北 美 洲、中 美 洲、加 勒 比 海｜

CHAPTER 5　**252**
South America
｜南 美 洲｜

CHAPTER 7

268 Oceania
| 大 洋 洲 |

● 為表現對各地飲食文化的敬意，本書食譜尊重原始作法，但也盡可能以基本和簡單的料理方式為優先，有時可以另外再添加油和鹽，或是辣度有所調整。

● 一些香料和特殊食材會盡量舉出日本能購買或是可替代的材料。繁體中文版則盡可能調整為台灣可購買或替代的材料。

● 1 杯＝ 200ml，1 大匙＝ 15ml，1 小匙＝ 5ml。以杯計算容易混淆時則改以 ml 標記。

● 微波爐的加熱時間以 500W 為基準，由於不同機種各有差異，請自行調整。

● 需將堅硬的食材剁碎時若無食物處理機和攪拌機，可將食材切碎後再以雙手持刀刃兩端、來回輕壓的方式剁細。

● 需將食材變成泥狀時，可用研磨缽或是將食材放入夾鏈袋，以擀麵棍或研磨棒滾壓。

CHAPTER 1

Asia

| 亞 洲 |

位於歐亞大陸的亞洲擁有得天獨厚的濕潤氣候，自古便有廣大的土地栽培稻米與其他各式各樣的農作物，也因此在中國文明的影響下孕育出使用筷子的文化。此外，誕生於亞洲的佛教、印度教、耆那教等傳統宗教也慢慢推廣嚴禁殺生、不食肉的教義。

除了源於長江流域的稻作、米食，發源於黃河流域的麵食、以麵皮包餡的餃子、饅頭和包子，都是極具亞洲風情的食物。

另一方面，自古便是香料寶庫的亞洲透過陸上與海上絲路，東西交流活絡，15 世紀中葉起，西班牙和葡萄牙人便為了追尋香料踏上亞洲的土地。

印度和中國等國家將香料和藥草的功效活用在飲食中，以「藥食同源」的思想為基礎，建構傳統醫學體系。人民普遍注重營養，擁有養生習慣也可說是亞洲飲食文化的一種特色。

亞洲
經常使用的
食材、調味料

酥油
澄清奶油，可以無鹽奶油替代。

阿魏（asafoetida）
氣味強烈的辛香料，用於印度料理中，可以大蒜替代。阿魏是不吃根莖類蔬菜的耆那教徒相當重視的食材。

羅望子醬
羅望子為一種具酸味的豆科植物果實，可用蜂蜜醃漬的酸梅去籽、加水稀釋取代。

紅蔥頭
洋蔥的一種，可以紅洋蔥替代。外型與蕗蕎（薤）類似，但為不同的辛香料，須注意。

咖哩葉
會散發獨特的辛香氣味，在有些園藝店裡稱為可因氏月橘（咖哩樹），被當做觀葉植物來販售。乾燥的葉子幾乎沒有香氣，手邊沒有時可省略。

檸檬葉
（kaffir lime leaves）
氣味清新的柑橘類果葉，有些地方也會以「卡菲爾萊姆」「泰國青檸」等名稱販售乾燥的葉子。沒有時可省略。

蝦醬
蝦米加鹽發酵的調味料，可以鹽辛櫻花蝦、鹽辛烏賊或蝦米取代。

kecap manis
一種印尼甜醬油，作法請參考 41 頁。

黑芥末籽
黑色的芥菜種子，可用孜然子替代。

檸檬香茅（lemongrass）
氣味類似檸檬的香草，可以去蠟後的檸檬皮替代。

India

印度
印度米豆粥 Khichdi

Khichdi 的紀錄最晚於西元前 300 年便已存在，是在民族、語言、宗教多元繁雜的印度大陸上，一道十分普遍的粥料理。khichdi 經常是印度嬰兒最早接觸的固體食物，也是印度媒體指定的國民料理。khichdi 是梵語中「米豆料理」的意思，在印度有各種作法，尤其受到北印人的喜愛。

材料（4 人份）

米 ……100g
綠豆 ……100g
洋蔥 ……1 顆
番茄 ……1 顆
青辣椒 ……1 根
薑 ……1 塊

孜然子 ……1 小匙
薑黃 ……1/4 小匙
奶油（有酥油用酥油）……1 大匙
鹽 ……少許（1 又 1/2 ～ 2 小匙左右）
香菜葉（裝飾用）……少許

作法

1. 米、綠豆各自洗淨後浸泡 30 分鐘。
2. 洋蔥、番茄切末，青辣椒去籽後切碎，薑磨泥。
3. 鍋中放入奶油加熱，孜然子下鍋以中火炒香後，加入洋蔥炒至透明。
4. 加入番茄、薑泥、青辣椒拌炒。加入薑黃拌炒。

5. 將 1 的水瀝乾，放入 4 的鍋裡攪拌。加入 700ml 的水、鹽巴，蓋上鍋蓋小火燉煮 45 分鐘。
6. 盛盤，以香菜葉點綴。

綠豆可用去皮扁豆替代。

memo

椰奶魚肉咖哩發源於南印度喀拉拉邦（Kerala）馬拉巴海灣（Malabar Coast）。meen 在當地話中指的是「魚」，moilee 則是一種燉飯或咖哩。馬拉巴海灣一帶是大航海時代葡萄牙人登陸的地方，至今仍有許多天主教徒，椰奶魚肉咖哩也是信徒們小齋期間重要的齋戒料理，與米飯一起食用。

印度（喀拉拉邦）
椰奶魚肉咖哩
Meen Moilee

罐裝椰奶液態水和濃稠奶油狀的部分分開使用。

memo

材料（4 人份）

青甘魚、鯛魚、鱈魚（魚片）……400g
A ┌ 萊姆汁 ……1 小匙
  │ 薑黃 ……1 又 1/2 小匙
  └ 鹽 ……少許
洋蔥、番茄 ……各 1 顆
薑（切末）……1cm
大蒜（切末）……2 片
黑芥末籽 ……1/2 小匙
胡椒 ……1 小匙
青辣椒（縱切）……2 根
新鮮咖哩葉 ……2 枝
椰奶 ……200ml
椰子油（可以植物油代替）……2 大匙
萊姆汁 ……1 大匙
萊姆（切片，裝飾用）*……少許
* 可以檸檬代替萊姆

作法

1. 魚片放入碗中以 A 醃漬，靜置 20 分鐘。
2. 洋蔥切薄片，番茄切 8 等分。
3. 平底鍋加入 1 大匙油加熱，將 1 連同醃汁倒入鍋中，煎烤魚片表面。
4. 以另一個鍋倒入 1 大匙油加熱，黑芥末籽炒香後加入薑末、蒜末拌炒。
5. 將洋蔥、咖哩葉、青辣椒加入 4，洋蔥炒至透明。加入番茄，輕輕拌炒。
6. 將椰奶液態水的部分加入 5 中攪拌後，放入 3 的魚片。加入椰奶濃稠奶油狀的部分攪拌，注意保持魚片完整，加熱 2～3 分鐘。加入鹽、胡椒調味。
7. 盛盤，放上少許萊姆片。

India

印度（卡納塔克邦）

印度香料薄捲餅
Masala Dosa

南印度卡納塔克邦（Karnataka）的純素城市烏杜皮（Udupi）發明了米薄餅「dosa」後，鄰近的門格洛爾（Mangalore）便以此為基礎創造了印度香料薄捲餅「masala dosa」。印度香料薄捲餅是道蔬食料理，餅皮以米糊與豆泥發酵後煎烤而成，內餡是以辛香料、香草拌炒的蔬菜，通常與椰子醬（coconut chutney）、蔬菜扁豆湯（sambar）一起食用。

材料（4 人份）

〈餅皮〉4 片份
米粉……120g
鷹嘴豆粉（besan）……60g
葫蘆巴（有的話再加）……1/2 小匙
鹽……1/2 小匙
水……180ml
〈香料馬鈴薯（Potato Masala）〉
馬鈴薯……3 顆
黑芥末籽……1 小匙

A
洋蔥（切末）……1/2 顆
薑（磨泥）……1cm
阿魏……1 小撮
（或蒜泥……1 小匙）
新鮮咖哩葉……1 枝

B
薑黃……1/2 小匙
青辣椒（切圈）……2 根
鹽……少許
香菜葉（切末）……2 大匙
植物油……1 大匙
融化奶油（或椰子油）……2 大匙

作法

1. 餅皮材料全部倒入碗中拌勻，蓋上保鮮膜至少發酵 3 小時（一整晚更佳）。

2. 製作香料馬鈴薯：馬鈴薯去皮煮熟，做成馬鈴薯泥，不用太細。

3. 平底鍋倒油，拌炒黑芥末籽。加入 A，洋蔥炒至透明。

4. 加入 B 拌炒，加入 2 和香菜葉末繼續拌炒 3 分鐘，熄火。

5. 以另一個平底鍋倒一層薄油，準備將 1 煎成薄餅。麵糊先攪拌均勻，如有需要可再加水。撈一勺麵糊鋪在鍋裡。

6. 餅皮整體和邊緣淋上融化奶油，一面煎好後倒入融化奶油，放入 4 捲起來，盛盤。

※ 另一種製作麵糊的方式是生米、鷹嘴豆或印度黑豆泡水後，用攪拌機打成泥狀。鷹嘴豆粉可以黃豆粉替代。

拌炒黑芥末籽，釋放其香味。
阿魏是一種香料，味道類似大蒜。

memo

菠菜白起司咖哩 palak paneer 又叫做 saag paneer，廣受旁遮普邦（Punjab）和其他印度北部地區人民的喜愛，palak 是菠菜，paneer 是起司的意思。今日，這道美味的蔬食料理已由印度北部普及全國，擁有各種版本，通常和饢（naan）或羅提（roti）一起享用。

印度（北部）
菠菜起司咖哩
Palak Paneer

材料（4 人份）

〈起司〉
牛奶……1L
醋……1/2 杯
〈菠菜咖哩〉
菠菜……2 把
小蘇打粉……1 小匙
奶油……適量
孜然子……1 大匙

A ┌ 洋蔥（切末）……1 顆
  │ 大蒜（切末）……2 瓣
  └ 薑泥……2 小匙

B ┌ 青辣椒（切圈）……1 根
  └ 孜然粉……1 又 1/2 小匙

鹽、辣椒粉……各適量
鮮奶油……3 大匙
香菜葉、薑絲……各少許

由於菠菜起司咖哩是印度北方菜，比起米飯，更適合搭配饢或恰巴提。

memo

作法

〈起司〉

1. 牛奶倒入鍋中開中火，以木鏟攪拌加熱（木鏟不要碰到鍋底）。牛奶沸騰後加醋，慢慢攪拌。
2. 待牛奶分離，凝乳浮起後，以鋪有紗布的濾網過濾，或是用撈油濾網將凝乳撈到廚房紙巾上，確實瀝乾（用廚房紙巾的話，要多換幾次）。
3. 隔著紗布或廚房紙巾攤平凝乳，放入疊有濾網的碗中。將重物放到凝乳上壓 30 分鐘，瀝乾水分。
4. 起司凝固後切成方便食用的大小，也可用奶油稍微煎一下。

〈菠菜咖哩〉

1. 菠菜以加入小蘇打粉的熱水汆燙，浸水冷卻後瀝乾，放入食物處理機，加入少許水打成泥狀。
2. 鍋裡塗一層奶油，加入孜然籽炒香。加入 A，以中小火拌炒 10 分鐘至洋蔥呈焦糖色。加入 B 拌炒。
3. 加入 1 拌勻。倒入 1 又 1/2 杯水，加鹽、辣椒粉調味。
4. 加入鮮奶油燉煮 2～3 分鐘。
5. 加入起司，快速加熱後盛盤。以香菜葉、薑絲點綴。

पालक पनीर

India
印度（比哈爾邦）

印度馬鈴薯沙拉
Aloo Choka

印度東部比哈爾邦（Bihar）是佛教聖地菩提伽耶（Bodh Gaya）的所在，也就是釋迦牟尼佛於菩提樹下悟道成佛的地點。aloo choka 是比哈爾邦風格的馬鈴薯料理。古時印度佛教並非完全禁止吃肉，但大概是受印度教的影響，比哈爾版的馬鈴薯沙拉也是一道全素的料理。

आलू चोखा

材料（4 人份）

馬鈴薯（中）⋯⋯4 顆
A ┌ 洋蔥（切末）⋯⋯1/2 顆
  │ 辣椒（切半）⋯⋯1～2 根
  │ 阿魏（有的話再加）⋯⋯1 小撮
  └ 鹽⋯⋯少許
印度芥末油（或其他植物油）⋯⋯1 大匙
香菜葉（切末）⋯⋯2 大匙

作法

1. 馬鈴薯去皮後煮熟，壓碎成馬鈴薯泥。 2. 平底鍋倒油，加入 A 拌炒至洋蔥透明，熄火。加入 1 和香菜葉均勻攪拌。

材料（4 人份）

A ┌ 優格⋯⋯200ml
  │ 黃豆粉⋯⋯4 大匙
  │ 青辣椒（切末）⋯⋯1 根
  │ 二砂糖⋯⋯1 大匙
  └ 鹽⋯⋯少許
B ─ 孜然子、黑芥末籽⋯⋯各 1/2 小匙
C ┌ 肉桂棒⋯⋯2cm
  │ 丁香⋯⋯2 根
  │ 咖哩葉⋯⋯1 枝
  │ 阿魏⋯⋯1 小撮
  │ 葫蘆巴⋯⋯少許
  └ 小辣椒（切末）⋯⋯1 根
奶油（有酥油用酥油）⋯⋯1 大匙

作法

1. A 倒入碗中拌勻。 2. 平底鍋放入奶油，B 下鍋炒香後加入 C 和 1，以小火加熱（開大火優格會因為熱度出現分離現象）。

印度（古吉拉特邦）

古吉拉特優格咖哩
Gujarati Kadhi

古吉拉特優格咖哩是一道以豆粉和優格製成的湯品。優格咖哩的作法各地不一，古吉拉特邦的特色是加入少許砂糖，帶有甜味，通常搭配白飯或羅提一起食用。

印度（馬哈拉施特拉邦孟買）

孟買香料三明治
Mumbai Masala Toast Sandwich

印度西部的孟買曾是英國殖民印度的據點之一，香料三明治便是此處知名的街頭小吃。儘管一般認為英國對殖民地的飲食文化沒有什麼影響，但香料三明治是印度少數的「英印融合料理」，也是當地人午餐經典選擇。

बॉम्बे मसाला टोस्ट सँडवचि

材料（4 人份）

馬鈴薯 ……2 顆
A — 黑芥末籽、孜然籽 ……各 1/2 小匙
B — 蒜泥 …1 瓣、薑泥 …1 塊
　　┌ 薑黃……1/2 小匙
C │ 辣椒粉、鹽……各少許
　　└ 香菜葉、咖哩葉（有的話再加）……各 1 大匙
植物油……2 大匙
印度薄荷青醬……適量
吐司（8 片裝）……4 片
番茄、小黃瓜、紅洋蔥切薄片……適量
起司片……2 片
奶油……適量

印度薄荷青醬加有香草和青辣椒，
清爽的滋味是調味的關鍵。

memo

作法

1. 馬鈴薯煮熟，壓成馬鈴薯泥。
2. A 下油鍋加熱，加入 B 爆香，倒入 C 拌炒，加熱 1 分鐘後熄火，加入馬鈴薯泥拌勻。
3. 吐司抹上印度薄荷青醬，夾入 2、小黃瓜、番茄、紅洋蔥、起司片等食材。吐司表面塗上奶油放入平底鍋，邊按壓邊煎烤至金黃酥脆。

〈印度薄荷青醬作法〉

材料：

青辣椒…1/2 根、香菜葉…1 把、
薄荷葉…2 大匙、大蒜…2 瓣、
檸檬汁…1/2 顆、椰肉片…1/2 杯、
水、鹽…各少許

作法：

將所有材料放入食物處理機或食物處理機打成泥狀。

Nepal

尼泊爾
達巴
Dal Bhat

尼泊爾境內地形上至喜馬拉雅山系海拔 5000 公尺以上的高山，下至副熱帶平原，豐富多變，語言上大致可區分為印歐與藏緬兩大語系，有超過 30 個以上的民族共同生活在這塊土地上。Dal Bhat 是尼泊爾的定食料理，白飯配扁豆咖哩湯（dal= 豆子，bhat ＝飯），另附有配菜（tarkari）。

दालभात

無法種植稻米的高海拔地區會以玉米、蕎麥、大麥、黍等雜糧代替白飯。

memo

材料（4 人份）

〈扁豆湯〉

扁豆……1 杯
（帶皮紅扁豆，洗淨後泡水一晚）

A ┌ 薑黃……1/2 小匙
　└ 鹽……少許

孜然子……1/2 小匙
洋蔥（切末）……1/2 顆

大蒜（切末）……1 瓣
辣椒……1 根
薑（切末）……2cm
奶油（有酥油用酥油）
……1 大匙

作法

1. 鍋中倒入 4 杯水，加入扁豆開大火，沸騰後加入 A，轉小火燉煮至少 30 分鐘至扁豆變軟。
2. 以另一個鍋子放入奶油加熱，炒香孜然子。加入洋蔥、蒜末、辣椒拌炒。
3. 將 2 加入 1 中均勻攪拌，加鹽（食譜配方分量外）調味，加入薑末。

配菜（Tarkari）

〈蔬菜咖哩〉

四季豆……8 根，1 根切成 4 等分
胡蘿蔔……1 小根，切一口大小
洋蔥（切末）……1/4 顆
大蒜（切末）……1/2 瓣
薑末……少許

A ┌ 辣椒（粉）、孜然（粉）、
　└ 香菜（粉）、鹽各少許

植物油……適量

1. 四季豆、胡蘿蔔切成方便食用的大小。
2. 洋蔥下油鍋炒至焦糖色。加入蒜末、薑末爆香。加入 A、1 和少許水，將胡蘿蔔炒軟。

〈炸薯條（Aloo Tareko）〉

馬鈴薯……1 顆

A ┌ 葫蘆巴、辣椒粉、
　└ 鹽……各 1 小撮

植物油……適量

1. 馬鈴薯去皮，縱切成 8 等分。
2. 平底鍋加入足夠的油，放入 1 和 A，將馬鈴薯炒軟。

〈炒芥菜（Rayo Ko Saag）〉

芥菜（切段）……20g
（也可用小松菜、菠菜）

孜然子、鹽……各 1 小撮
植物油……適量

1. 平底鍋倒油，炒香孜然子。芥菜下鍋繼續拌炒，加鹽調味。

〈醃漬番茄（Tomato Achar）〉

番茄泥……4 大匙
瑪莎拉香料（garam masala）、
鹽……各 1 小撮

1. 將所有材料放入小鍋中加熱。

〈其他配菜〉

豆脆餅（Papad，市售）：以平底鍋煎烤，餅皮變軟後捲起來食用。
蔬菜（小黃瓜、胡蘿蔔、番茄等）：可生吃也可以鹽巴抓醃。
※ 有時還會附上名為「dahi」的優格醬或醃漬白蘿蔔「mula ko achar」。

Sri Lanka

斯里蘭卡

炸肉球 Cutlet

Cutlet 是一道西式料理，帶著印度洋島國昔日英國領地的色彩。雖說斯里蘭卡的炸肉球 cutlet 與日文的炸肉排「katsu」出自同一語源，但斯里蘭卡四面環海，這裡的炸肉球由魚肉和馬鈴薯泥製成再捏成球狀，類似咖哩口味的炸可樂餅。炸肉球是都市節慶、婚禮等宴席中經常出現的菜色，有時也會用紅肉製作。

材料（4 人份）

馬鈴薯（中）……1 顆
鮪魚罐頭……2 罐（150g）
洋蔥（切末）……1/4 顆
咖哩葉（有的話再加）……1/2 小匙

A ┌ 咖哩粉……1/2 小匙
  │ 辣椒粉……1/2 小匙
  │ 肉桂粉……1 小撮
  └ 鹽……1 小匙

B ┌ 番茄（切細丁）……1 顆
  │ 大蒜（切末）……1 瓣
  └ 薑泥……1/2 小匙
胡椒……1/4 小匙
麵粉……10g
蛋液……1 顆
麵包粉……100g
植物油……適量
檸檬（裝飾用）……1/2 顆

作法

1. 馬鈴薯煮熟壓碎，鮪魚罐頭去油水後拌開。
2. 洋蔥、咖哩葉下油鍋拌炒。洋蔥炒至焦糖色後加入 A 輕炒，繼續加入鮪魚和 B 拌炒。
3. 將 2 移入碗中，加入馬鈴薯、胡椒拌勻，捏成乒乓球大小的肉球。
4. 肉球依序裹上麵粉、蛋液、麵包粉，以 170℃ 的油炸。
5. 盛盤，以檸檬點綴。

鮪魚也可用煮熟並去骨的新鮮魚肉替代。當地風格用的是顆粒較細的的麵包粉。

memo

巴基斯坦，境內流淌著文明濫觴之一的印度河，以伊斯蘭教為國教。在這個國家的宴席桌上，香飯 biryani 是不可或缺的菜餚。尤其是大城市喀拉蚩（Karachi）所在的信德省（Sindh），當地美味的信德香飯（Sindhi biryani）甚至成為巴基斯坦國際航空公司機上餐點的常客，深受人們喜愛。

Pakistan

巴基斯坦

香飯
Biryani

بریانی

材料（4 人份）

雞肉*……400g
A － 優格……3 大匙、鹽……少許
米（長米、印度香米）……2 杯
洋蔥、馬鈴薯、番茄……各 1 顆
大蒜（磨泥）……1 瓣

B
　┌ 優格……40g
　│ 薑末……2 大匙
　│ 青辣椒……4 ～ 5 根
　└ 香飯專用混合香料** 30g

C － 香菜葉、薄荷葉（切末）……各 1 杯
奶油（或植物油）……60g
鹽……適量
番紅花（有的話再加）……1 小撮
（浸在少量的水中製作番紅花水）
〈配料〉
檸檬、炸洋蔥酥、香菜葉、薄荷葉、優格……各適量

*建議選帶骨雞肉，也可用羊肉、牛肉
**使用市售混合香料

作法

1. 以 A 醃漬雞肉，靜置冰箱一晚。
2. 洋蔥切薄片，馬鈴薯去皮切成方便食用的大小，番茄切片。米洗好備用。
3. 厚鍋放入奶油加熱，洋蔥下鍋炒至焦糖色。加入蒜泥、馬鈴薯拌炒，加入 1 炒至表皮成焦褐色。
4. 加入 B，邊攪拌邊加熱 5 分鐘。倒入 1/2 杯水，蓋上鍋蓋燉煮。雞肉變軟後加入番茄和 C，再煮 10 分鐘。
5. 以另一個鍋子燒水，加入米和少許鹽巴，蓋上鍋蓋煮 7～8 分鐘，瀝乾水氣。
6. 將 5 倒入煮 4 的鍋子，淋上番紅花水，蓋上鍋蓋以小火燜煮 10 分鐘。
7. 米飯煮好後輕輕翻拌，盛盤，撒上配料。

信德香飯或其他香飯的材料可於伊斯蘭食材行購買。

memo

Bangladesh

孟加拉

芥末咖哩魚
Shorshe Maach

孟加拉南臨孟加拉灣，與印度接壤，由於境內許多大河河口面臨大海，孟加拉人跟日本人一樣經常吃魚和米飯。shorshe maach 是一道使用芥末醬烹調的魚肉咖哩。孟加拉的國魚是一種名為雲鰣（ilish, hilsa）的鯡魚，不僅深受孟加拉人民喜愛，也是印度西孟加拉邦的桌上常客。

সরষি মাছ

材料（4 人份）

大型鯡魚（魚片）……450g

A
- 薑黃……1/4 小匙
- 鹽……1/2 小匙

黑芥末籽……1/2 小匙
青辣椒（切末）……1 ～ 2 根
洋蔥（磨泥）……1 小顆
大蒜（磨泥）……1 瓣
牛奶……1/4 杯

B
- 芥末醬……1 大匙
- 薑黃、鹽……各 1/4 小匙

鹽……適量
印度芥末油（或其他植物油）……適量
香菜葉（裝飾用）……少許
白飯……適量

鯡魚可以鮭魚或其他魚類取代。

作法

1. 魚片抹上 A，稍微靜置。
2. 平底鍋倒油，將魚片兩面都煎得金黃酥脆後暫時取出。
3. 原鍋再加一些油，炒香黑芥末籽。加入洋蔥、蒜泥，炒至焦糖色。
4. 加入青辣椒末拌炒，倒入 B、1/2 杯水、牛奶，加鹽調味，燉煮 5 分鐘。
   將 2 放回鍋裡再煮 5 分鐘。
5. 盛盤，以香菜葉點綴，配上白飯。

memo

Bhutan

不丹

辣椒燉起司
Ema Datshi

不丹王國地處喜馬拉雅山南坡，海拔高處氣溫寒冷，人民常以添加大量辣椒的辛辣料理暖和身體。辣椒燉起司 ema datshi 即是不丹最受歡迎的料理之一，一般會搭配蕎麥煎餅「khuley」或紅米飯一起食用。

材料（4 人份）

青辣椒*……4 ～ 5 根
洋蔥、番茄……各 1 顆
起司……40g
菲達起司
（可用奶油乳酪取代）**……40g
鹽……適量
植物油……2 小匙

* 沒有的話，也可同時使用青龍
　辣椒和小辣椒
** 有鹹味的白起司

作法

1. 青辣椒對半縱切後去籽。
   洋蔥、番茄切薄片。

2. 鍋中倒入植物油加熱，加
   入 1、70ml 的水，邊加熱
   邊攪拌，水滾後轉小火燉
   煮 10 分鐘。

3. 放入兩種起司，加鹽調味
   （根據起司的鹹度調整），

4. 蓋上鍋蓋小火燉煮 3 分鐘。
   以木鏟攪拌均勻，盛盤。

起司可選擇披薩用
的天然起司或是會
融化的起司片。

memo

Maldives

馬爾地夫

馬爾地夫魚湯

Garudhiya

馬爾地夫，被珊瑚礁環繞的印度洋美麗島國，也是馬爾地夫魚（類似日本柴魚的魚乾高湯材料）的產地。馬爾地夫與日本高知一樣，以一支釣的方式捕捉鰹魚和鮪魚，馬爾地夫魚湯便是一道代表馬爾地夫這種樸實特性的鰹魚湯。

材料（4 人份）

鰹魚塊……400g
咖哩葉……10 片
鹽、胡椒……各少許
紅洋蔥（切絲）……1/2 顆
辣椒……2 根
檸檬（切薄片）……1/2 顆
白飯……適量

作法

1. 鍋中倒入 5 杯水，水滾後加入鰹魚、咖哩葉，一邊撈除表面浮渣，以中火燉煮 10 分鐘。鰹魚熟後加鹽巴、胡椒調味。
2. 盛盤，佐以洋蔥絲、辣椒、檸檬片，淋在飯上食用。

也可用鮪魚塊
製作。

memo

Vietnam

越南

越南雞肉河粉
Phở Gà

河粉是越南的代表性米製麵條。在越南，北部河粉以雞肉（gà），南部河粉以牛肉（bò）為主流，佐料也有所不同。北部河粉受中國影響加青蔥，南部搭配聖羅勒或薄荷，香菜葉則是南北皆有，鮮肉高湯和八角、肉桂的風味令人食指大動。

Phở Gà

材料（4 人份）

河粉（或寬麵）……2 把（泡水）
雞腿肉……200g
洋蔥……1 顆

A
┌ 薑……1cm
│ 八角……1 個
│ 肉桂棒……3cm
│ 香菜根……適量
└ 雞湯粉……1 大匙

B
┌ 魚露（nuoc mam／nam pla）……1 大匙
└ 鹽、胡椒……各少許

〈配料〉
青蔥（切蔥花）……3～4 根、香菜葉（撕碎）…1 枝、
小辣椒（切圈）…1 根

辣椒醬（是拉差辣椒醬）……適量
萊姆汁……1 顆

作法

1. 鍋中倒入 5 杯水，洋蔥去皮剖半和 A 一起放入鍋中加熱，水滾後下雞肉，邊撈除浮渣邊燉煮 30 分鐘。以 B 調味，取出雞肉切薄片。

2. 在另一個鍋子中燒水煮河粉。

3. 煮熟的河粉盛盤，放上雞肉片、配料，淋上 1 的湯頭。依個人喜好添加辣椒醬和萊姆汁。

沒有河粉可用其他寬扁麵條替代。使用帶骨雞腿可增添湯頭美味。

memo

25

Vietnam

越南（中部）

浮萍粿
Bánh Bèo

順化，越南的文化古都，城內的歷史建築名列聯合國教科文組織的世界遺產，浮萍粿即這裡的名產，據說，是仿水中浮萍（bèo）製成，典雅詩意。雖然當地人多是將粿皮放在多個小碟子內端上桌，但不用小碟子改用馬芬烤盤一次製作多張粿皮也很方便。

材料（4 人份）

〈粿皮〉

A ┌ 再來米粉（或蓬萊米粉）……150g
　├ 太白粉……50g
　└ 鹽……1/2 小匙

〈餡料〉
蝦米……30g
胡蘿蔔……1 根
醋、砂糖……各少許
小蝦（煮熟）……100g
炸洋蔥絲（市售）……適量

〈蔥油〉
青蔥（切段）……4 ～ 5 根（25g）
植物油……2 大匙

〈蘸醬〉
泡蝦米水……1/4 杯
魚露（nuoc mam ／ nam pla）……2 大匙
砂糖……2 小匙
小辣椒（切末）……1/2 根
檸檬或萊姆汁……2 大匙

Bánh Bèo

作法

1. 蝦米泡水，泡蝦米的水留下備用。胡蘿蔔削皮後切末，以少許醋和砂糖醃漬。
2. 製作蔥油：以植物油煸炒青蔥，逼出香味。將蘸醬材料攪拌均勻。
3. A 倒入碗中，加入 250ml 的水均勻攪拌，倒入 60 ～ 70℃的熱水 500ml 繼續攪拌。
4. 在馬芬烤盤、淺型布丁模或小碟子等容器內側塗抹植物油（食譜配方分量外），每個模具倒入 1 大匙的 3。
5. 烤箱烤盤內加水，預熱 200℃，放入 4 蒸 6 分鐘。
6. 以矽膠刮刀或其他工具輕輕將粿皮脫膜，擺到大盤子上，放入蝦米、胡蘿蔔、小蝦子、炸洋蔥酥，淋上青蔥和蔥油、蘸醬。

正宗浮萍粿還會搭配酥酥脆脆的炸豬皮。

memo

加有椰奶、薑黃的米餅皮夾入青菜和肉片等餡料後煎烤—— bánh xèo 是道類似日本大阪燒的越南家常菜。越南南部人習慣把 bánh xèo 折起來吃，但有的中部人會以浮萍粿的作法，不另外把煎餅皮折起來吃，像吃披薩一樣。柬埔寨也有一樣的料理叫「banh chiao」。

越南（南部）
越南煎餅
Bánh Xèo

材料（4 人份）

〈餅皮〉
再來米粉（或蓬萊米粉）……200g
薑黃、砂糖……各 1 小匙
青蔥（切末）……3 根
鹽……1/2 小匙
椰奶……1 罐（400ml）
碳酸水……250ml
（沒有碳酸水可用普通的水或啤酒替代）
〈餡料〉
豬肉片（或雞胸肉）……250g
蝦仁……250g
大蒜（切末）……1 瓣
豆芽菜……1 包
植物油……適量
〈配菜〉
紅皺葉萵苣……適量
小黃瓜（切薄片）……1 根
香草（依個人喜好挑選）……適量
〈蘸醬（越南酸甜辣醬））
魚露……2 大匙
萊姆汁（或檸檬汁）……2 大匙
水……1 ～ 2 大匙
鹽、胡椒、砂糖……各適量
小辣椒（切圈）……少許
蒜泥……少許

Bánh Xèo

香草可選擇香菜、紫蘇、薄荷、羅勒等葉片。

memo

作法

1. 餅皮材料倒入碗裡攪拌均勻，包上保鮮膜，靜置冰箱 30 分鐘。
2. 混合蘸醬材料，取少量塗在豬肉和蝦仁上。
3. 平底鍋倒油，取一半蒜泥爆香，蝦仁炒熟後起鍋。放入剩下的蒜泥，豬肉炒熟後起鍋。
4. 另起一個油鍋，倒入一層薄薄的 1，開大火煎烤，不用翻面，將餅皮邊緣煎得酥脆。
5. 豬肉、蝦仁、豆芽菜放到 4 上面，折起一半餅皮覆蓋另一半，盛盤。搭配蔬菜配菜、香草和蘸醬。

Myanmar

緬甸

魚湯米線
Mohinga

在民族、宗教多元的緬甸，魚湯米線 mohinga 受大眾喜愛的程度就如拉麵之於日本人，可謂為國民料理，也是經典的街頭早餐。魚湯米線早在貢榜王朝（Konbaung Dynasty，1752 ～ 1886 年）時代便留有紀錄，如今緬甸各地都有屬於自己的一套魚湯米線版本。當地人常以鯰魚製作。

材料（4 人份）

米線（或麵線）……4 把
水煮鯖魚罐頭……2 罐（380g）
A ┌ 薑（切末）……2 塊
  │ 大蒜（切末）……2 瓣
  └ 小辣椒（切圈）……1 根
B ─ 薑黃粉、紅椒粉……各 1/2 小匙
C ┌ 洋蔥（切絲）……1 中顆
  │ 新鮮檸檬香茅（白色部分切薄片）……1 根
  │ 紅蔥頭（切末）……1 顆
  └ 花生油（或其他植物油）……3 大匙
D ┌ 米粉……30g
  └ 黃豆粉……10g
E ┌ 魚露……2 大匙
  │ 蝦醬（有的話再加）……1/2 大匙
  └ 鹽、胡椒……各少許
植物油……適量
〔配料〕
水煮蛋（縱切）…2 顆、香菜葉…適量、
炸豆餅（pe kyaw）* 或市售炸洋蔥酥…適量、
萊姆或檸檬汁…1/2 顆、辣椒片（依個人喜好）

作法

1. 依包裝標示煮米線，瀝乾水分。簡單拌開鯖魚罐頭肉，取出罐頭汁備用。
2. A 下油鍋拌炒，再加入 B、C 輕炒。
3. 加入 5 杯水和鯖魚罐頭汁。用一點點水化開 D，待湯汁滾後加入，中火煮 15 分鐘。加入鯖魚，以 E 調味。
4. 米線盛盤，淋上 3，擺上配料。

※ 炸豆餅（pe kyaw）作法：
50g 的去皮黃豌豆（或鷹嘴豆）泡水靜置一晚。以 1/2 杯冷水化開 60g 米粉製作粉漿，加入 1/4 小匙鹽巴和軟化的豆子，油炸。

魚湯麵加了炸豆餅後瞬間會變得很道地，請務必試著做做看。

memo

緬甸（撣邦）

魚飯
Htamin Jin

魚飯 htamin jin 是撣邦茵萊湖畔茵達族（Intha）的傳統料理，有些當地人會以發酵後的米製作。

材料（3～4 人份）

白飯…400g、馬鈴薯（中）…2 顆、
水煮鯖魚罐頭（鮪魚罐頭也可）…150g

A ┌ 大蒜（切末）…1 瓣、薑（切末）…1cm、
  └ 洋蔥（切末）…1 小顆

B ┌ 薑黃…1/2 小匙、魚露…1 大匙

C ┌ 番茄糊…5 大匙、市售炸洋蔥酥…20g、
  │ 魚露…2 大匙、鹽…少許
  └ 植物油……2 大匙

〈配料〉
小辣椒（切圈）…1 根、青蔥（切蔥花）…2 根、
市售炸洋蔥酥…適量、萊姆…1/2 顆

作法

1. 馬鈴薯煮熟壓碎。　2. A 下油鍋拌炒，加入 B 調味。　3. 鯖魚瀝乾後放入碗中拌開，加入 2 拌勻。　4. 將熱米飯放入另一個碗中，加入 1、3、C，輕輕拌勻。捏成每顆約 90g 重的飯糰。　5. 盛盤後，將飯糰頂部輕輕壓平，放上配料。依個人喜好添加萊姆汁、魚露。

緬甸（克欽邦）

克欽雞肉咖哩
Kachin Chicken Curry

克欽雞肉咖哩是基督徒眾多的緬北克欽邦的傳統料理，與其說是咖哩，更像是一種加了辛香料的簡單湯品。

材料（3～4 人份）

雞腿肉……300g

A ┌ 青辣椒（切末）…1 根、
  │ 薑（磨泥）…1cm、大蒜（磨泥）…1 瓣、
  └ 薑黃…1 小匙

洋蔥（切末）…1 顆、植物油…2 大匙

B ┌ 竹筍（水煮、切絲）…100g、
  └ 香菜葉…2 大匙、羅勒葉…適量

雞湯粉……1 大匙

C ─ 魚露…2 大匙、鹽…適量

香菜葉（裝飾用）…適量、萊姆…1/2 顆

作法

1. 雞腿切丁，約一口大小，抹上 A，放入冰箱靜置至少 20 分鐘。　2. 洋蔥下油鍋炒至透明，加入 1 和醃製佐料。　3. 雞肉炒至變色後加入 B 拌勻，倒入 1L 的水和雞湯粉燉煮約 10 分鐘，以 C 調味。　4. 盛盤，佐以香菜葉、萊姆。

Laos

寮國

絞肉沙拉 Larb

寮國境內有湄公河流過，也是山岳少數民族的寶庫，其代表性的料理就是絞肉沙拉 larb。larb 很適合配啤酒，與糯米飯 khao niew 一起享用，可謂人間美味，在泰國東北方也看得到。寮國人會以鴨肉或魚肉製作各式各樣的絞肉沙拉，也會在宴席上招待賓客這道菜。

材料（4 人份）

豬絞肉……150g
糯米……1 大匙

A
香菜葉……5g
薄荷葉……5g
紅蔥頭……10g
青蔥……10g
檸檬香茅（有的話再加）……6g

B
魚露……1 大匙
萊姆汁……1 大匙
二砂糖……1 小撮
辣椒粉……1 小匙

小黃瓜……1 根
四季豆……40g

作法

1. 將 A 的食材切碎。
2. B 放入碗中拌勻。
3. 糯米在平底鍋內炒至呈焦褐色後，以菜刀刀柄或其他硬物輕輕擣碎。

4. 平底鍋內加入少許水和豬絞肉翻炒。絞肉瀝乾移到碗中放涼。加入 1、2、3 輕輕拌開。
5. 盛盤，搭配削皮小黃瓜片、水煮四季豆。

可使用雞、豬、牛任一種絞肉，或是碎肉末製作。

memo

ລາວ

19 世紀，當歐美列強紛紛將東南亞國家據為殖民地時，泰國王朝守住了自己的主權，因此，直到 1960 年代為止，泰國的料理和文化對外人而言仍然有股神祕的色彩。pad thai 誕生於 1930 年代，如今已成為泰國經典街頭小吃，與酸辣海鮮湯（tom yum goong）都是深受泰國人喜愛的國民料理。

Thailand

泰國

泰式炒河粉
Pad Thai

泰式風格是先簡單調味，之後再以 4 種調味料（魚露、砂糖、辣椒粉、辣椒醋）依個人喜好調整味道。

memo

材料（2 人份）

河粉（乾河粉）……200g
蝦子（草蝦）……4 尾
油豆腐……1 塊（150g）
雞蛋（打散）……2 顆
韭菜（切 4cm 寬）……60g
醃白蘿蔔（切條）……20g
大蒜（切末）……1 瓣
小辣椒（切末）……1 小匙
植物油……6 大匙

A ┌ 魚露……3 大匙
　│ 砂糖……3 大匙
　└ 羅望子醬*……30g

〈配料〉
豆芽菜…1/2 包（100g）、炒花生…30g、
香菜葉…少許、萊姆（切瓣）…4 瓣

* 可用蜂蜜醃漬的酸梅去籽、壓碎，加少許水攪拌，打成糊狀來代替羅望子醬

作法

1. 河粉泡溫水，瀝乾。蝦子去殼、去腸泥。油豆腐對半縱切，切 6mm 寬。

2. 炒鍋加 2 大匙油，大火炒蒜泥。加入河粉，炒 2、3 分鐘後起鍋。加 2 大匙油炒油豆腐、小辣椒，取出備用。

3. 加 2 大匙油，大火炒蛋。蛋熟後，將 2 的材料放回鍋內拌勻。

4. 加入韭菜、醃白蘿蔔，快速翻炒，以 A 調味。

5. 加入蝦子，蓋上鍋蓋以中火煮至蝦子變熟。盛盤，放上配料。

Thailand

泰國（北部）
泰北咖哩麵
Khao Soi

泰北咖哩麵 khao soi 是橫跨泰北、緬甸、寮國國境的一道料理。泰北版本是椰奶加雞蛋麵，最後添上酥脆的油炸麵條，據說受到中國回教徒的影響，用的是雞肉或牛肉。緬甸也有類似的料理，叫「ohn no khao swe」。

材料（4 人份）

雞腿肉……400g
雞蛋麵……2 包
炸麵條……適量
（可用「廣東炒麵」的炸細麵）
植物油……1 大匙
市售泰式紅咖哩醬……2 大匙
咖哩粉……1 小匙

A
┌ 椰奶……400ml（1 罐）
│ 水……200ml
│ 雞湯粉……1 大匙
│ 魚露……2 大匙
└ 醬油……1 大匙
─ 紅糖（或是二砂糖）……1 大匙

〈配料〉
青蔥（切蔥花）…2 ～ 3 根、
香菜葉…適量、萊姆（切瓣）…適量、
紅蔥頭（切薄片）…1 顆、
醃白蘿蔔或酸菜…適量、
泰國辣椒膏 *…適量

* 小辣椒、蝦米、紅蔥頭、大蒜切碎，
與蝦醬、魚露、少許砂糖一起下油鍋
拌炒，也可使用辣度較溫和的辣油

作法

1. 雞肉切成方便食用的大小。雞蛋麵依個人口感喜好烹煮，瀝乾。
2. 起油鍋，紅咖哩醬炒香後倒入咖哩粉拌開。加入 A 拌勻，煮至稍微沸騰。
3. 加入雞肉，燉煮 15 分鐘至雞肉變軟。
4. 雞蛋麵盛入碗中，放入雞肉，佐以炸麵條、青蔥、香菜葉和其他配料。

泰國當地用的糖是
棕櫚糖（椰糖）。

memo

Kaeng khiao wan 這道辣度清爽的咖哩就是日本人口中的綠咖哩。kaeng khiao wan 是泰文「湯品、綠色、甜」的意思。據說，這個詞出現在 1873 年出版的泰國辭典中，於拉瑪 6 世和拉瑪 7 世在位的 1908 年至 1926 年間發展成熟。同樣吃綠咖哩，地區不同，主食搭配就會有香米、糯米或河粉之分。

泰國（中部）
綠咖哩
Kaeng Khiao Wan

材料（4 人份）

雞肉（部位不拘，也可用豬或牛肉）……300g
茄子……3 條
竹筍（切絲）……120g
coconut cream……120ml
椰奶……250ml（coconut cream 加水稀釋）
市售綠咖哩醬……1 ～ 3 大匙
雞湯粉……1 大匙
A ┌ 魚露……2 大匙
  └ 二砂糖……1 大匙
檸檬葉（有的話再加）……2 ～ 3 片
羅勒葉……1 ～ 2 枝
甜椒（紅、黃，裝飾用）……各 1/4 ～半顆
香菜葉（裝飾用）……適量
白飯（有泰國米用泰國米）……4 人份

作法

1. 雞肉切薄片，茄子切成約一口大小，甜椒切絲。
2. 鍋中倒入 100cc 的 coconut cream（留 20cc 最後用），中火煮滾後拌入綠咖哩醬。
3. 雞肉下鍋，變色後加入椰奶。
4. 加入雞湯粉、茄子、筍絲，煮 4 分鐘待食材變軟。以 A 調味，試味道，補充咖哩醬。
5. 檸檬葉對半縱撕，羅勒葉（留少許裝飾用）撕碎加入鍋中，煮至稍微沸騰。盛盤，以甜椒絲、香菜葉、羅勒葉點綴，
6. 淋一圈 coconut cream，搭配白飯。

แกงเขียวหวาน

一開始綠咖哩醬放少一點，之後再視情況調整才不會過辣，比較安全。

memo

Cambodia

柬埔寨
阿莫克魚
Amok Trei

柬埔寨，因聯合國教科文組織世界文化遺產名錄中的吳哥窟而聞名。阿莫克魚 amok trei（蒸魚）源自泰國菜「haw mok」，在香蕉葉中包入魚和椰奶一起蒸烤，並添加堪稱高棉料理基底的「kroeung」（一種混合多種香草的濃稠調味料）。這次食譜用的則是泰式咖哩醬。

材料（4 人份）

白肉魚……400g
洋蔥……1 顆
高麗菜……2 片
紅椒……1 顆
紅蔥頭……1 根
雞蛋（打散）……1 顆
椰奶……2 杯

A
├ 綠咖哩醬……1/2 ～ 1 大匙
│ 薑黃……1/4 小匙
│ 紅椒粉……1/2 小匙
│ 花生……5、6 粒
│ 魚露……1 大匙
└ 蠔油……1 小匙

二砂糖……1/2 大匙
鹽……1 小匙
白飯……320g

作法

1. 白肉魚切成約一口大小。洋蔥、高麗菜、紅椒、紅蔥頭切絲。雞蛋打散。
2. 以攪拌機或食物處理機將 A 打成泥狀。
3. 平底鍋加入少許椰奶和 2，出現香氣後，倒入剩下的椰奶。
4. 加入 1，煮 5 分鐘左右，加鹽、砂糖調味。
5. 加入蛋液拌炒，蛋熟後熄火。盛盤，搭配白飯。

kroeung 以檸檬香茅為主體，佐以大蒜、紅蔥頭、薑（當地用南薑）、檸檬葉、薑黃、鹽製成。用泰國的綠咖哩醬替代降低辣度。

memo

Malaysia

椰漿飯

Nasi Lemak

椰漿飯 nasi lemak 是馬來西亞國菜，nasi 是「飯」，lemak 則是「油脂豐富、濃郁」的意思。以椰奶烹煮白飯搭配小魚乾「江魚仔」、花生、小黃瓜等小菜放在香蕉葉上享用，就是一道椰漿飯，也是馬來西亞人最經典的早餐。

材料（4 人份）

米（有泰國米用泰國米）……2 杯

A
- 水……2 杯
- 椰奶……5 大匙
- 薑（切片）……1 塊
- 檸檬香茅（只有根部切末）……少許
- 紅蔥頭（切末）……1 根
- 鹽……1 小匙

羅望子醬……1 大匙
砂糖……1 小匙
洋蔥（切絲）……1/4 顆
植物油……適量

〈醬汁〉
辣椒醬……1 大匙
蝦醬……1 小匙
大蒜……4 瓣
洋蔥（切末）……3/4 顆
紅蔥頭……1 根

〈配料〉
小黃瓜（削皮切成約一口大小）…1 根、
帶皮花生（炒香）…1/2 杯、
鯷魚乾（裸炸）…1/2 杯、
水煮蛋（切 1/4）…2 顆

Nasi Lemak

作法

1. 米洗淨靜置片刻後放入飯鍋，加入 A 攪拌均勻，炊煮。
2. 醬汁材料放入食物處理機攪拌。
3. 平底鍋倒油，將 2 炒香後加入羅望子醬、砂糖、洋蔥絲加熱。
4. 米飯盛盤，淋上 3，擺上配料。

羅望子醬可用蜂蜜醃漬的酸梅替代。

memo

Brunei

汶萊
西米糕 Ambuyat

汶萊王國位於婆羅洲島西北部，坐擁豐富的石油和天然氣資源。西米糕就是這裡的國民料理，屬於一種主食，原料為西谷椰子澱粉，外型呈半透明稠狀，口感Q彈。當地人吃西米糕時會使用一種類似竹筷的竹叉「candas」，搭配酸甜的榴槤醬、魚、青菜等小菜一起享用。

材料（4人份）

西谷椰子粉……250g
熱水……1 杯
〈配菜〉
魚（鮪魚、鯖魚等）……2 片
A ┌ 薑（切末）……1/2 小匙
  │ 紅蔥頭（切末）……1/2 根
  │ 羅望子（可用蜂蜜醃漬的酸梅替代）……1 顆
  │ 新鮮檸檬香茅（切末）……1/2 根
  │ 薑黃……1/2 小匙
  │ 辣椒……1 跟
  └ 鹽……1 小匙

紫萁（或過貓之類的厥菜）……150g
B ┌ 蝦醬（或鹽辛烏賊）……1 小匙
  │ 大蒜（切末）……1 瓣
  └ 紅蔥頭（切末）……1/2 根
植物油……適量
〈配菜〉
小黃瓜（切薄片）…2 根、
胡蘿蔔（切薄片）…1 根
市售甜辣醬……少許

作法

1. 西谷椰子粉倒入碗中，加入少許水靜置 10 分鐘後去除上層澄清的部分，注入熱水，充分攪拌至粉漿呈半透明狀態。
2. 平底鍋加入魚片、A、適量的水（高度略低於食材），燉煮 5～10 分鐘至魚肉熟透。
3. 炒鍋熱油，將 B 炒香，加入紫萁和少許水，大火快炒。
4. 魚肉和紫萁各自盛盤，搭配配料、甜辣醬享用。

榴槤醬風味強烈，在台灣也不容易製作，可以甜辣醬替代。

memo

Ambya

海南雞飯是中國海南島的華人移居新加坡後，將秦朝時傳至海南島的文昌雞進一步發展的料理。海南雞飯以全雞熬製的湯頭煮飯，雞肉和剩下的高湯則成為配飯的湯品，沒有一絲浪費，是新加坡經典的街頭美食。泰國也有類似的料理叫「khao man kai」。

Singapore
新加坡
海南雞飯
Hainanese Chicken Rice

Hainanese Chicken Rice

材料（4 人份）

雞胸肉……4 片
米（有泰國米用泰國米）……2 杯（洗淨）
薑（磨泥）……1 塊
青蔥（切末）……1 根
鹽……適量
雞湯塊……1 塊
植物油……1/4 小匙
小黃瓜（切薄片）……1 根
香菜葉……適量
〈蘸醬〉
醬油……2 大匙
辣椒醬（是拉差辣椒醬）……適量
薑（磨泥）……1 塊

作法

1. 用深鍋煮 1L 的水，化開雞湯塊。雞肉下鍋，小火熬煮 10 ～ 15 分鐘。
2. 雞肉煮熟後取出，以冰水冰鎮 5 分鐘。雞湯備用。
3. 另起一個油鍋，加入薑泥、1 小匙鹽巴爆香，倒入米輕輕翻炒。
4. 加入 2 又 1/2 杯的雞湯，輕輕拌勻，蓋上鍋蓋煮 12 分鐘。
5. 製作湯品：剩下的雞湯加鹽調味，撒上蔥末。
6. 米飯盛盤。放上雞肉（切成方便食用的大小）、小黃瓜，以香菜葉點綴。搭配三種蘸醬、雞湯享用。

雖說理想是使用全雞熬出美味的湯頭，
但分切的雞肉也能做海南雞飯。

memo

Philippines

菲律賓

醋燒肉
Adobo

菲律賓的醋燒肉 adobo 結合了東南亞熱帶地區利用醋和鹽巴保存食材的傳統方法，以及昔日殖民母國西班牙的烹調方式。adobo 一詞源於西班牙語的「醃漬物」，西班牙、葡萄牙、南美也有相同名稱的菜餚。菲律賓人特別喜歡吃酸，以魚露和蜂蜜調味。

材料（4 人份）

豬五花（肉塊）……400g
A ┌ 醬油……1/4 杯
  │ 大蒜（切末）……1 瓣
  └ 蜂蜜……1 大匙
B ┌ 月桂葉……2 片
  └ 胡椒……1/2 大匙
醋……1 ～ 2 大匙（依個人喜好斟酌）
鹽……少許

作法

1. 豬肉切成方便食用的大小放入碗裡，裹上 A，靜置冰箱 1 小時。
2. 將 1 移到鍋中，倒入 1/2 杯水和 B 加熱，水滾後轉小火熬煮 40 分鐘。
3. 最後倒入醋，加鹽調味，熄火。

除了豬肉，adobo 還有雞肉、牛肉、海鮮等各種版本。

memo

Adobo

Indonesia

印尼沙嗲是種烤肉串，類似日本的雞肉串燒，據説，是
印尼由上萬座島嶼所組成，擁有豐富多元的文化。印
爪哇島的街頭小販以阿拉伯和印度商人傳來的沙威瑪
為靈感改良後的成果。隨著島嶼和地區不同，印尼沙
嗲的種類也五花八門，這裡介紹的是爪哇島附近的馬
都拉島（Pulau Madura）版本，以山羊肉做沙嗲。

印尼

沙嗲

Sate

Sate

材料（4 人份）

羊肉（切塊）……300g

A ┌ 醬油……3 大匙
  │ 砂糖……1/2 小匙
  │ 萊姆汁……1 小匙
  │ 香菜籽……1/4 小匙
  └ 胡椒……1/4 小匙

〈配料〉

紅洋蔥（切丁）……1/4 顆
萊姆片……適量

作法

1. A 放入碗中拌勻，取 1/3 放在小碟子裡。羊肉塊浸泡剩下的 A，靜置至少 15 分鐘。
2. 用雞肉串的方式將 1 串到竹籤上。
3. 羊肉串放到烤網或烤盤燒烤 11 ～ 12 分鐘（使用烤箱的話，可在肉串上蓋一層鋁箔紙避免烤焦）。
4. 盛盤，搭配 1 留下的醬料和配菜。

沙嗲清爽的醬油味
也很合日本人及台
灣人的口味。

memo

Indonesia

印尼（蘇門答臘）

【 仁當 Rendang 】

仁當是西蘇門答臘最具代表性的巴東料理，也叫做巴東肉，使用大量原產於印尼摩鹿加群島的丁香。對伊斯蘭教徒而言，仁當是慶祝開齋節的餐桌上不可或缺的一道佳餚。

【 材料（3～4 人 】

牛腿肉（切塊）……400g
〈仁當醬〉
市售泰式紅咖哩醬……25g
丁香粉……1/2 小匙
肉桂棒……1 根
八角……1 個
腰果（磨碎）……12 顆
〈佐料醬〉
薑（切薄片）……1cm
紅蔥頭（切薄片）……1 小顆

羅望子醬（可用蜂蜜醃漬的酸梅替代）……1 大匙
　　┌ 椰奶……1 杯
A　│ 鹽……1 小匙
　　└ 砂糖……1 大匙
植物油……適量
鹽……適量

牛肉的 rendang sapi 最受歡迎。以泰式紅咖哩醬搭配辛香料製作，十分方便。

【 作法 】

memo

1. 混合所有仁當醬材料。將佐料醬的材料放入食物處理機中打成泥。
2. 牛肉下油鍋，煎至表面呈焦褐色，撒上少許鹽，取出備用。
3. 原鍋再加一點油，倒入 1 的兩種醬料、羅望子醬，以中火拌炒，引出香味。
4. 將 2 的牛肉放回鍋裡，裹上醬汁，加入 A 拌勻，燉煮至少 30 分鐘至肉塊變軟嫩。

Rendang

印尼（爪哇島）
蕉葉魚
Pepes Ikan

pepes 指的是以香蕉葉包覆食材蒸烤的烹調方式，ikan 則是魚。蕉葉包裹不只能凝聚食物美味的精華，也讓食材染上迷人的香氣。

Pepes Ikan

材料（2 人份）

竹筴魚（去除內臟）……2 條
A ┌ 萊姆汁……2 大匙
  │ 鹽、胡椒……各少許
  └ 植物油……少許
紅蔥頭（切薄片）……40g
B ┌ 薑黃……1/2 小匙
  │ 檸檬香茅（莖切薄片）……1 根
  │ 夏威夷豆（壓碎）……20g
  │ 薑（切薄片）……5g
  └ 小辣椒……1 根
檸檬葉（切末）……1 ～ 2 片（有的話再加）
鹽……少許
植物油……適量
香蕉葉（長寬約 30cm）2 片
（沒有的話可以鋁箔紙代替）

作法

1. 竹筴魚身上劃幾刀，刷上 A，放入冰箱靜置 30 分鐘。
2. 將一半的紅蔥頭、B 放入食物處理機打泥。   3. 平底鍋倒油，炒香 2 後，倒入 1 大匙水、剩下的紅蔥頭和檸檬葉加熱，加鹽調味。   4. 將一半的 3 抹在香蕉葉上，擺上魚，魚身上抹剩餘的 3。圍起香蕉葉，以棉線綑綁。   5. 蒸鍋蒸 15 分鐘。

印尼（峇里島）
印尼紅燒豬
Babi Kecap

Babi kecap 是道受到中國影響、滋味鹹鹹甜甜的簡單家常菜。在伊斯蘭教徒眾多的印尼，信奉印度教的峇里島是會吃豬肉的例外。

Babi Kecap

材料（4 人份）

豬梅花肉（切塊）……400g
A ┌ 紅蔥頭（切薄片）……1 顆
  │ 大蒜（切末）……1 瓣
  └ 薑（切末）……1cm
小辣椒（切圈）……2 根
kecap manis*……3 大匙
植物油……少許
青蔥（斜切，裝飾用）……1 ～ 2 根

作法

1. A 和一半的小辣椒下油鍋拌炒。   2. 待香味釋出後下豬肉塊，微煎表皮。加入水（高度略低於食材）、kecap manis 拌勻，燉煮 30 分鐘。   3. 盛盤，以青蔥和剩下的小辣椒圈點綴。

* kecap manis 是一款印尼甜醬油，在台灣也買得到，但也可以自己製作。以等量的黑糖、醬油加少許麵粉煮至呈稠狀。趕時間的話，只用黑糖和醬油調和也可以

East Timor

東帝汶
南瓜燉豆
Batar Da'an

位於帝汶島東部的東帝汶在 2002 年獨立為止，約有 500 年的時間屬於葡萄牙領地，直至今日，大部分的東帝汶居民都是天主教徒。南瓜燉豆 batar da'an 以橄欖油烹調原產於美洲的玉米、南瓜、紅腰豆，顯示出天主教會間彼此的交流。

材料（4 人份）

南瓜……200g
罐頭玉米……100g
罐頭紅腰豆……100g
洋蔥（切丁）……1 顆

大蒜（切末）……2 瓣
鹽……1/2 ～ 1 小匙
橄欖油……2 大匙
白飯……適量

Batar Da'an

作法

1. 南瓜削皮切成方便食用的大小，放進微波爐加熱 3 分鐘。
2. 鍋裡倒入橄欖油加熱，爆香蒜末，加入洋蔥炒至透明。
3. 加入玉米、紅腰豆、150ml 的水，小火燉煮 15 分鐘。
4. 放入 1，加鹽調味，繼續煮 2 ～ 3 分鐘。
5. 盛盤，搭配白飯。

如使用市售冷凍南瓜，可以不用退冰直接調理，也很方便。

memo

Mongolia

蒙古

羊肉包子

Buuz

蒙古，東亞的草原之國，有著游牧民族和放羊的傳統。蒙古餐桌上不可或缺的 buuz（語源可能是來自中國的「包子」）就像內餡包羊肉的蒸餃，也是蒙古人的節慶菜餚。只要有羊肉，就能以包水餃的方式輕鬆做出蒙古羊肉包子。

材料（4 人份）

水餃皮（大張）……1 包（40 片）

A
- 羊絞肉……300g
- 洋蔥（切末）……1 顆
- 大蒜（切末）……1 瓣
- 鹽、胡椒……各少許

作法

1. A 放入碗裡充分揉捏。
2. 將大約 1 大匙的 1 放在水餃皮上，水餃皮往中間捏出皺摺，邊旋轉邊收口。
3. 放入蒸鍋蒸 15 分鐘。

如果沒有羊絞肉，請自行切末或是利用食物處理機攪拌。

memo

Kazakhstan

哈薩克

哈薩克肉湯
Sorpa

Sorpa 是草原國度哈薩克的人氣菜餚，以羊肉熬製高湯，加入馬鈴薯、洋蔥等配料，單純樸實，烏茲別克和鄰近國家也有同樣的料理。中亞風格會在肉湯裡撒上蒔蘿。

材料（4 人份）

羊肉……250g（帶骨羊肉，沒有的話用羊肉塊）
馬鈴薯……1 顆
胡蘿蔔……1 根
洋蔥……1 顆
鹽……1/2 小匙
蒔蘿或香菜葉（切末）……2 大匙

作法

1. 馬鈴薯、胡蘿蔔削皮後切成方便食用的大小。洋蔥切絲。
2. 鍋中加入 1L 的水和鹽、羊肉和 1，小火熬煮 45 分鐘左右。
3. 熬煮過程中撈除浮渣。
4. 若使用帶骨羊肉，熬煮後取出羊肉去骨，切成肉塊後放回原鍋。
5. 盛盤，以蒔蘿或香菜葉點綴，大功告成。

Copna

馬鈴薯建議選用不容易碎的五月皇后（may queen）品種。

memo

Uzbekistan

烏茲別克
抓飯
Plov

烏茲別克做為中亞絲路的中繼點，境內自古以來
就遍布著許多繁榮的城市。抓飯在烏茲別克有著
國菜般的地位，種類繁多到可以編成一本書。當
地人經常以黃蘿蔔入菜，在日本，若能買到沖繩
特產的「島蘿蔔」，便能做出烏茲別克抓飯。

Plov

材料（4 人份）

米（長米）……400g
羊肉（帶骨或自行切塊）……400g
洋蔥（切絲）……2 顆
胡蘿蔔（切絲）……2 根
大蒜……1 顆
A ┌ 孜然粉……1 小匙
  └ 胡椒……1/2 小匙
植物油……4 大匙
鹽……適量
〈配料〉
鵪鶉蛋（水煮）…8 顆、市售炸洋蔥酥…適量、
石榴籽（有的話再加）

炸洋蔥酥也可以自己動手做，
將洋蔥切絲油炸即可。

memo

作法

1. 米洗淨後泡水 30 分鐘，瀝乾。
2. 厚鍋倒油，大火煎羊肉表面，取出羊肉。
3. 以原鍋拌炒洋蔥至焦糖色。加入蘿蔔絲拌炒，蘿蔔絲變軟後加 A 調味。取一點蘿蔔絲為點綴備用。
4. 將 2 的羊肉放回鍋內，倒入熱水（高度略低於食材），小火燉煮 30～40 分鐘至肉塊變軟嫩。燉煮過程中補充適當的水分。
5. 加入 1 和鹽巴到 4 裡面，大蒜連皮一起埋在米粒中。加水蓋過米約 2cm 左右，蓋上鍋蓋。沸滾後轉小火煮 10 分鐘，再轉文火燜煮 20 分鐘。
6. 取出羊肉和大蒜，翻拌米飯。試味道後加鹽。
7. 盛盤，疊上羊肉、大蒜、蘿蔔絲和配料。

Kyrgyzstan

吉爾吉斯
五指麵
Beshbarmak

吉爾吉斯四面環山，國土分別與中國、哈薩克、烏茲別克、塔吉克相交，境內古湖伊塞克湖名聞遐邇。besh 是數字的五，barmak 則是手指，beshbarmak 即是用五根手指食用的意思。五指麵源於游牧民族，味道類似羊肉烏龍麵，吉爾吉斯附近的國家也有相同的料理。

бешбармагы

五指麵也可用牛肉代替羊肉。

memo

材料（4 人份）

羊肉……500g（也可用牛肉）
寬麵……400g（也可用烏龍麵，依包裝指示的時間煮麵）
洋蔥（切絲）……1/2 顆
鹽……適量
胡椒……少許

作法

1. 鍋中加入 2L 的水，中火煮滾。加入鹽、羊肉，蓋上鍋蓋小火燉煮約 2 小時（也可使用壓力鍋）。
2. 如使用一般鍋子燉煮，過程中要撈除浮渣。
3. 將煮好的寬麵加入 2，煮 10 分鐘左右。
4. 從 3 撈一些湯汁到另一個鍋子，加入胡椒煮洋蔥。若用的是較大塊的羊肉，此時切小。
5. 寬麵盛盤，倒入羊肉湯和洋蔥。

Tajikistan

塔吉克

相傳，波斯裔的游牧民族塔吉克人於西元前 2000 年左右便移居中亞。塔吉克大部分居民為伊斯蘭教遜尼派。食材裡不含肉的蔬菜優格泡膜是陪伴塔吉克人度過貧困時代的傳統料理。

蔬菜優格泡膜 Kurutob

Курутоб

材料（4 人份）

麵包……2 片（建議用饢或是類似 pita 口袋麵包的扁麵包，切成方便食用的大小備用）
優格……1 杯（稍微過濾成濃稠狀備用）
紅洋蔥……1/2 顆（切絲）
番茄……1 顆（切薄片）
蒔蘿……3g（切末）
植物油……1/2 大匙（先以鍋子加熱備用）
鹽……1/4 小匙

作法

1. 麵包切（或撕）成方便食用的大小，以微波爐加熱。 2. 麵包放入碗中，加入洋蔥、番茄簡單翻拌。 3. 將優格倒在 2 上。 4. 將 3 盛盤，淋上熱油，撒鹽，以蒔蘿點綴。

Turkmenistan

土庫曼

Pişme

炸麵包 Pishme

土庫曼是位於沙漠地區的突厥語民族國家。炸麵包 pishme 是一種類似炸麵糰的傳統點心，也是婚禮和其他慶祝場合中不可或缺的美味。這種點心在土庫曼附近國家也有「baursak」「boortsog」等不同的名字。

材料（4 人份）

麵粉（過篩）……250g
乾酵母……1/2 小匙
砂糖……1 大匙
鹽……1/2 小匙
溫牛奶……150ml
炸油……適量

作法

1. 麵粉、鹽、砂糖、乾酵母倒入碗中，以打蛋器均勻攪拌。加入溫牛奶，充分搓揉成團。 2. 蓋上濕布，室溫（約 25 度）發酵 1 小時。 3. 取出 2 放在砧板上拍打排氣，搓揉 5 分鐘左右。 4. 將 3 擀成約 5mm 厚的圓形（直徑約 25cm），分切成 5cm 寬的長條。 5. 將 4 的長條切成菱形。 6. 油炸鍋或電炸鍋加熱植物油至 180 度左右，拿湯匙將 5 放入油鍋中炸至金黃色。

China

中國（山東省）

炸醬麵

在世界三大菜系之一的中華料理中，麵和餃子等麵食可謂精華中的精華。中國自西元前 3000 年起便開始種植小麥，至今仍穩坐全世界最大的小麥消費國寶座。發源於中國北方山東省的炸醬麵是麵類料理中的代表，也跨海傳到了日本。

材料（4 人份）

烏龍麵……500g
豬絞肉……250g
A ┌ 甜麵醬、紹興酒、醬油……各 1 大匙
  └ 胡椒……1/2 小匙
植物油……適量

〈配料〉
豆芽菜（汆燙）…1 包
小黃瓜、芹菜（切絲）……各 1 根
紅蕪菁（切絲）*……1 顆
蔥（切絲）……1 根
黃豆（水煮）……50g
竹筍（水煮、切絲）……100g
* 也可改用甜菜根，罐頭食品也無妨

作法

1. 炒鍋倒油，下豬絞肉，充分拌炒至粒粒分明後取出備用。
2. 原鍋倒入 A，煮全稍微沸滾後，將 1 放回鍋內快速拌炒。
3. 煮麵，盛盤，擺上 2 和配料。均勻攪拌後享用。

在中國，8 是吉祥的數字，所以搭配 8 種喜歡的配料。

memo

中國　　**糖醋肉**

中國人將醋燒豬肉稱為糖醋肉或咕咾肉。粵菜中的糖醋肉跟日本一樣會加蔬菜，但北京菜中只以黑醋和豬肉烹調。黑醋建議使用中國的鎮江香醋或山西老陳醋。

材料（3～4人份）

豬肉（里肌肉）……300g
A－紹興酒、鹽、胡椒…各少許
蛋液…1顆、太白粉…適量
B－黑醋…4大匙、二砂糖…5大匙、醬油…3大匙
C－大蒜、薑（切末）…各1/4小匙
植物油……適量、太白粉水（太白粉1大匙：水4大匙）
白蔥絲……適量

作法

1. 在豬肉上抹A，靜置15分鐘。　**2.** 將1依序裹上太白粉、蛋液、太白粉，以160℃的油低溫油炸後先撈出來，再以180℃的油復炸。　**3.** B倒入碗中拌勻。　**4.** 平底鍋倒油，拌炒C，倒入3，醬汁沸滾後倒入太白粉水勾芡。　**5.** 放入2的炸豬肉裹上糖醋汁，盛盤，以白蔥絲點綴。

中國（四川省）　**麻婆豆腐**

四川菜以辣出名，麻婆豆腐便是其中的代表。麻婆豆腐誕生於清朝時成都的一間飯館，這道菜冠上創始人的名字，也叫「陳麻婆豆腐」。只要加花椒就會變成正宗四川口味。

材料（2人份）

豬絞肉…100g、木棉豆腐…1塊
A－甜麵醬、豆瓣醬…各1大匙
B－雞湯…60ml、紹興酒、醬油…各1大匙
辣椒粉…適量、太白粉水（太白粉、水…各2大匙）
植物油…60ml
〈配料〉辣油…少許、花椒（有的話再加）…1/2小匙

作法

1. 豆腐切1cm小丁。　**2.** 炒鍋倒油，拌炒豬絞肉。　**3.** 先加入A拌炒，再加入B繼續拌炒。辣度不夠的話加辣椒粉。　**4.** 豆腐下鍋，煮10分鐘。　**5.** 慢慢倒入太白粉水勾芡。　**6.** 盛盤，淋一圈辣油，撒上花椒。

China

中國（浙江、江蘇、安徽省）

八寶菜

八寶菜是農曆新年不可或缺的一道菜餚，在國外也以「chop suey（雜碎）」的稱呼而知名。

材料（2 人份）

豬肉片、花枝（一口大小）、蝦仁……各 50g、
胡蘿蔔（切薄片）…1/2 根、
大蔥（切斜段）…1 根、香菇（切絲）…2 朵、
白菜（切段）…1/4 顆、鵪鶉蛋（水煮）…4 顆
A — 中式高湯粉…1 大匙、水…100ml、紹興酒…1 大匙
鹽、砂糖、胡椒、太白粉……各適量
太白粉水（太白粉 1 大匙：水 3 大匙）
植物油、麻油……各適量

作法

1. 花枝、蝦仁、豬肉各自撒上鹽、胡椒。豬肉裹上太白粉。　2. 平底鍋倒植物油，以中火快速拌炒 1，炒熟後取出備用。　3. 倒入胡蘿蔔、蔥段、香菇絲，以大火拌炒，接著加入白菜拌炒。　4. 花枝、蝦仁、豬肉放回原鍋，加入 A 拌勻。　5. 放入鵪鶉蛋加熱，加鹽、砂糖、胡椒調味。　6. 倒入太白粉水勾芡，最後加麻油，熄火。

中國（山西省）

醋溜白菜

醋溜白菜是山西省的傳統地方菜，用的是擁有 3000 年歷史的山西老陳醋。山西貧瘠的土地孕育出營養豐富的五穀雜糧，山西老陳醋即是以這些雜糧釀製而成，白菜則是古人珍貴的營養來源。

材料（2 人份）

白菜（斜切成片狀）……500g
大蔥（切 1cm 寬的蔥花）……1 根
小辣椒（斜切）……5 根
A ┌ 黑醋…4 大匙、醬油…1 又 1/2 大匙、
　└ 砂糖…2 大匙、鹽…1 小匙
植物油……2 大匙
麻油……1/2 小匙
太白粉水（太白粉、水……各 2 大匙）

作法

1. A 倒入容器裡拌勻。　2. 鍋裡倒植物油加熱，拌炒小辣椒和蔥花。　3. 香氣釋出後放入白菜莖和 1，大火炒 2 分鐘再加入白菜葉拌炒。　4. 倒入太白粉水攪拌，勾芡收汁後淋上麻油。

中國江南地區有肥沃的土壤和豐富的川海資源，得天獨厚的魚米之
鄉孕育出中國八大菜系之一的江蘇菜。上海菜承繼蘇菜傳統再加上
都市生活文化，上海炒麵便是其中經典的家常菜。上海炒麵的特色
是紅褐色的醬油色澤，形似日式炒麵。

中國（上海）
上海炒麵

材料（4 人份）

油麵……4 球
豬肉絲……200g
薑泥……1 小匙
香菇（切片）……4 朵
小松菜（切段）……1 把
A ┌ 太白粉……2 小匙（以雙倍的水化開）
  └ 鹽、紹興酒……各少許
B ┌ 雞湯粉……2 大匙（以等量的水化開）
  │ 蠔油……3 大匙
  └ 濃醬油……2 大匙
麻油……適量
植物油……適量

作法

1. 油麵汆燙後瀝乾。
2. 炒鍋熱油，豬肉絲和薑泥下鍋拌炒。
   倒入 A 均勻拌炒後取出豬肉。
3. 香菇放入原鍋炒軟。
4. 放入 1 的麵條，加 B 調味。
5. 放入小松菜和 2 的豬肉，小松菜炒熟。
6. 熄火，最後淋上麻油。

正宗上海炒麵用的不是蠔油而是「老抽王」
（中式壺底油）。

memo

China

客家
釀豆腐

客家是漢族的一個分支,其古代祖先為了逃離中原戰亂,不停往南遷徙、定居,現多生活於中國廣東、福建省或香港和台灣。輾轉流連的生活讓客家人善於製作醃菜和乾物。這道釀豆腐,是因客家人思念中原的餃子,以豆腐代替麵皮製成的經典客家菜。

材料(4人份)

木棉豆腐⋯⋯2塊
〈肉餡〉
豬絞肉⋯⋯100g
蝦米⋯⋯1大匙
青蔥(切花)⋯⋯2根
┌ 醬油⋯⋯1小匙
A │ 胡椒⋯⋯1/2小匙
└ 麻油⋯⋯少許

青江菜⋯⋯1棵
〈醬汁〉
　蠔油⋯⋯1大匙
　紹興酒(或日本酒)⋯⋯1/2小匙
　砂糖⋯⋯1/2小匙
　水⋯⋯1/2杯
　太白粉水(太白粉1/4小匙:水1大匙)
植物油⋯⋯少許

作法

1. 豆腐切成4等分或6等分,用湯匙分別在豆腐中間挖出凹槽。蝦米泡水,切末。泡蝦米的水留下備用。

2. 絞肉、蝦米、一半的蔥花、A倒入碗裡,充分拌勻。

3. 每個豆腐凹槽都填入1大匙的2。

4. 平底鍋倒少許油,將3各面煎成金黃色後取出。

5. 將醬汁材料和泡蝦米的水倒入碗中拌勻。

6. 陶鍋底鋪青江菜,擺上4的豆腐,淋上5,蓋上鍋蓋加熱。沸滾後轉小火燜煮5分鐘。

7. 倒入太白粉水勾芡。盛盤,撒上剩餘的蔥花。

客家菜的種類因地而異,釀豆腐屬於廣東省的東江菜。

memo

香港料理承繼粵菜傳統,至 1997 年為止歷經 150
年的英國殖民後,發展至今日。港式料理不負美食
之都的美名,以簡單的調味料發揮食材滋味,擄獲
眾人的味蕾。皮蛋瘦肉粥是香港人的經典早餐,鴨
蛋加工後的皮蛋與豬瘦肉打造出一道健康的美味。

Hong Kong

香港(中國特別行政區)

皮蛋瘦肉粥

材料(4 人份)

米……2 米杯
白麻油……少許
豬瘦肉……200g
青江菜……3 ～ 4 片
皮蛋(切半)……1 顆

A ┌ 干貝高湯粉(或雞湯粉)……1 大匙
  ├ 薑絲……適量
  ├ 青蔥(切絲)……2 根
  └ 鹽……少許

鹽、胡椒、太白粉……各少許
辣油……少許
〈配菜〉
榨菜、香菜、油條……各適量

作法

1. 米洗淨瀝乾,淋上白麻油。豬肉切成
   方便食用的大小,撒上鹽、胡椒,抹
   上太白粉。青江菜切成方便食用的大
   小。

2. 壓力鍋倒入 2L 的水,不上蓋煮滾,加
   入 A 和米,蓋上鍋蓋大火煮 30 分鐘。

3. 熄火靜置一段時間,待壓力閥洩壓後
   打開鍋蓋,加入豬肉、青江菜、皮蛋
   煮 15 分鐘

4. 將 3 盛盤,淋上辣油,搭配配菜。

若無壓力鍋,以普通的鍋子慢熬也能煲出
一鍋好粥。

memo

Macau

直至 1999 年為止，澳門都還是葡萄牙的殖民地。以辛香料和椰奶調味、運用中式手法烹調的咖哩蟹是一道融合料理，搭配加番茄飯是澳門風格。

咖哩蟹

材料（4 人份）

梭子蟹……4 隻

A ┌ 洋蔥（切丁）…1 顆、大蒜（切末）…1 瓣、
　└ 薑（磨泥）…1cm

B ─ 咖哩粉…2 大匙、椰奶…1 大匙、鹽…少許

香菜（裝飾用）…少許、植物油…適量

作法

1. 清洗整隻螃蟹，剝開蟹殼，將蟹腳、蟹身剪成方便食用的大小。　2. 平底鍋倒油，以大火炒 A，待洋蔥變透明後，加入 B 拌勻。　3. 加入螃蟹，轉小火均勻攪拌，蓋上鍋蓋蒸煮。4. 螃蟹盛盤，擺回原本的形狀，淋上醬汁，以香菜點綴。

Lagman

新疆拌麵 Laghman

Laghman 是整個中亞地區都能吃到的一種麵食，最早用的是手打麵。有些地區也有湯麵形式的 laghman，一些維吾爾自治區的人還會加木耳這類中華食材。也有人說，拉麵就是源自於 laghman。

材料（4 人份）

水煮烏龍麵…400g、羊肉（切塊）…300g、
番茄（切丁）…2 顆、洋蔥（切 1cm 寬）…1 顆、
茄子（切丁）…2 條、四季豆（對半切）…12 根、

A ┌ 雞湯粉…1 大匙、孜然粉…1 小匙、
　└ 薑泥、鹽、胡椒…各少許

青蔥（裝飾用）…2 根、沙拉油…適量

作法

1. 炒鍋倒入沙拉油，肉和青菜全下鍋，以大火拌炒，加 A 調味。　2. 煮好的麵盛盤，淋上 1.青蔥切成適當長度，灑在麵上點綴。

Tibet

西藏

西藏湯麵
Thukpa

西藏是藏傳佛教的發祥地，仰望著喜馬拉雅山脈。西藏湯麵 thukpa 和饃饃（momo）是西藏料理的代表，形似烏龍麵，在特別的日子裡享用。雖然西藏信仰推廣吃素，但由於位處氣候嚴寒的高山，需要營養，有些 thukpa 也會放肉。尼泊爾的餐桌上也可以見到 thukpa 的身影。

材料（4 人份）

寬麵……300g
洋蔥（切末）……1/2 顆
胡蘿蔔（切條）……1/2 根
番茄……1/2 顆
菠菜……1 把
大蒜、薑（磨泥）……各 1 小匙
醬油……1 大匙
植物油……適量
鹽……少許
香菜……適量
水……1 又 1/2 杯

作法

1. 寬麵煮好後瀝乾。洋蔥切末。番茄、菠菜切成容易食用的大小。
2. 平底鍋倒油，洋蔥炒至焦糖色後加入蒜泥、薑泥拌炒，放入胡蘿蔔、番茄煮 5 分鐘。
3. 倒入 1 又 1/2 杯的水、醬油、鹽巴，將青菜燉軟。
4. 放入寬麵煮 3 分鐘，加入菠菜煮 2 分鐘。
5. 盛盤，以香菜點綴。

除了寬麵、烏龍麵這類扁麵，也可以用義大利麵條替代。

memo

Taiwan

台灣
滷肉飯

在中國大陸移民和島上原住民共同居住生活的台灣，可以吃到全中國的地方傳統菜。不過，這道在白飯上堆疊滷豬五花的滷肉飯，卻是廣受台灣人喜愛、土生土長的正宗台菜。滷肉飯也寫做「魯肉飯」，據說在日治時期以前便已存在。

材料（4 人份）

豬五花（切絲）……600g
大蒜（壓扁）……2 瓣
A
├ 醬油……6 大匙
│ 紹興酒……3 大匙
│ 胡椒……1/2 小匙
└ 五香粉（有的話再加）……1 小匙

水煮蛋……2 顆
砂糖……1 大匙
油蔥酥（炸紅蔥頭）……4 大匙
植物油……適量
白飯……適量
燙青江菜……適量

對於會吃「豬肉角煮」的日本人而言，滷肉飯也是會令人愛上的滋味。

作法

1. 大蒜下油鍋爆香。放入豬肉絲，大火炒至變色後倒入 A 拌炒。
2. 倒入 2 又 1/2 杯的水，沸滾後加入砂糖、水煮蛋、油蔥酥（有的話再加），以小火燉煮 45 分鐘。取出蛋，對半縱切。
3. 盛飯，將 2 澆在飯上，搭配滷蛋、燙青江菜。

memo

朝鮮王朝時期三大名菜裡就有兩道在北韓，平壤冷麵即是其中之一。本來，韓國人習慣寒冬時在有暖呼呼地炕的「溫突」房裡吃冷麵，但冷麵充滿北方菜的特色，以清淡的調味發揮食材最純粹的味道，外加清涼爽口，也很適合夏天享用。北韓當地的冷麵是以蕎麥麵製作。

North Korea

北韓

平壤冷麵

Pong yang Cold Noddles

평양냉면

材料（4 人份）

冷麵麵條……4 球
牛腱肉……180g
雞胸肉……1 片

A
雞湯粉……2 大匙
大蒜……2 瓣
薑……1 片

B
鹽……1 小匙
醬油……1 大匙
胡椒……1/2 小匙
料理酒……1 大匙

小黃瓜……2 根
水梨（或蘋果）……1/4 顆
水煮蛋……2 顆
韓式泡菜……200g
松子……1/2 小匙
白芝麻……少許
醬油、鹽、胡椒……各適量

作法

1. 鍋中放大量水和牛腱肉，煮滾後轉小火，邊撈除表面浮渣熬煮 1 個半小時。

2. 在另一個鍋子裡加入 4 杯水、雞肉和 A，邊撈除表面浮渣熬煮 20 分鐘。

3. 取出 1 和 2 的肉，將兩鍋高湯倒在一起，加入 B 調味，放入冰箱冷藏。

4. 牛肉切成方便食用的大小，撒上少許醬油和胡椒。雞肉切開，撒少許鹽巴和胡椒。小黃瓜切斜薄片，撒鹽巴，捏乾水分。

5. 梨子切薄片。水煮蛋對半縱切。麵煮好後以冷水沖洗、瀝乾，放入碗中。放上 4 和韓式泡菜，倒入 3 的高湯，以松子、白芝麻點綴。

熬煮高湯相當費時，建議可一次大量製作，冷凍保存。

memo

57

South Korea

南韓
全州拌飯
Jeinju Bibimbap

朝鮮王朝三大名菜之一的全州拌飯，由古都全州傳承下來。在韓國各地百花齊放的拌飯中，配菜豐富美麗的全州拌飯為其中翹楚，甚至被列為國家文化財產。全州拌飯從配菜安排、顏色到口味皆蘊含陰陽五行思想，博大精深，同時兼顧營養均衡。

材料（4 人份）

牛肉（油脂較少的部位）……100g
胡蘿蔔、櫛瓜……各 1/2 根
山菜（蕨菜、紫萁等）……適量
白蘿蔔……5 ～ 6cm
小黃瓜……1 根
豆芽菜（汆燙）…1 包
麻油……適量
〈韓式拌飯醬〉
　麻油……1 大匙
　牛肉……20g
　大蒜（切末）……1 瓣
　韓式辣椒醬……4 大匙
　砂糖……1 大匙
雞蛋（只用蛋黃）……4 顆
銀杏（水煮）……12 顆
松子……20 顆
紅棗乾……8 顆
鹽……適量
白飯……適量

正宗全州拌飯會使用五行中的青、紅、黃、白、黑五色和酸、甜、苦、辣、鹹五味。

memo

作法

1. 牛肉、胡蘿蔔、櫛瓜切 5 ～ 6cm 長的細絲，各自以麻油和鹽巴拌炒。山菜以麻油和醬油拌炒。

2. 白蘿蔔、小黃瓜切 5 ～ 6cm 長的細絲，用鹽巴輕輕抓醃。豆芽菜汆燙。

3. 製作拌飯醬：鍋子倒入麻油，牛肉和蒜末拌炒 3 分鐘，加入韓式辣椒醬、砂糖、4 大匙的水，繼續炒 3 分鐘。

4. 大碗盛白飯，放上 1、2，以蛋黃、銀杏、剖半紅棗、松子點綴。將飯和配料充分攪拌後享用。

在為數眾多的日本壽司中，造型圓滾滾的京手鞠壽司不僅作法簡單，美麗可愛的模樣也風靡了許多外國人。京手鞠壽司又叫豆壽司，據說，是為了方便舞妓以櫻桃小口食用才會製作成一口大小。壽司底下鋪一層紫蘇葉，賞心悅目。

Japan

日本（京都）

京手鞠壽司

Temari Sushi Ball

京手まり寿司

材料（4 人份）

白飯……（約 4 碗）

A
- 米醋……2 大匙
- 砂糖……10g
- 鹽……5g

煙燻鮭魚……4 片
水煮蝦……4 尾
小黃瓜……1/2 根
煎蛋……2 顆
海苔……少許
紫蘇（有的話再加）……適量
醬油漬鮭魚卵……少許
蘿蔔嬰……少許

作法

1. 白飯煮乾一點，用拌勻的 A 製作醋飯，放涼。
2. 煙燻鮭魚橫切 1/2。蝦子對半縱切。小黃瓜切圓形薄片，用鹽抓醃。雞蛋煎適宜的厚度，捲成蛋捲後切圈。
3. 攤開保鮮膜，放上煙燻鮭魚，疊上約 1 大匙的醋飯，包起保鮮膜將裡面的食材擠捏成球形。蝦子、小黃瓜壽司也以同樣的方式製作。
4. 製作煎蛋壽司時保鮮膜只包飯就好。捏出球形後將蛋圈放在飯上，用事先切好的海苔絲捲起來。
5. 壽司放在紫蘇葉上，煙燻鮭魚上放蘿蔔嬰，小黃瓜上放鮭魚卵。

另外也可使用蓮藕、香菇、白菜、鯛魚生魚片等材料製作。

memo
___

Japan

日本（長崎）

長崎肉派 Pasty

長崎的「桌袱料理」是一種融合西式、中式與日式飲食特色的桌菜，長崎肉派pasty便是其中的一道。桌袱料理由日本鎖國時期與他國的交流中而生，獨自進化成長崎的特色料理。江戶初期的食譜《南蠻料理書》中也有收錄。

材料（4人份）

雞腿肉……150g
日本山藥（或長山藥）……30g
胡蘿蔔（小）……1/2根
香菇……2～3朵
木耳（乾木耳先泡水）……2g
豆芽菜……1/2包
銀杏（水煮）……8顆
雞湯粉……1/2小匙

A
- 醬油（有的話用薄鹽醬油）……1小匙
- 砂糖……1/2小匙
- 日本酒……1/2小匙
- 鹽……少許

水煮蛋……3顆
冷凍派皮……1～2片
蛋黃……1顆

只有表面的格子是派皮，內餡是滿滿的蔬菜，十分健康。

memo

作法

1. 雞肉切丁。山藥、胡蘿蔔削皮後切碎。香菇去蒂頭後切成方便食用的大小。木耳泡水。豆芽菜洗乾淨。

2. 鍋中加入250ml的水和雞湯粉加熱，加入1和銀杏，燉煮至蔬菜變軟。

3. 加入A調味，煮至稍微沸騰。

4. 將3放入直徑20cm左右的耐熱深圓盤，擺上對半縱切的水煮蛋。

5. 派皮切成1cm寬的長條，在4上鋪成格子狀，剩下的派皮輕輕壓在盤子邊緣上。

6. 派皮上塗蛋黃液。烤箱預熱250℃，烤7～8分鐘。

パスティ

鮭魚在愛奴人的心目中是「kamuy cep」（神之魚）。在愛奴火鍋 ohau 中，薄鹽鮭魚的鹽成為調味料，昆布熬湯後會切絲再利用，擁有愛奴人不浪費食材的智慧。

日本（北海道、愛奴）
愛奴火鍋 Ohau

オハウ

材料（4 人份）

薄鹽鮭魚（切塊）……2 片
白蘿蔔……6cm（200g）、胡蘿蔔……1 根
馬鈴薯（中）……2 顆
洋蔥……1 小顆、昆布……6g
鹽……少許

作法

1. 薄鹽鮭魚切塊。白蘿蔔、胡蘿蔔切扇形薄片。馬鈴薯切方便食用的大小。洋蔥切絲。　2. 鍋中倒入 3 杯水和昆布，水滾後熬煮 5 分鐘。取出昆布切絲。　3. 將 1 丟入 2 的高湯裡燉煮 15 分鐘，加鹽調味，放入昆布絲。

日本（沖繩）
沖繩煎餅 Hirayachi

Hirayachi 是沖繩方言「煎餅」的意思。在一些沖繩人的記憶裡，颱風天會用儲備的麵粉做煎餅。有趣的是，韓國濟州島人，也會因為一樣的理由吃韓式煎餅，這兩種煎餅極為相似。

ヒラヤーチー

材料（4 人份）

鮪魚罐頭……1 罐（70g）
韭菜……1 把
A ┌ 麵粉…200g、雞蛋…1 顆、鹽…1/2 小匙
　└ 柴魚粉（或日式顆粒高湯粉）…1 小匙
植物油……適量
蘸醬、美乃滋、柑橘醋等（依個人喜好準備）

作法

1. 鮪魚罐頭瀝除油水後拌開。韭菜切2cm長。
2. 將 A 和 250ml 的水倒入碗中均勻攪拌。加入 1，繼續攪拌。　3. 平底鍋倒一層薄薄的油，將 1/4 的 2 倒入，兩面煎成金黃色。以同樣的方式煎 4 片煎餅。　4. 依個人喜好搭配蘸醬。

沖繩煎餅比大阪燒更簡單，可拿來當輕鬆的小點心。

memo

飲食文化與歷史

　　學習飲食文化時若能事先掌握大致的世界史，便能大幅提升理解程度。歷史演變也是人類的流動，讓我們一起來看看飲食文化是如何傳播與普及的重點吧。

古文明與飲食文化
美索不達米亞文明

　　位於今日伊拉克和鄰近中東國家的底格里斯河與幼發拉底河流域是片肥沃豐碩的土地，這裡的人們大約於 1 萬年前開始種植小麥，製作無酵餅。西元前 3500 年左右，更誕生了高度發展的美索不達米亞文明。為了爭奪豐美的土地人類不斷發起戰爭，陸續出現了蘇美、巴比倫、亞述等國家。美索不達米亞平原上，人們除了整頓氾濫的河川實行灌溉農業、釀造啤酒外，也利用楔形文字在軟泥板上寫下世界上最早的食譜。近年，學者翻譯了許多楔形文字食譜，成為現代人了解當時飲食生活的線索。此外，美索不達米亞平原上的人們也和其他文明地區有貿易往來。

埃及文明

　　埃及文明於尼羅河流域蓬勃發展，與美索不達米亞文明一起打造了古代東方的「肥沃月彎」。古埃及農業興盛，人們種植小麥並以麵包為主食，發明了磨出細粒麵粉的石臼。埃及人稱麵包為「阿依許（aish）」，即阿拉伯語「生命」的意思。豆子是古埃及人重要的食材，其中又以蠶豆特別珍貴。埃及肥沃的土地孕育出美味的食材，拜此之賜，今日的埃及料理仍然以發揮食材原始味道的純粹見長。

印度河文明（哈拉帕文明）

　　印度河文明以發源於喜馬拉雅山的印度河流域為中心，自西元前 2600 年左右蓬勃發展，是印度次大陸最古老的文明。印度河文明仿效美索不達米亞文明實施灌溉農業，也是香料文化的濫觴。考古學家從當時的主要城市——哈拉帕（Harappa）的遺址中發現古印度人除了扁豆、鷹嘴豆、小麥、牛肉、雞肉外，還有食用薑黃、孜然、肉桂、黑胡椒、香菜、薑、蒜等類似今日咖哩原型的痕跡。

黃河長江流域文明

　　黃河長江流域文明興起於黃河中下游以及長江（揚子江）下游等地區，是東亞最古老的原始農耕文明。北方黃河流域以種植小麥為主，奠定了包含餃子、饅頭、包子等食物在內的麵食文化。另一方面，南部長江流域則是世界上最古老的稻作農業地區，發展出米食文化，也是日本稻作的源頭。

中美洲文明、安地斯文明

　　中美洲文明是西元前 2000 年前左右於墨西哥至中美各地興起的高度發展文明，古代有繁榮的奧爾梅克文明與馬雅文明。另一方面，安地斯文明也是興起於西元前 2000 年前左右，中古時期克丘亞（Quechua）人建立了赫赫有名的印加帝國。無論中美洲或安地斯文明，皆以在地原產的玉米為主食，當地人至今仍會食用以玉米粉糊製作的塔可餅（tacos）、pupusa 玉米餅、arepa 玉米餅等古典料理。

古帝國與飲食文化
羅馬帝國

　　自西元前 27 年至 1453 年東羅馬帝國滅亡，羅馬帝國是在形式上持續了約 1500 年的龐大帝國，其鼎盛時期的疆域以地中海世界為中心，西至今日的英國，東達高加索地區。羅馬料理諸如派類、鬆餅等食物至今仍留存在昔日領土的各國飲食文化中。

亞歷山大帝國（馬其頓王國）

亞歷山大帝國是古希臘人於西元前 7 世紀建立的國家。亞歷山大征服波斯後，這個希臘國家晉升為世界帝國，帶來了繁榮的東西文化交流與民族融合。人們稱這個時期為希臘化文明時期，當葡萄葉鑲飯（dolma）和其他食物被帶來希臘的同時，古希臘醫學中以冷熱區分食物的理論也傳到了伊朗。

波斯帝國

波斯帝國是曾經以伊朗為中心所成立的國家總稱，包含了一統古代東方世界，直到西元前 330 年遭亞歷山大滅亡的阿契美尼德王朝（Achaemenid Empire），以及西元 226 ～ 651 年稱霸一方的薩珊王朝（Sasanian Empire）等。波斯帝國的人民信奉瑣羅亞斯德教（祆教），全盛時期的疆域拓及至歐洲東南部。曾為波斯帝國領土的地區，至今仍留有波斯人在春分日慶祝新年的諾魯茲節（Nowruz）傳統。

中古世紀後的帝國

包含了將阿拉伯飲食文化帶到伊比利半島的伊斯蘭帝國、世界史上領土幅員最遼闊，並掌控印度財富的大英帝國、侵略歐洲，帶來韃靼牛排和其他文化的蒙古帝國、自 1270 年至 1974 年，孕育出獨有飲食文化的衣索比亞帝國、打造出維也納精緻飲食文化的哈布斯堡王朝，以及將伊斯蘭飲食文化引進印度的蒙兀兒帝國等。

世界三大菜系

一般來說，世界三大菜系分別指的是中華料理、法式料理和土耳其料理。三大菜系雖各自精彩卻也有一共通之處，那就是都在政治、財政和軍事長期穩定的帝國中發展起來。拜肥沃的農田和食材所賜，王公貴族也有追求美食的閒情逸致，廚師們在宮廷晚宴上互相切磋技巧，打造出精緻優雅的飲食文化。

改變飲食文化的歷史大事

絲路、佛教傳播（6 世紀）

廣義的絲路始自羅馬，穿越西安，繼承佛教傳播的動線一路連結到日本奈良。絲路分為陸路與海路，從奈良正倉院的寶物可以推測，當時的日本曾和波斯有所往來。粟特商人將胡麻、胡椒、胡瓜、胡桃（胡＝粟特人）等物帶到中國，也傳到了日本。

大航海時代（15 ～ 17 世紀）與
三角貿易（17 ～ 18 世紀）

以哥倫布的「發現」為起點，原產於美洲的玉米、馬鈴薯、番茄、辣椒等作物傳到了歐洲，之後又散播到全世界。尤其是馬鈴薯，在貧瘠或寒冷的土地裡也能生長的特性，將人們從飢餓中解放。

大航海時代以後，歐洲列強開始將美洲新大陸、非洲、亞洲據為殖民地。歐洲、非洲、美洲之間出現了三角貿易，透過這種奴隸貿易，易於在熱帶生長的南美樹薯和玉米傳到了非洲，南太平洋的麵包樹果也來到了加勒比海群島。

工業革命（18 ～ 19 世紀）

英國透過三角貿易獲得巨大利益後，利用機械工廠和蒸汽動力推動了工業革命與社會結構的改革。包含日本在內，歐美各國也追隨英國的腳步。當許多手工食品改由工廠大量生產後，社會出現反彈，回歸自然、愛護動物、素食主義開始抬頭。

CHAPTER 2
Middle East
中東

美索不達米亞文明發源於底格里斯河、幼發拉底河流域，是世界上最古老的文明。中東地區不但有著代表古代東方的肥沃月彎，也是美索不達米亞文明寫下輝煌歷史的所在。時值今日，中東有些地區的人民平常仍會食用炸鷹嘴豆泥球、鷹嘴豆泥、pita 口袋麵包這些從古代傳承至今的料理。

中東這塊位於歐亞大陸中間的文明之地，自古便扮演著東西之間的貿易樞紐，將鷹嘴豆、扁豆、核桃等原產於中東的作物西傳至歐洲，東引至中國。此外，這裡誕生了奉各自《聖經》為經典的猶太教、基督教和伊斯蘭教。為了在近似沙漠的乾燥土地上健康生活，信徒訂下嚴格的飲食戒律。

目前，中東地區仍可見不吃豬肉等各種傳統宗教的飲食戒律，或是源於宗教活動的料理。中東人在飲食上雖然大量使用辛香料，但相較於印度和巴基斯坦料理，大幅減少了辣椒的用量。整體而言，中東料理的特色是發揮食材本來的滋味。

中東 經常使用的 食材、調味料

玫瑰水 (Rose Water)
玫瑰蒸餾水。玫瑰水自古就被中東人拿來做為飲料或食材，可增添料理和點心的香氣。

Pita 口袋麵包
中東人吃的圓餅形麵包。也可用圓形佛卡夏或墨西哥薄餅皮（flour tortilla）替代。

布格麥 (Bulgur)
一種將粗粒麥粉碾碎後的小麥。庫斯庫斯（couscous，也稱北非小米）是將粗粒麥粉磨粉後再搓成顆粒狀，布格麥則是粗粒麥粉蒸過後再碾碎。可用庫斯庫斯取代。

中東芝麻醬 (Tahin)
Tahini 就是中東的芝麻醬，日本的白芝麻醬是將炒過的芝麻磨成泥，中東芝麻醬則是以生芝麻製作。可以白芝麻醬替代。

開心果
原產於中亞至中東一帶的堅果，特徵是鮮亮的綠色和濃郁的滋味。開心果自古便是富人間交易的商品，是一種財富的象徵。

中東綜合香料 (Za'atar)
Za'atar 是一種混合香草和辛香料的中東綜合香料，由野生百里香（origanum syriacum）、芝麻、鹽膚木、檸檬香茅、鹽所組成，輕輕一撒便有中東的味道。

葫蘆巴 (fenugreek)
豆科植物，種子兼具苦味與甜味，是咖哩不可或缺的辛香料。新鮮的葫蘆巴葉（methi）也可用於料理。

石榴
石榴是中東很普遍的食材，用於點綴或是增添風味。日本販售的濃縮石榴汁，味道類似巴薩米克醋。

Afghanistan

阿富汗

喀布爾抓飯
Kabuli Pulao

阿富汗奉伊斯蘭教為國教,國土與 6 個國家接壤,做為一個多民族國家,孕育了多采多姿的飲食文化。喀布爾是阿富汗首都,阿富汗國菜喀布爾抓飯由自家原產的胡蘿蔔搭配雞肉或羊肉飯所組成,是宴席上不可或缺的一道佳餚。

كابلى پلو

若使用鍋子煮飯,請蓋上鍋蓋開大火,待沸滾後轉小火,總共煮 15 分鐘左右。

memo

材料(4 人份)

米(長米)……2 杯
雞肉(帶骨雞腿肉)……2 ～ 3 隻
洋蔥(切末)……1/2 顆
A ┌ 番茄泥(沒有的話用番茄醬)……2 大匙
  │ 肉桂棒……2 ～ 3cm
  └ 孜然粉、鹽……各 1 小匙
胡蘿蔔(切絲)……1/2 根
葡萄乾……1 大匙
植物油……適量

作法

1. 長米泡熱水 10 分鐘。雞肉切塊。
2. 平底鍋倒油,洋蔥下鍋拌炒,接著加入雞肉繼續炒,稍微加熱後加入 A 調味。
3. 在另一個平底鍋內倒油,炒胡蘿蔔。胡蘿蔔變軟後加入葡萄乾輕輕拌炒。
4. 在電鍋或電子鍋中加入 1 和對應的水量,將 2 和 3 放在米上,按平常的方式煮飯。
5. 飯煮好後移開配料翻拌,盛盤,中間擺上配料。
※ 最後灑上杏仁之類的堅果也很好吃。

Iran

伊朗（吉蘭省）

紅石榴核桃燉雞
Fesenjan

從波斯帝國時代算起，伊朗擁有 7000 年的悠久歷史。紅石榴核桃燉雞 fesenjan 是將古波斯菜翻新的一道料理，傳統是以鴨肉烹煮。伊朗傳統醫學認為，石榴有淨化血液的功效，波斯菜中經常可以看到石榴的身影。

材料（4 人份）

雞腿肉……400g
洋蔥（切絲）……1 中顆
核桃（烘烤）……150g

A ┌ 石榴汁（100% 原汁）……4 杯
　└ 鹽、胡椒、肉桂粉、薑黃粉……各 1/2 小匙
植物油……2 大匙
鹽、胡椒、砂糖……各適量
〈配料〉
石榴籽、核桃、開心果等（有的話再加）…各少許

作法

1. 雞肉切大塊，撒上鹽、胡椒。
2. 洋蔥下油鍋炒 5 分鐘，炒至透明後加入 1，炒 10 分鐘至雞肉表皮呈金黃色。
3. 核桃以食物處理機打碎，和 A 一起倒入 2 中均勻攪拌，小火燉煮 1 小時。試味道後加入鹽巴、砂糖調味。
4. 盛盤，點綴配料，搭配白飯。

فسنجان

> 有濃縮石榴汁的話會方便許多，加雞湯粉也很美味。
>
> memo

Iran

波斯烘蛋
Kuku

這道類似蔬菜歐姆蛋的菜餚，也有收錄在 16 世紀的食譜中，廣受伊朗人的喜愛。波斯烘蛋 kuku 的作法五花八門，以下是在日本也可以輕鬆製作的櫛瓜（kadu）kuku 食譜。

材料（4 人份）

櫛瓜…2 根、洋蔥（切末）…1 顆、
大蒜（磨泥）…2 瓣、薑黃…1/4 小匙
A — 雞蛋…3 顆、小蘇打粉…1/2 小匙
鹽、胡椒…各少許、植物油…適量

作法

1. 櫛瓜先切 10 片裝飾用的薄片備用，剩餘的部分磨泥。 2. 平底鍋倒入植物油炒洋蔥和大蒜。洋蔥炒至透明後加入薑黃。 3. 倒入櫛瓜泥拌炒，加鹽、胡椒調味。櫛瓜熟後，熄火冷卻。 4. 將 A、鹽巴、胡椒倒入碗中均勻打散，加入 3 攪拌。 5. 將 4 倒入烤盤，以櫛瓜片點綴。烤箱預熱 190℃，烤 30 分鐘。

وكوك

另外還有青菜、馬鈴薯、肉或魚等各式各樣的波斯烘蛋。

memo

伊朗茄子泥 Mirza Ghasemi

這是道有著濃濃大蒜風味的烤茄子番茄蘸醬，在伊朗北部和裏海地區主要被當成前菜。

材料（4 人份）

茄子…5 條、番茄…2 中顆、
大蒜（壓扁）…1 瓣、奶油…1 大匙、
雞蛋（打散）…2 顆、植物油…少許、
鹽、胡椒…各少許、巴西里…適量、
薄餅（或蘇打餅乾）…適量

茄子泥也很適合當常備菜。

memo

作法

1. 以烤箱烤茄子 15 ～ 20 分鐘，一邊翻面一邊烤至茄子外皮焦褐。茄子去蒂頭、剝皮，壓碎。 2. 番茄丟滾水去皮，切一片圓薄片裝飾備用，其餘切丁。 3. 平底鍋放入奶油加熱，將大蒜炒至焦糖色。4. 加入 1 和 2，炒至水分漸乾，加鹽巴、胡椒。 5. 將番茄茄子泥撥到鍋子一邊，在空出來的地方加入油和蛋，待蛋半熟後，將鍋內食材全部拌在一起。以番茄片和巴西里點綴，搭配薄餅食用。

میرزا قاسمی

※ 蛋的部分也可以煎成荷包蛋擺在茄子泥上。

Turkey

土耳其

亞歷山大烤肉
İskender Kebap

亞歷山大烤肉是位於土耳其西北部的布爾薩（Bursa）名菜，這裡曾經是鄂圖曼土耳其帝國的首都。亞歷山大烤肉誕生於 19 世紀後期，以發明者 Iskender Efendi 的名字為名，由優格、番茄醬等充滿土耳其風情的食材組成。將熱騰騰的奶油淋在配料上，搭配鋪在底層的麵包，一道菜就能當一餐。

iskender kebap

當地人用的是沙威瑪削下來的肉片。在家中料理的話也可以先烤肉塊再削成肉片。

memo

材料（4 人份）

羊肉（切薄片）……400g（也可用牛肉）

洋蔥……2 顆磨泥、濾汁（用洋蔥汁）

A ┬ 橄欖油……適量
　└ 鹽、胡椒……各少許

B ┬ 番茄罐頭……1 杯
　│ 卡宴辣椒粉（cayenne pepper）……1/2 小匙
　└ 鹽、胡椒……各少許

青龍辣椒……4 條

pita 口袋麵包 *……1 片

融化奶油……2 大匙

希臘優格……1 杯

番茄（切 8 片）……1 顆

卡宴辣椒粉……1 小撮

* 也可將法式長棍麵包切丁，稍微用吐司機烤一下

作法

1. 洋蔥磨泥、濾汁，洋蔥汁備用。

2. 將 1 和 A 倒入碗中拌勻，放入肉片醃漬一晚。

3. 製作番茄醬：將 B 倒入鍋中，以木鏟攪拌，熬煮 15 分鐘。

4. 2 和青龍辣椒以烤爐或電烤盤烤 5～7 分鐘，至表面金黃酥脆。

5. 烤盤上鋪麵包，倒入一半的 3，放上 4 的肉，淋上剩下的番茄醬。烤箱預熱 180℃，烤 5 分鐘。

6. 盛盤，淋上融化奶油，搭配希臘優格。依個人喜好撒上卡宴辣椒粉，以 4 的青龍辣椒和番茄點綴。

Turkey

土耳其（東部安那托利亞）

碎肉薄餅
Lahmacun

Lahmacung 是在土耳其東部、亞美尼亞、中東黎凡特地區可以吃到的一種微辣薄皮披薩，也叫做 sfiha。雖然有人會以牛肉製作配料，但建議選用羊絞肉才是正宗道地口味。可用平底鍋將餅皮煎得脆脆的或是烤箱以 200 度烤 10 分鐘左右。

材料（4 人份）

〈餅皮〉
高筋麵粉……200g
乾酵母……3g
砂糖、鹽……各 1/2 小匙
橄欖油……1 小匙
溫水……120 ～ 140ml

〈配料〉
羊絞肉（或牛絞肉）……150g
A ┌ 番茄、青椒……各 1 顆
  │ 巴西里……1/2 把
  └ 大蒜……1 瓣

B ┌ 濃縮番茄糊……1 大匙
  │ 橄欖油……1 大匙
  │ 孜然粉、辣椒粉……各少許
  │ 鹽、胡椒……少許
  └ 檸檬汁……1 大匙
檸檬、巴西里……各適量

作法

1. 將餅皮材料全部倒入碗中拌勻，充分搓揉成團。發酵約 1 小時，待麵團膨脹。
2. A 放入食物處理機打成粗粒狀。
3. 將 2 和羊絞肉、B 放入碗中拌勻。
4. 將 1 的麵團分成 2 等分，各自擀成直徑 20cm 的圓形薄麵皮。
5. 將 4 的麵皮放入平底鍋，取一半的 3 抹在麵皮上。蓋上鍋蓋，以中大火燜烤至餅皮變酥脆。以同樣的方法再烤 1 片。最後放上檸檬丁、巴西里。

沒有羊絞肉的話，請用菜刀剁碎肉塊或是以食物處理機絞肉。

memo

Lahmacun

在以港都伊茲密爾（Izmir）為中心的愛琴海地區和伊斯坦堡，淡菜鑲飯可謂經典的街頭小吃。當地人以香草、辛香料、松子拌飯，再填入肉質肥美呈橘黃色的淡菜中蒸熟，淋上新鮮的檸檬汁享用。

土耳其（伊茲密爾／愛琴海地區）
淡菜鑲飯
Midye Dolma

Midye Dolma

材料（4 人份）

淡菜……16 顆
米……60g
洋蔥（切末）……1 中顆
松子……15g

A
┌ 番茄（切細丁）……1/2 顆
│ 葡萄乾（泡水軟化）……15g
│ 濃縮番茄糊……1/2 大匙
│ 辣椒粉、肉桂粉……各少許
└ 鹽、胡椒……各少許

巴西里（切末）……3 大匙
橄欖油……2 大匙
檸檬汁……1 顆

作法

1. 鍋中加少許水，放入清除外殼髒汙的淡菜，蓋上鍋蓋燜煮至淡菜打開。米洗淨後泡水 30 分鐘，瀝乾。
2. 洋蔥下油鍋，大火炒 4 分鐘，加入松子，以中火炒 3 分鐘。倒入米和 A 拌炒。
3. 將 120ml 的熱水倒入 2，均勻攪拌，蓋上鍋蓋小火燉煮 15 分鐘。拌飯起鍋冷卻，拌入巴西里末，試味道後添加鹽巴（食譜配方分量外）。
4. 剝下淡菜肉，將 3 填入淡菜殼內，再疊上淡菜肉。
5. 將 4 擺在蒸鍋裡蒸 15 分鐘。放涼，擠上檸檬汁。

生淡菜請先煮至開殼，冷凍淡菜則需先退冰再使用。

memo

Turkey

土耳其（東南安那托利亞）

新娘湯

Ezogelin Çorbasi

這道湯品源於一位名叫 Ezo 的新娘，她來自土耳其東南部的美食之都加濟安泰普（Gaziantep）。加了紅扁豆、米和番茄的新娘湯是土耳其人熟悉的滋味，燉好的湯會再搭配乾燥薄荷葉或檸檬等食用。

Ezogelin Çorbasi

材料（4 人份）

去皮紅扁豆……50g
米……50g
洋蔥（切末）……1 顆
大蒜（壓扁）……1 瓣
濃縮番茄糊……1 大匙

A ┌ 雞湯粉……1 大匙
　├ 胡椒……少許
　└ 辣椒粉……1/2 小匙
橄欖油……1 大匙
鹽、胡椒……各少許

檸檬汁……1/2 顆
〈配料〉
乾燥薄荷或巴西里、紅椒粉、
檸檬（切瓣）

作法

1. 洋蔥下油鍋炒至透明後加大蒜。大蒜釋出香氣後倒入番茄糊拌勻。
2. 倒入 1L 的水、紅扁豆、米和 A，蓋上鍋蓋熬煮 20 分鐘。以鹽、胡椒調味，加入檸檬汁。
3. 盛盤，以配料點綴。

也可以用布格麥（碎麥粒）代替米製作。

memo

Syria

塔布勒沙拉
Tabbouleh

敘利亞位於全世界歷史最悠久的土地上，可追溯至人們稱其為「肥沃月彎」的古代東方時期。塔布勒沙拉在敘利亞和其他阿拉伯料理中是非常受歡迎的前菜（mezze），可以吃到滿滿有益身體健康又美味的巴西里。任何品種的巴西里都能拿來製作塔布勒沙拉。

材料（4 人份）

布格麥（碎麥粒）……20g

A
- 巴西里（切末）……50g
- 紅洋蔥（切丁）……1/4 顆
- 番茄（切細丁）……1 顆
- 薄荷（切末）……2 大匙
- 檸檬汁……1 顆
- 橄欖油……2 大匙

鹽……1 ～ 1 又 1/2 小匙

〈點綴〉
萵苣、番茄等…適量

作法

1. 布格麥泡水靜置 20 分鐘。
2. 1 瀝乾後，和 A 一起倒入碗中拌勻。
3. 盛盤，佐以萵苣、番茄、pita 口袋麵包等配料。

تبولة

沒有布格麥的話，可用庫斯庫斯替代。

memo

Iraq

伊拉克
炸肉丸 Kubba

伊拉克，自古便有人以其境內的底格里斯河、幼發拉底河為中心居住，也是繁榮的美索不達米亞文明所在地。伊拉克炸肉丸 kubba 又叫 kibbe 或 kibbeh，是中東很普遍的食物。下面介紹的「kubba halab」（halab 是敘利亞阿勒坡城的古名）是一種以米外皮製作的炸肉丸，也被認為是敘利亞炸米球 arancini 的原型。

材料（4 人份）

米（印度香米）……240g
馬鈴薯（切塊）……1 顆
A ┌ 薑黃、鹽……各 1 小匙
  └ 雞湯粉……1 小匙
牛絞肉……400g

洋蔥（切丁）……1 顆
乾燥巴西里……3 大匙
鹽、胡椒……1/2 小匙
橄欖油……2 大匙
炸油……適量

> 正宗吃法有時也會淋上含有椰棗的醬汁一起吃，也有以布格麥製作，顏色偏褐色的炸肉丸。
>
> memo

作法

1. 米洗淨後泡水 30 分鐘，瀝乾。
2. 將米、3 杯熱水、馬鈴薯、A 倒入鍋中攪拌，蓋上鍋蓋煮 30 分鐘。
3. 平底鍋倒油，將洋蔥炒至透明。接著絞肉下鍋，炒至變色。以鹽、胡椒調味，加入巴西里。
4. 將 2 放入食物處理機打泥後移到碗中，蓋上保鮮膜，靜置冰箱至少 30 分鐘。
5. 取 70 ～ 80g 的 4 搓圓，壓一個凹洞包入 3，塑成檸檬的形狀。
6. 炸油加熱，將 5 炸至表皮酥脆。

كبة

伊拉克北部的庫德自治區，當地人將肉丸 kubba 放進湯裡，形成庫德獨有的特別料理。由於庫德自治區的肉丸外皮加有碾碎的無酵餅「matzo」，所以庫德肉丸湯原本可能是庫德裔猶太人的料理。如今，這道肉丸湯也是庫德伊斯蘭教徒在齋戒月日落後喜歡享用的美食。

伊拉克（庫德自治區）
庫德肉丸湯
Kubba Hamusta

無酵餅 matzo
不易購買，因
此以蘇打餅乾
替代。

memo

شوربة الكبة الكردية

材料（2 人份）

牛絞肉……100g

A
┌ 蘇打餅乾（壓碎）……1 杯
│ 高筋麵粉……1 杯
│ 水……1 杯
└ 鹽……1/2 小匙

大蒜（切末）……4 瓣
青蔥（切花）……6 根
瑞士甜菜*（切約 3cm 寬）……4 ～ 5 片
鹽、植物油……各適量
檸檬汁……1 大匙

* 可用菠菜替代

作法

1. 平底鍋倒油，倒入絞肉拌炒。加鹽調味。

2. 將 A 倒入碗中拌勻，製作麵團。每次取 50g 的麵糰搓圓。手上沾一層薄薄的麵粉會更好搓。

3. 在搓好的圓球上壓一個凹洞，填入 1 大匙的 1。

4. 大蒜下油鍋炒至焦糖色後，加入蔥花和瑞士甜菜，拌炒 4 分鐘。

5. 在 4 裡面加入 2 杯水。水滾後，撈除浮渣，加少許鹽巴和檸檬汁調味。

6. 將 3 下鍋，以小火燉煮 12 分鐘。

Lebanon

黎巴嫩

鷹嘴豆優格餅

Fattet Hummus

黎巴嫩擁有可追溯至古文明的歷史，歷經法國殖民，是中東首屈一指的精緻美食之國，享譽盛名。鷹嘴豆優格餅是黎巴嫩經典的早餐和早午餐。同一道菜的食材——鷹嘴豆、中東芝麻醬、大蒜、檸檬汁和鹽打成泥狀後也能做出鷹嘴豆泥。

材料（4 人份）

鷹嘴豆（水煮罐頭）……1 罐
pita 口袋麵包……2 片

A
├ 希臘優格……1 杯
├ 中東芝麻醬（白芝麻醬）……2 大匙
├ 大蒜（壓扁）……1 瓣
├ 檸檬汁……1/2 顆
└ 鹽……1/2 小匙

松子……1 大匙
橄欖油（或奶油）……1 小匙
紅椒粉……1 小撮
巴西里（或薄荷）……少許
石榴籽（有的話再加）……少許

作法

1. 鷹嘴豆連罐頭汁一起倒入鍋中加熱，瀝乾水分。
2. pita 口袋麵包撕開變成一片，切成方便食用的大小，以小烤箱烘烤。烘烤過的 pita 麵包盛盤，鋪上 1。
3. A 倒入碗中拌勻，淋在 2 上面。
4. 平底鍋熱油，充分將松子炒香，擺在 3 上。
5. 撒上紅椒粉、巴西里、石榴籽。

pita 口袋麵包用炸的，像墨西哥玉米脆片一樣酥酥脆脆的也很美味。

memo

فتة حمص

Jordan

約旦

約旦和敘利亞、黎巴嫩一樣，擁有可追溯至西元前的歷史。mansef 承襲了沙漠民族貝都因菜的傳統，是一種在阿拉伯國家中很常見的炊肉飯也是約旦的國菜。mansef 最大的特色是以乾燥的綿羊／羊奶優格「jameed」來製作。

由於羊奶優格較難買到，因此食譜改用普通的優格。

memo

منسف

材料（4 人份）

米（長米）……2 杯
羊肉（有的話用帶骨羊肉）……500g

A ┌ 優格……500g
  └ 中東芝麻醬（白芝麻醬）……1 大匙

B ┌ 辣椒、肉豆蔻粉、多香果、
  │ 小豆蔻粉、丁香粉、香菜粉、孜然粉、
  └ 胡椒……各 1 小撮

鹽……1 大匙
無鹽奶油……3 大匙
杏仁……2 大匙
松子……2 大匙
巴西里葉（切末）……1 小匙
扁麵包（有的話再加）* ……1 片
* 指 pita 口袋麵包、墨西哥薄餅皮等

作法

1. 鍋中放入 1 大匙奶油，羊肉下鍋，中火煎 20 分鐘。羊肉表面呈焦褐色後起鍋，清理鍋中的油。

2. 羊肉放回原鍋，加入攪拌均勻的 A 和 1/2 杯水。

3. B 攪拌均勻後倒入 2，不蓋鍋蓋以小火熬煮 2 小時，注意不要燒焦。

4. 於另一個鍋子中放入 1 大匙奶油加熱，倒入米，中火拌炒 2 分鐘，加入鹽和 3 杯水，蓋上鍋蓋。沸滾後轉小火煮 15 分鐘。

5. 平底鍋放入 1 大匙奶油加熱，拌炒杏仁和松子 5 分鐘。

6. 盤子鋪上扁麵包，將 4 盛盤，擺上 3，撒上 5。佐以巴西里末。

Israel

以色列

炸鷹嘴豆泥球
Falafel

位於中東的以色列，是猶太教、基督教、伊斯蘭教三大宗教聖地——耶路撒冷的所在，近年來則是備受矚目的高科技國家。炸鷹嘴豆泥球 falafel 是道結合鷹嘴豆和香草的油炸小點心，不僅是以色列的國民小吃之一，也深受全中東人民的喜愛，據說，是由古埃及人所發明（不過，這種點心在埃及以蠶豆製作，叫「ta'ameya」）。

材料（15 顆）

乾燥鷹嘴豆……250g
洋蔥（中）……1 顆
大蒜……2 瓣
胡椒……少許
A ┌ 巴西里、香菜葉（切末）……各 20g
  │ 卡宴辣椒粉……1/2 小匙
  │ 孜然粉……1 小匙
  │ 泡打粉……1/2 大匙
  └ 鹽、胡椒……各 1 小匙
小蘇打粉……1/2 大匙
炸油……適量
中東芝麻醬（白芝麻醬）……適量
pita 口袋麵包……適量
番茄、洋蔥、小黃瓜等青菜……適量

作法

1. 鷹嘴豆洗淨，浸泡在滿滿的水中一個晚上。
2. 瀝乾 1，和切成適當大小的洋蔥、大蒜、胡椒放入食物處理機打泥。
3. 將 2 放入碗中，加入 A 均勻攪拌，蓋上濕布靜置 30 分鐘。
4. 將小蘇打粉加入 3 攪拌，捏成乒乓球大小的圓球。
5. 炸油加熱至 180℃，將 4 炸至金黃色。
6. 炸好的鷹嘴豆泥球和青菜一起放入 pita 口袋麵包中做成三明治，淋上中東芝麻醬。

使用水煮鷹嘴豆容易散掉，請務必使用泡水的乾燥鷹嘴豆。

memo

Saudi Arabia

沙烏地阿拉伯

香料雞肉飯

Kabsa

國土占據大半個阿拉伯半島的沙烏地阿拉伯，享有石油和其他豐富的天然資源。炊肉飯 kabsa 可謂阿拉伯的國民料理，除了婚禮，在稍微慶賀的宴席上也必定能看到它的身影。kabsa 不加辣椒。若有聚會的話，請務必試試豪邁地做一大盤吧。

材料（4 人份）

帶骨雞肉……500g
印度香米……1 又 1/2 杯
洋蔥（切末）……1/2 顆

A
— 肉桂棒……1 根
　 小豆蔻……2 顆
　 孜然子……1/2 小匙
　 肉豆蔻粉……1 小撮
— 多香果粉……1 小撮

B
— 切塊番茄罐頭……200g
　 大蒜（切末）……1 瓣
— 優格……5 大匙

鹽……1 大匙
胡椒……1/2 小匙
植物油……適量
美國杏仁片（炒過）……適量
葡萄乾……1/2 小匙

作法

1. 米洗淨後瀝乾。
2. 洋蔥下油鍋，炒至透明後加入 A 再炒 3 分鐘，讓香料釋放香氣。加入雞肉，以中火炒至雞肉變色。
3. 接著倒入 B 和 2 杯溫水，加鹽、胡椒調味，以小火燉煮 45 分鐘。取出雞肉。
4. 將 1 倒入 3 的鍋子，蓋上鍋蓋煮 15 分鐘。煮好的飯均勻攪拌，盛盤。
5. 煮好的雞肉放到飯上，以美國杏仁片和葡萄乾點綴。

كبسة

使用帶骨雞肉看起來比較豪華，用羊肉也很好吃。

memo

Bahrain

巴林

香料蝦飯

Machboos Rubyan

在人們發現波斯灣沿岸藏有石油以前，巴林王國等地方的人民從西元前的太古時代一直以捕蝦和珍珠採集業為生。香料飯蝦飯 machboos 也是一道極具當地特色的傳統料理，雖然使用多種香料卻沒有加辣椒。

材料（4 人份）

印度香米……2 杯
蝦子（草蝦）……200g
洋蔥（切末）……1 顆
大蒜（切末）……3 瓣
奶油……2 大匙

A
咖哩粉……2 小匙
薑黃粉……1 小匙
月桂葉……1 片
肉桂棒……1 根
小豆蔻……3～4 顆

B
番茄（切細丁）……1 顆
香菜葉（切末）……2 大匙
鹽……1 小匙
胡椒……1/4 小匙

〈配料〉
美國杏仁片……2 大匙
香菜葉……少許

作法

1. 米洗淨備用。
2. 深鍋放入奶油，洋蔥和蒜末炒至焦糖色。
3. 加入蝦子、A，炒熟蝦子。
4. 取出蝦子備用，加入 B 繼續拌炒。
5. 加入 2 杯水，沸滾後加入 1，蓋上鍋蓋燜煮 12～15 分鐘。
6. 盛盤，以配料點綴。

使用大尾、帶蝦頭的蝦子看起來更豪華。

memo

مجبوس جمبر

Kuwait

科威特

香料飯

Machboos

波斯灣國家科威特，其名字在阿拉伯語中是「小堡壘」的意思。在炊飯上擺烤雞肉、羊肉或魚肉的香料飯 machboos，在科威特以外的波灣各國也是常見的地方傳統料理。阿拉伯菜系的風格就是使用大量辛香料卻不會辣。

洋蔥選擇以紅洋蔥為優先。

memo

材料（4 人份）

帶骨雞腿肉……400g
印度香米……2 杯
洋蔥（切末）……1 顆
大蒜（磨泥）……1 瓣
薑（磨泥）……1cm
番茄（切細丁）……2 顆
青辣椒（縱切）……1 根
奶油……2 大匙

A ┌ 綜合香料 *
　│ 檸檬皮（切絲）……1 小匙
　│ 番紅花（有的話再加）……1 小撮
　│ （稍微泡水溶出顏色後備用）
　└ 鹽……1 小匙

雞湯塊……1 塊
玫瑰水（有的話再加）……1 大匙
〈配料〉
香菜、小黃瓜薄片、美國杏仁片…各少許

* 綜合香料作法：
瑪莎拉香料 1 小匙、薑黃粉 1/2 小匙、
肉桂粉 1 小撮、胡椒 1/2 小匙拌勻

作法

1. 大鍋放入奶油加熱，洋蔥炒至焦糖色後加入薑泥和蒜泥炒香。
2. 雞肉下鍋拌炒，讓雞肉沾附 1。加入番茄丁、青辣椒拌炒，倒入 A 均勻攪拌。
3. 先取出雞肉，加入 2 杯水和雞湯塊攪拌，加入米，蓋上鍋蓋大火煮 5 分鐘。水滾後轉小火燜煮 15～20 分鐘。
4. 雞肉以平底鍋兩面煎成金黃色。
5. 輕輕攪拌 3，盛盤，擺上烤雞肉。灑一點玫瑰水，以配料點綴。

United Arab Emirates

阿拉伯聯合大公國
阿拉伯蔬菜燉肉
Tharid

在由杜拜、阿布達比等 7 個邦國組成的阿拉伯聯合大公國中，蔬菜燉肉 tharid 是十分受歡迎的一道菜。tharid 源於游牧民族的飲食，伊斯蘭教先知穆罕默德的言行錄《聖訓》中記載，穆罕默德曾說 tharid 如同自己最寵愛的妻子阿伊夏（Aisha），沒有料理能與之相提並論。

材料（4 人份）

雞肉（切塊）……500g
洋蔥（切末）……1 顆
馬鈴薯……1 顆
茄子、胡蘿蔔……各 1 根
番茄……1 顆

A
- 大蒜（磨泥）……1 瓣
- 薑（磨泥）……1 塊
- 青辣椒（切末）……1 根
- 番茄泥……1 大匙
- 萊姆汁……1 大匙

B
- 雞湯塊……1 塊
- 咖哩粉……1 大匙
- 肉桂粉……1/2 小匙
- 小豆蔻粒……1/3 小匙
- 鹽……1 大匙

植物油……1 大匙
萊姆（裝飾用）……適量
pita 口袋麵包……適量

改成用羊肉製作也很好吃。

memo

作法

1. 馬鈴薯削皮切成 4 塊。茄子、胡蘿蔔削皮切圓厚片。番茄切細丁。

2. 燒一鍋 500ml 的水，蓋上鍋蓋燜煮雞肉 20 分鐘。撈除浮渣，取出雞肉，湯汁留著備用。

3. 平底鍋倒油，洋蔥炒至焦糖色。接著加入 A 和 1，中火加熱 3 分鐘。

4. 將雞肉、燜煮雞肉的湯汁、B 倒入 3 中，蓋上鍋蓋以中小火燉煮至蔬菜變軟。

5. 盛盤，以萊姆點綴，搭配 pita 口袋麵包。

Yemen

葉門

沙塔
Saltah

葉門，以自古栽培的摩卡咖啡豆集散地聞名。沙塔在葉門首都沙那一帶的北部地區十分受歡迎，是人們午餐的標準選擇。據說，沙塔的原型在好幾千年前便已出現，熱騰騰的燉青菜淋上具有黏性、苦得恰到好處的 hulba（葫蘆巴），和麵包一起享用。

材料（4 人份）

馬鈴薯……2 大顆
洋蔥（切末）……1 顆
大蒜（切末）……2 瓣
　　秋葵（切圈）……100g
　　番茄罐頭……200ml
　　孜然子……1 小撮
A　薑黃……1 小撮
　　辣椒粉……1 小撮
　　雞湯粉……1 大匙
　　鹽……少許
　　胡椒……1/2 小匙

植物油……適量
〈Hulba（葫蘆巴醬）〉
　葫蘆巴粉……2 大匙
　香菜葉（切末）……3 大匙
　韭菜（切段）……1/2 把
　檸檬汁……少許
麵包……適量

帶有黏性的葫蘆巴是沙塔特色，請像山藥泥一樣淋在燉菜裡。

memo

作法

1. 馬鈴薯削皮，切成方便食用的大小。
2. 起油鍋，將洋蔥和大蒜炒至焦糖色。
3. 倒入 1、A 和 1L 的水攪拌，蓋上鍋蓋小火熬煮 1 小時。
4. 製作 hulba：葫蘆巴粉泡一點水，以食物處理機打成糊狀。香菜葉、韭菜、檸檬汁、少許水加入食物處理機，打至顏色變白並帶點黏性。
5. 將 3 盛入 1 人份的鍋子或容器（葉門當地用石鍋）裡煮滾，淋上 4。將鍋中食材拌勻，搭配麵包一起享用。

السلته

Oman

阿曼
舒瓦
Shuwa

位於阿拉伯半島東南部的阿曼是個親日的國家，還有退位國王與日本女性結為連理。身為歐洲與印度香料貿易路線上的國家，舒瓦這道肉類料理充分體現阿曼風情。

شوا

材料（4 人份）

羊肉（帶骨羊肩肉塊）……500g

A ┌ 融化奶油…25g、大蒜（磨泥）…1 瓣、
  │ 雞湯粉…1 大匙、咖哩粉…1 又 1/2 大匙、
  └ 卡宴辣椒粉…1 小撮

香蕉葉（或鋁箔紙）……4 片
白飯（印度香米）*……4 人份
* 如果有番紅花的話，加入米中一起煮

作法

1. 將 A 倒入碗中攪拌至絲滑柔順，塗抹在羊肉表面，靜置冰箱一晚。　2. 烤箱預熱160℃，烤盤倒入1杯水。　3. 用香蕉葉（或鋁箔紙）將 1 包起來放入烤盤，蒸烤 90 分鐘左右。　4. 米飯盛盤，羊肉塊切成適當大小後擺上。

有羊肉的話，請用帶骨羊肉。用雞肉製作也很美味。

memo

Qatar

卡達
麥粥
Harees

卡達是享有豐富天然資源的波斯灣國家。麥粥harees 源於基督教國家亞美尼亞，是教徒齋戒月日落後會吃的一道料理。

材料（4 人份）

燕麥片……200g
雞肉（切塊）……350g

A ┌ 鹽……少許、胡椒……1 小撮
  └ 孜然粉……1 小撮

奶油……30g
香菜葉……適量
檸檬（切瓣）……適量

以簡單的燕麥片代替不容易入手的小麥粒。

memo

作法

1. 燕麥片、雞肉放入鍋中，加入適量的水（高度略低於食材），蓋上鍋蓋小火熬煮10 分鐘。過程中視情況加水。　2. 將 1 放入食物處理機打成糊狀。　3. 將 2 放回鍋中，加入A攪拌，煮至稍微沸騰。4. 盛盤，淋上融化奶油，以香菜葉和檸檬瓣點綴。

هريس

Maqluba 是阿拉伯語「上下翻轉」的意思，倒扣燜飯 maqluba 就是把和配料一起煮好的燜飯倒扣在盤子上的一道阿拉伯菜，除了巴基斯坦，也是中東一帶很常見的菜色。巴基斯坦倒扣燜飯的特色是有著濃郁的小豆蔻香氣。

Palestine

巴勒斯坦

倒扣燜飯 Maqluba

مقلوبة

盡可能用帶骨肉製作。用羊肉也很美味。

memo

材料（4 人份）

帶骨雞肉……300g

A ┌ 小豆蔻粉、肉桂粉、孜然粉、丁香粉、
　└ 薑黃……各 1/2 小匙

巴西里……適量

茄子……3 條

番茄（切圓片）……2 顆

洋蔥（切末）……1 顆

大蒜（切末）……2 瓣

米（印度香米）……1 杯

初榨橄欖油……適量

鹽、胡椒……各少許

巴西里（裝飾用）……適量

堅果……適量

（美國杏仁、腰果等，裝飾用）

作法

1. 將 2L 的水、雞肉、A、巴西里加入鍋中燉煮 30 分鐘。

2. 茄子切圓片，撒鹽稍微靜置後油炸，以廚房紙巾瀝油。

3. 將 2 鋪在另一個鍋子裡，依序疊上 1 的雞肉、番茄、洋蔥、大蒜、香米，倒入 1 的湯汁。

4. 加鹽、胡椒，蓋上鍋蓋小火燜煮 40 分鐘至收汁。

5. 取一個大盤子蓋在鍋子上，倒扣鍋子盛盤。小心不要燙到。最後以巴西里、堅果點綴。

飲食的國際禮儀

國際禮儀（protocol）指的是全世界通用的傳統國際禮節，除了國與國之間的外交，也適用於民間國際交流等各種場合。

近年來，人們尤其支持國際禮儀對多元文化與文明、以及社會上少數族群積極展現理解的態度。以「飲食」為例，在宴會這樣會用餐的場合中，顧慮不同宗教各自的教義和飲食規定、關照素食者，並了解為什麼會有這樣的規定成為重要的元素。

國際禮儀的歷史

一般認為，國際禮儀奠基於法國國王亨利3世（1574～1589年）的時代，是當時負責接待歐洲他國貴賓的外交官的必備規定。隨著民主主義興起，人們建立起一套國際公約以在國際交流場合公平處理問題。1814～1815年舉行的「維也納會議」中，大家首次訂出了一些國際會議中不可或缺的規定，如與會代表資格、席次等等，並延續至今。歐洲社會的基礎是古希臘文化，這種禮貌（manner）和禮儀（etiquette）便是古希臘道德價值觀歷經歲月成熟後的產物，protocol這個詞也是源於後期希臘文的「protokollon」。也因此，國際禮儀是以歐洲人（主要是基督教文化圈）的價值觀為主。

國民外交也需要國際禮儀

在現代，國際禮儀和日本的傳統禮法一樣是高級禮儀中不可或缺的要素，不僅外交官需要，也適用於國際商業場合與個人身上。日本外務省認為地方行政單位與民間企業也需通曉國際禮儀，並且設置了「全球在地外交網」（グローカル外交ネット），協助地方行政單位的國際應對措施。

日本外務省在網站中對於國際禮儀是這麼描述的：

「國際交流場合中，人們容易因為歷史、文化、語言的不同而產生誤會和不信任。『國際禮儀』便是因此而生的智慧，以對他人的尊重和對所有國家一視同仁為基礎，避免無謂的誤會和紛爭，打造出國與國之間順暢交流的環境。國際禮儀是一種共識，追求國與國、人與人之間的活動得以順利進行，與會的人互相認同，擁有一段愉快舒適的交流。不過，國際禮儀並非不容撼動的規則，一直以來也都與時俱進，不同地區與國家也有所差異。另外，根據聚會宗旨，對與會者的了解和會場的限制等條件彈性運用國際禮儀也很重要。」

也就是說，雖然國際禮儀的相關知識非常重要，但我們也必須保持隨機應變的態度，因人而異、因地制宜。

家庭派對的禮儀

除了正式宴會，現代人招待外國朋友到自家舉辦家庭派對的機會也增加了。只要以輕鬆的心情提出邀約：「要不要來我們家一起吃頓家常的晚餐呢？」外國貴賓便會非常開心。這是因為在歐美的社交禮儀中，收到前往個人家中的邀請被視為人格獲得信賴的證明，比起前往高級餐廳，在家中聚餐往往更能加深彼此之間的交流。舉辦家庭派對時也能參照國際禮儀。

在傳統上，家庭派對的主辦人是女主人（hostess），需協助男主人（主要是負責倒飲料，但最近也出現了性別友善的觀點，沒有硬性規定）。小孩交由保母照顧，餐點則提供方便以湯匙或叉子取用的菜色。此外，準備烤箱、燉煮或是可以事先放到冰箱的料理，避免女主人長時間待在廚房能讓派對進行得更順利。

以上這些國際禮儀畢竟都源於歐洲社會，禮規的世界其實非常多元，像是伊斯蘭文化將左手視為不淨的存在等等。要想精通世上所有動作的涵義以及由這些動作而產生的愉快、不愉

國際禮儀的基本概念　國際禮儀的基本觀念非常簡單。

序列與平等

- 無關乎國家大小，一視同仁。
- 依照席次排序。
- 遵從人人都能接受的規定以避免紛爭。

互惠原則與理解文化差異

- 視他國為與我國對等的存在。
- 尊重文化、宗教、習慣差異。
- 準備一個避免無謂誤會、促進雙方真正理解的環境。

款待與體貼

- 學習宴會禮儀。
- 不提供觸犯宗教禁忌的飲食。
- 注意送迎細節。

基本原則

- 遵守「尊右原則」（國旗擺放、車內席次等）。
- 以女性或年長者為尊。

快等多樣性難如登天，但《國際交流的現代禮儀》作者阿曾村智子在書中就提到，我們能做的，或許就是得宜的應對吧。我將她說的內容統整如下：

記住「世上的文化和習俗非常多元」，面對初次見面的外國人，最重要的是不要有先入為主的觀念，擅自以自己的標準衡量對方。

先大致了解自己國家的禮儀規定，再加上國際最通用的歐美禮儀。

面對個別的國家和地區，尋求熟悉當地風土民情的人給予建議，在自然的範疇內應對。

CHAPTER 3

Europe

| 歐 洲 |

位於歐亞大陸西側的歐洲以最初的文明古希臘為起點，西元 392 年，將廣大歐洲納為領土的羅馬帝國狄奧多西大帝宣布基督教為國教，自此以後，基督教文化便隨著眾多教徒普及、滲透開來，直至今日。

北歐　至今仍保留著維京歷史。維京人製作儲備糧食鱈魚乾這種克服長程航行的智慧，為日後大航海時代葡萄牙人在船上的飲食提供莫大的幫助。另一方面，德國的漢薩同盟在各地建立加盟城市，加上源自德國的新教路德教派逐漸普及，德國肉餅（frikadelle）之類的德國飲食文化也傳播開來。

東歐　遭到亞洲和中東強權侵略的地區。伊斯蘭教國家鄂圖曼土耳其帝國的全盛時期，甚至占領了包含希臘在內的整個巴爾幹半島，隨著鄂圖曼土耳其的占領，中東烤肉、優格、土耳其軟糖等食物也流傳開來，影響了東歐的飲食文化。
也有些國家如保加利亞、塞爾維亞，自東羅馬帝國時期便堅守東正教信仰，身為擁有相同信仰的斯拉夫文化圈國家，如今也一直和大國俄羅斯保持關係。

中歐　面對鄂圖曼土耳其的侵略，奧地利不但予以反擊，並聯合匈牙利組成強大的奧匈帝國，席捲中歐，與紅椒燉肉湯（goulash）、主教蛋糕（kardinalschnitten）等飲食文化的傳播也息息相關。

西歐、南歐　位於這塊土地的國家間上演了「你死我活」的激烈爭霸。英國、法國、荷蘭、西班牙、葡萄牙等國家為了追求珍貴的辛香料和奴隸貿易，紛紛前往新大陸，展開殖民活動。直到 20 世紀中葉為止，強權的殖民持續了 500 年之久，至今依然和前殖民國家有著人員和飲食文化的交流。

**歐洲
經常使用的
食材、調味料**

蝦夷蔥
細香蔥。可用青蔥替代。

杜松子
杜松果實，可用丁香粒替代。

凱莉茴香（Caraway Seed）
繖形花科二年生草本植物凱莉茴香的種子，可用孜然子替代。

馬鬱蘭
唇形科多年生草本植物，可用乾燥奧勒岡替代。

香草束
燉煮料理時常用的香草束，包含月桂葉、百里香、巴西里、龍蒿等等。只用月桂葉和百里香也有類似的效果。

韭蔥（英：Leek ／義：Porro）
歐洲的大蔥，可用日本大蔥之類的粗蔥替代。

白脫牛奶（Buttermilk）
一種發酵乳，可在烘焙材料行購買。也可在牛奶中加一些醋或檸檬汁，或是牛奶加入優格攪拌、脫脂牛奶混合優格等方式替代。

魚高湯（Fumet de Poisson）
西班牙海鮮鍋飯或馬賽魚湯等料理會使用的魚高湯。市面上雖然也有販售即沖即泡的高湯粒，但比較建議使用紙袋包裝的濃縮液體，也可冷凍保存。

Russia

俄羅斯

俄羅斯穀物粥 Kasha

1721 ～ 1917 年，俄羅斯打造了一個龐大帝國，貴族和農民間貧富差距懸殊，吃的食物也有所不同。俄羅斯有句俗語：「白菜湯（shchi）和穀物粥（kasha）即每日食糧。」上至沙皇下至老百姓都喜愛不已的食物就是穀物粥 kasha。至今，穀物粥仍是俄羅斯人和東歐人故鄉的味道，最受歡迎的版本是蕎麥粒穀物粥。

材料（2～3 人份）

蕎麥粒……160g（煮熟後約 300g）
洋蔥（切丁）……1/2 顆
菇類（依個人喜好挑選）……50g
奶油……4 大匙、巴西里……少許
鹽……1/2 小匙

俄羅斯製的即煮蕎麥粒非常方便。平常搭配的 shchi 是俄羅斯白菜湯。

memo

作法

1. 蕎麥粒泡水 1 小時後煮熟瀝乾（按包裝上的指示時間烹煮）。菇類切薄片。
2. 平底鍋放入奶油加熱，將洋蔥炒至焦糖色，加入菇類繼續拌炒。
3. 將 1、鹽巴加入 2，拌炒 4 分鐘。
4. 盛盤，依個人喜好放入奶油（食譜配方分量外）、巴西里。

каша

俄羅斯東正教在復活節前有段為期七週的大齋期,大齋期前一週舉辦的謝肉節也是信仰太陽的古斯拉夫春耕節,而布林餅正是謝肉節不可或缺的一道菜。布林餅圓形的外型象徵著太陽,在即將無法吃乳製品和肉類的齋期前,當地人習慣擺上多種配料一起享用。

俄羅斯
布林餅 Blini

Блины

魚子醬可以選擇便宜的 lumpfish caviar 也十分美味。

memo

材料(4 人份)

A ┌ 麵粉(過篩)……200g
　├ 泡打粉……10g
　├ 砂糖……1 大匙
　└ 鹽……1/2 小匙
蛋液……2 顆
牛奶……500ml
葵花油(或其他植物油)……1 小匙
奶油……適量
〈配料〉
酸奶油、鮭魚卵、魚子醬(有的話再加)、蒔蘿(或平葉巴西里)…各適量

作法

1. A 放入碗中拌勻,加入蛋液、植物油充分攪拌。

2. 慢慢將牛奶倒入 1,輕輕攪拌,避免結塊。蓋上保鮮膜,室溫發酵 30 分鐘。

3. 平底鍋或電烤盤放入奶油加熱,用勺子均勻攪拌 2,舀出麵糊,在鍋底或烤盤上鋪一層薄薄的圓形。開大火,一面大約煎 1 分 15 秒,將餅皮雙面都煎至金黃。

4. 盛盤,擺上配料。將喜歡的配料放在圓餅上捲起來吃。

※ 魚子醬(魚卵)除了鱘魚外,也有鰭魚(lumpfish)等類別。

Russia

俄羅斯（聖彼得堡）

酸奶牛肉
Beef Stroganoff

據說，酸奶牛肉 beef stroganoff 是 19 世紀俄羅斯帝國時代的貴族——斯特羅加諾夫家族（Stroganov family）雇用的法國廚師所發明（有多種說法），10 月革命後也在民間流傳開來。在日本，人們主要會將酸奶牛肉淋在白飯上，但俄羅斯人習慣搭配馬鈴薯泥或是義大利麵食用。

材料（4 人份）

牛肉（切塊）……400g
洋蔥（切塊）……1/2 顆
蘑菇（切片）……200g
麵粉……2 大匙
無鹽奶油……1 大匙

芥末籽醬……1 小匙
牛肉高湯粉……1 大匙
酸奶油……70g
鹽、胡椒……各少許

〈配菜〉
水煮義大利麵……適量（或是蘑菇、白飯）
巴西里（切末）……少許
※ 牛肉切薄片也可以，蘑菇以白蘑菇為佳

作法

1. 平底鍋不加油，乾煎牛肉表面，取出牛肉。
2. 原鍋放入奶油炒洋蔥，洋蔥變透明後加入蘑菇，小火炒 20 分鐘。
3. 加入麵粉拌炒 1 分鐘，讓麵粉裹在蘑菇上。加入芥末籽醬、牛肉高湯粉攪拌。
4. 將 1 的牛肉放回鍋內，倒入酸奶油，加鹽、胡椒調味。
5. 義大利麵盛盤，淋上 4，以巴西里點綴。

也可用希臘優格代替酸奶油。

memo

Бефстроганов

烏德穆爾特共和國（Udmurtia）是俄羅斯聯邦內的一個共和國，位於西烏拉爾地區，以芬蘭—烏戈爾語族的烏德穆爾特人為主體。烏德穆爾特餡餅的製作方式是在黑麥餅皮中加入菇類和其他餡料再倒入牛奶蛋液燒烤，小巧可愛，類似法式鹹派，也有點像芬蘭的卡累利阿米派（karjalanpiirakka）。

俄羅斯（烏德穆爾特共和國）

烏德穆爾特餡餅
Perepechi

Перепечи

材料（4 人份）

〈餅皮〉

A
- 黑麥粉……75g
- 麵粉……50g
- 砂糖……1/2 小匙
- 鹽……1 小撮

B
- 雞蛋（打散）……1 顆
- 水……40ml
- 奶油（放室溫軟化）……20g

〈內餡〉

洋蔥（切末）……1/2 顆
蘑菇（切 1/4）……80g
雞蛋……1 顆
牛奶……2 大匙
鹽、胡椒……各少許
植物油……少許

作法

1. A 倒入碗中翻拌後加入 B，充分揉捏。蓋上保鮮膜，室溫發酵 20 分鐘。
2. 製作內餡：平底鍋倒油，將洋蔥炒至透明，加入蘑菇、鹽、胡椒繼續拌炒。
3. 將蛋打散在碗中，加入牛奶、鹽均勻攪拌。
4. 將 1 分成 4 等分，揉成團，擀成直徑約 10cm 的圓形薄麵皮。
5. 大拇指和食指捏住麵皮一端，每隔 1cm 捏一個摺，整成塔型。
6. 撈 1 大匙內餡放入 5 中間，倒入 3 的蛋液。
7. 烤箱預熱 180℃，烤 15 ～ 20 分鐘。

內餡也可以放絞肉、高麗菜、馬鈴薯、番茄等食材。

memo

Russia

俄羅斯（車臣共和國）

南瓜餡餅

Hingalsh

車臣共和國位於北高加索區，隸屬俄羅斯聯邦北高加索聯邦管區，境內居民以信仰伊斯蘭教遜尼教派的車臣人為主體。使用大量奶油製作的南瓜餡餅 hingalsh 是車臣最受歡迎的料理之一，烤好的餡餅浸水再疊起來的製作手法十分獨特。

Хингалш

材料（4 人份）

去皮南瓜（冷凍南瓜也可以）……280g
（此為去皮後重量）

A ┌ 麵粉（過篩）……300g
  │ 小蘇打粉……1/4 小匙
  └ 鹽……適量

B ┌ 優格……100g
  └ 牛奶……40ml

融化奶油……100g
鹽……少許

食材中的優格，當地人是加熱克菲爾（kefir）發酵乳。

memo

作法

1. 南瓜加熱（生南瓜則煮熟）後去皮壓碎，加鹽拌勻。

2. A 倒入碗中拌開，加入加熱過的 B 揉成團。麵團分成 3 等分，各自擀成直徑 20 ～ 21cm 的圓形薄麵皮（手和擀麵棍上撒一些麵粉）。

3. 在半張麵皮上均勻抹上一層薄薄的 1，對摺麵皮。麵皮邊緣抹水固定，以披薩刀或其他

工具修邊，整成漂亮的半圓形。用相同的方法製作 3 個餡餅。

4. 平底鍋一次煎一個餡餅，將兩面都煎得金黃酥脆。

5. 碗裡倒少許水，將 4 迅速過一下水。3 個餡餅表皮塗上滿滿的融化奶油後疊在砧板上。

6. 疊起來的餡餅切成 4 等分，盛盤。

чебурек

俄羅斯（韃靼共和國）
炸餡餅
Chebureki

Chebureki 是經典的韃靼料理，將羊絞肉之類的肉餡包在麵皮裡油炸，在俄羅斯其他地區和土耳其也十分受歡迎。

材料（4 顆）

春捲皮（大張）…8 張、羊絞肉…150g、
洋蔥（切末）…1 小顆、鹽、胡椒…各少許、
植物油、炸油…各適量

作法

1. 平底鍋倒油，洋蔥炒至透明後加入羊肉拌炒。加鹽、胡椒調味。　2. 兩張春捲皮重疊，放上 1/4 的 1，對摺成長方形，輕輕按壓，將春捲皮內的肉餡鋪平。　3. 以直徑 12 ～ 14cm 的盤子代替模具放在 2 上面切掉多餘的皮，將餡餅修成半圓形。春捲皮邊緣沾水牢牢固定，整出大水餃的形狀。　4. 炸油加熱至 180 ～ 190℃，將 3 炸至金黃色。

俄羅斯（遠東區）
俄羅斯水餃
Pelmeni

感覺就像是中國水餃配酸奶油的 pelmeni 是融合東西方文化的一道料理。除了遠東區，也有人主張這道料理的起源是烏拉爾地區。

Пельмени

材料（4 人份）

牛豬混合絞肉…200g、洋蔥（切末）…1/2 顆、
牛肉高湯粉…1 大匙、水餃皮（大張）…1 包（40 張）、
鹽…少許
〈配料〉酸奶油（或奶油）…適量、
蒔蘿（或巴西里）…少許

作法

1. 絞肉、洋蔥、鹽倒入碗裡充分揉捏。　2. 水餃皮放入將近 1 大匙的肉餡後對摺，一邊打摺一邊沾水固定邊緣。將水餃左右兩端黏在一起圍成圓形。　3. 深鍋燒 1.5L 的水，水滾後加入高湯粉化開（沒有高湯粉的話加少許鹽巴）。下水餃，注意不要讓餃子黏在一起。煮 10 分鐘至水餃熟透。　4. 盛盤，放上配料。

Georgia

喬治亞

起司麵包船
Khachapuri

喬治亞位於民族往來十字路口的高加索地區，以長壽之國為人所知，也是美食薈萃的國度。其代表性料理 khachapuri 是將麵團夾著餡料一起烤，隨著地區不同，khachapuri 的種類也五花八門。下面介紹的阿查拉（Adjara）版本包的是白起司和雞蛋，並把麵包做成船的形狀。

材料（2 個）

A
- 高筋麵粉（過篩）……150g
- 低筋麵粉（過篩）……150g
- 乾酵母……5g
- 鹽……1 小匙
- 砂糖……1 大匙

牛奶*……100ml
植物油……2 大匙
蛋液……1 顆

* 牛奶可用優格代替

〈餡料〉
莫札瑞拉起司（Mozzarella）……200g
菲達起司……200g
雞蛋……2 顆
奶油……40g

以菲達起司混合莫札瑞拉起司代替喬治亞當地使用的 Sulguni 起司。

memo

作法

1. 將微溫的牛奶、1/2 杯溫水、油加入碗中拌勻。

2. 在另一個碗中倒入 A 拌勻，中間挖一個洞，慢慢倒入 1 均勻攪拌。一邊撒手粉（食譜配方外的麵粉），一邊將麵團揉至光滑。

3. 碗上蓋濕布，置於 25℃ 左右的室溫發酵約 1 小時，待麵團膨脹。

4. 將兩種起司放入食物處理機打碎。

5. 麵團發酵完畢後排氣，邊撒手粉邊充分揉捏。將麵團分成 2 等分，擀成直徑 25 ～ 28cm 的圓形。

6. 將一半的 4 放在圓麵皮上，麵皮上下邊緣向內捲，扭轉左右兩端的接點，圍成一個船型。麵皮表面刷一層蛋液。

7. 烤箱預熱 230℃，烤 12 分鐘，觀察情況，至麵包船表面呈微微焦褐色即可。

8. 取出麵包船，在起司內餡中間挖一個洞，打一顆蛋下去，再度放回烤箱烤 5 分鐘，至蛋半熟。

9. 麵包船盛盤，放上奶油。將蛋、起司、奶油攪拌開來享用。

據說，shkmeruli 這道菜源自喬治亞西部拉恰（Racha）地
區的 Skhmeri 村莊，一位主婦想做牛奶燉雞時堅果用完了，
便改將雞肉炸得酥酥脆脆的。當地人會用全雞分切來烹調。

喬治亞（拉恰）
奶香蒜雞
Shkmeruli

使用帶骨雞肉會
熬出高湯，更顯
美味。

memo

材料（4 顆）

帶骨雞肉…500g、
大蒜（壓扁）…2 瓣、
奶油…1 大匙、牛奶…1 杯、
鹽、胡椒…各少許、植物油…適量

作法

1. 雞肉撒上鹽、胡椒。平底鍋倒入充分的油，將雞肉煎
得金黃酥脆。雞肉切成方便食用的大小。 2. 奶油、大蒜
加入陶鍋（沒有陶鍋用普通的鍋子即可）炒香，倒入牛
奶煮滾。 3. 將 1 的雞肉加入鍋內，吸收湯汁，加鹽調味。

阿布哈茲（Abkhazia）是喬治亞境內的自治共和國（也有
國家承認其為一獨立國家），居住著許多阿布哈茲人，擁
有自己獨立的語言。奶油燉菇 soko arazhanit 是乳製品豐
富的這塊土地上可以吃到的一道菜餚。

喬治亞（阿布哈茲）
奶油燉菇
Soko Arazhanit

Soko Arazhanit

材料（4 人份）

蘑菇……200g
奶油……1 大匙
A ┌ 月桂葉…1 片、肉桂棒…3cm、
  └ 胡椒…1/2 小匙、鹽…少許
鮮奶油…1/2 杯、巴西里、蒔蘿（切末）…各 1 小匙

作法

1. 蘑菇切厚片。 2. 平底鍋放入奶油加熱，以中火炒
1。蘑菇片充分沾附奶油後，加入 A 拌炒。 3. 以另
一個鍋子加熱鮮奶油後倒入 2，蓋上鍋蓋中火燉煮 20
分鐘。 4. 盛盤，以巴西里、蒔蘿點綴。

Armenia

亞美尼亞
葉捲飯
Tolma

亞美尼亞是世界上第一個奉基督教為國教的國家，歷經無數外來侵略，在時間的長河中貫徹自己的歷史與傳統。tolma（也叫 dolma、dolmades）是種將餡料包入蔬菜的料理，亞美尼亞人主張這道古典菜餚是他們的祖先所發明。製作 tolma 可使用葡萄葉、高麗菜、甜椒、櫛瓜等各式各樣的蔬菜。

材料（15 顆）

甜椒……2 顆
高麗菜葉（有葡萄葉用葡萄葉＊）……10 片

A
- 牛豬混合絞肉…400g
- 米（洗淨）……80g
- 洋蔥（切末）……1 顆
- 平葉巴西里（切末）……3 大匙
- 番茄泥……1 大匙
- 鹽……1 小匙
- 胡椒……1/3 小匙

優格……適量

＊葡萄葉用鹽漬葡萄葉，也可將餡料填入番茄、茄子等蔬菜

作法

1. 甜椒上半部切成蓋子，去籽。底部平切一刀，讓甜椒可以直立。高麗菜葉燙熟。
2. A 放入碗中拌勻。
3. 攤開高麗菜葉，擺上20g 的 2，捲成細長形。將剩下的肉餡放入甜椒，蓋上蓋子。
4. 3 放入鍋中，加少許水，蓋上鍋蓋中火燜煮20 分鐘。甜椒 tolma 用 180℃的烤箱烤 15 分鐘。
5. 盛盤，搭配優格。

當地人有時候也會用羊絞肉混合肉餡。

memo

Azerbaijan

亞塞拜然

鷹嘴豆羊肉湯
Piti

別名為火之國的亞塞拜然曾是波斯帝國的一部分，據說自西元前起便竄出地表奔騰燃燒的天然氣和石油資源，讓這裡的人們創造了視火焰為神聖象徵的瑣羅亞斯德教。亞塞拜然的飲食文化也有波斯的影子，鷹嘴豆羊肉湯 piti 與伊朗 abgoosht 的作法幾乎一模一樣，都是將肉和蔬菜放入湯盅燉煮的料理。

材料（4 人份）

羊肉（切塊）……500g
鷹嘴豆（罐頭也可以）……100g
洋蔥（切塊）……1 顆
馬鈴薯（切 4 等分）……2 顆
黑棗乾（prune）……4 顆

A
┌ 薑黃……1/2 小匙
│ 鹽……1 大匙
└ 胡椒……1/2 小匙

麵包（長棍麵包之類的麵包）……適量

作法

1. 乾燥鷹嘴豆浸泡一個晚上。馬鈴薯去皮切 4 等分。
2. 鍋內燒 1L 的水煮羊肉，熬煮過程中撈除浮渣。肉熟後羊肉和湯汁分開。
3. 將煮熟的羊肉、鷹嘴豆、洋蔥、馬鈴薯、黑棗乾、A 放入鍋內，倒入 2 的湯汁。蓋上鍋蓋小火熬煮 45 分鐘。
4. 麵包盛盤，淋上 3 的湯汁。湯料放另一個盤子。

※ 栗子季時，以去皮栗子代替馬鈴薯也很美味。

沒有湯盅請以小陶鍋替代。

memo

Piti

Belarus

白俄羅斯

酸奶油燉豬肉
Machanka

森林與湖泊之國白羅斯，境內將近一半國土是白樺樹為主的森林，並擁有超過一萬座以上的湖泊。酸奶油燉豬肉 machanka 是白羅斯的代表菜色之一，傳統上會搭配 draniki 馬鈴薯餅一起享用。烏克蘭和斯洛伐克也有類似白羅斯馬鈴薯餅的料理。

材料（4 人份）

豬後腿肉（切塊）……300g
洋蔥（切末）……1 顆
A ┌ 酸奶油……1/2 杯
  │ 月桂葉……2 片
  └ 鹽、胡椒……各少許

麵粉……2 大匙
奶油……適量
蒔蘿（切末）……1 大匙
draniki 馬鈴薯餅……適量

也可以加入煙燻火腿切片。draniki 馬鈴薯餅的作法與 113 頁捷克的馬鈴薯煎餅「bramborak」幾乎一樣。

memo

作法

1. 麵粉加 1/2 杯的水化開。
2. 平底鍋塗奶油，微煎豬肉。洋蔥下鍋，炒至焦糖色後加入 1、A，燉煮 20 分鐘。
3. 盛盤，以蒔蘿點綴。搭配馬鈴薯餅。

Мачанка

Ukreine

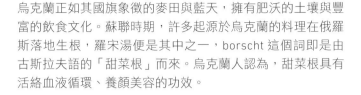

烏克蘭

羅宋湯
Borscht

烏克蘭正如其國旗象徵的麥田與藍天，擁有肥沃的土壤與豐富的飲食文化。蘇聯時期，許多起源於烏克蘭的料理在俄羅斯落地生根，羅宋湯便是其中之一，borscht 這個詞即是由古斯拉夫語的「甜菜根」而來。烏克蘭人認為，甜菜根具有活絡血液循環、養顏美容的功效。

Борщ

材料（4 人份）

甜菜根……250g
馬鈴薯……1 顆
胡蘿蔔……1 小根
豬肉（切塊）……300g
月桂葉……2 片
A ┌ 洋蔥（切末）……1 顆
　│ 高麗菜（切絲）……1/4 顆
　└ 芹菜（莖部切丁）……1 根
切塊番茄罐頭……1/2 罐（1 杯）
大蒜（磨泥）……2 瓣
奶油……2 大匙
鹽、胡椒……各少許
蒔蘿（撕開）……適量
酸奶油……適量

作法

1. 甜菜根去皮，一半切丁，一半磨泥。馬鈴薯切丁。胡蘿蔔磨泥。
2. 鍋裡放 1.5L 的水、豬肉、月桂葉，一邊撈除表面浮渣，以小火煮 30 分鐘。熬煮的高湯備用。
3. 在另一個鍋裡塗奶油，將 A 炒軟。加入番茄罐頭、蒜泥，將 2 連同湯汁一起倒入。
4. 加入 1，蓋上鍋蓋熬煮 15 分鐘至蔬菜變軟。以鹽、胡椒調味，加入蒔蘿。
5. 盛盤，搭配蒔蘿及酸奶油。

據說，烏克蘭有 100 種以上的羅宋湯食譜。

memo

Moldova

摩爾多瓦

白豆香草湯

Ciorbă de fasole cu cimbru

摩爾多瓦與鄰國羅馬尼亞幾乎同文同種，卻在蘇聯時期因政治因素而被切割成兩個國家。摩爾多瓦與羅馬尼亞有相通的飲食文化，近年則以葡萄酒產地聞名。這道白豆香草湯是東正教小齋期間教徒常吃的一道料埋。

材料（4 人份）

乾燥白豆（海軍豆）*⋯250g、
洋蔥⋯2 顆、胡蘿蔔⋯1 根、
芹菜⋯1/2 根、番茄泥⋯6 大匙

A ［ 平葉巴西里、蒔蘿（切末）、
百里香（切約 4cm 長）⋯各 1 大匙
鹽⋯1 小匙、胡椒⋯1/4 小匙
* 雖然也可以用罐頭豆子，但顆粒大的豆子煮起來比較好吃

作法

1. 白豆泡水靜置一晚。　**2.** 洋蔥、胡蘿蔔切塊，芹菜切方便入口的大小。　**3.** 燒水，煮 1。過程中換 2 次水，煮至豆子變軟。　**4.** 倒掉煮豆子的水後，原鍋加入 3 杯水、2、鹽、胡椒，煮 10 分鐘。　**5.** 加入番茄泥繼續燉煮 5 分鐘，視情況加水。加鹽調味，放入 A，熄火。

Ciorbă de fasole cu cimbru

Romania

羅馬尼亞

馬馬利加

Mămăligă

羅馬尼亞歷史悠久，自詡為古羅馬人的後裔。馬馬利加自古便是羅馬尼亞人的主食，由玉米粉熬製而成，類似義大利的玉米糕 polenta，多搭配湯品或配菜食用。

材料（4 人份）

玉米粉⋯⋯250g

A ［ 奶油⋯1 大匙、鹽⋯1 小匙、
胡椒⋯1/2 小匙
菲達起司（壓碎）⋯⋯50g
酸奶油⋯⋯150g

作法

1. 鍋中放 6 杯水和 A，慢慢倒入玉米粉化開，開火。小火煮 20 分鐘，邊加熱邊以木鏟攪拌至玉米粉呈稠狀。　**2.** 平底鍋放入一半的菲達起司加熱。　**3.** 將 2 盛盤，倒入 1，撒上剩下的菲達起司。搭配酸奶油。

Mămăligă

也可用奶油乳酪代替酸奶油。

memo

Serbia

塞爾維亞

塞爾維亞漢堡
Pljeskavica

過去，塞爾維亞先後為羅馬帝國、鄂圖曼土耳其、哈布斯堡王朝的領土，經歷南斯拉夫時期，信奉塞爾維亞正教，堅守著自己的傳統。由於塞爾維亞人從伊斯蘭教徒手中贏得獨立，加上獨立民族英雄又是豬肉商人，因此也是一個熱愛豬肉的國家。pljeskavica 便是一道類似塞爾維亞漢堡的燒烤料理。

Пљескавица

材料（4 人份）

A
┌ 牛豬混合絞肉…400g
│ （盡量絞 2 次，讓肉成泥狀）
│ 洋蔥（切末）……1/2 顆
│ 鹽……1 又 1/3 小匙
│ 胡椒……1/2 小匙
│ 小蘇打粉……1/2 小匙
└ 碳酸水……150ml
植物油……適量
pita 口袋麵包（或圓形佛卡夏）……4 片
〈配料〉
洋蔥（切絲）…1/2 顆、Ajvar 甜椒醬（有的話再加）…適量、濃厚奶油 kaymak（或奶油乳酪）…適量

作法

1. A 放入碗中充分揉捏，放入冰箱靜置一晚以入味。
2. 將 1 分成 4 等分，捏成圓圓扁扁的肉排。
3. 平底鍋或烤盤倒油，煎 2。待肉排兩面都呈焦褐色後，再以鍋鏟壓著煎 10 分鐘。
4. 將 3、配料放入 pita 麵包的開口。也可以搭配喜歡的蔬菜或炸薯條。

Ajvar 是塞爾維亞人發明的甜椒醬。當地用一種叫 somun 的麵包夾肉。

memo

Bulgaria

保加利亞

陶鍋燉肉
Kavarma

保加利亞是黃金璀璨的古色雷斯文明曾經繁盛之地，也是眾所皆知的優格與玫瑰王國。陶鍋燉肉 kavurma 為保加利亞的經典烤箱料理，將豬肉、青菜、菇類一起燉煮，與印度的 korma 和土耳其的 kavurma 屬於同一種菜系，嚴格來說，是冬天的菜餚。

材料（4 人份）

豬肉（切塊）⋯⋯300g
洋蔥（切絲）⋯⋯1 小顆
大蒜（切末）⋯⋯1 瓣
韭蔥（切蔥花）⋯⋯1 根
菇類（蘑菇、杏鮑菇）⋯⋯100g
番茄糊⋯⋯1/2 杯

A ┌ 葡萄酒（紅、白酒皆可）⋯⋯1/2 杯
　│ 紅椒粉 *⋯⋯1/2 大匙
　└ 月桂葉⋯⋯1 片

鹽⋯⋯1 小匙
胡椒⋯⋯1 小撮
植物油（有的話用葵花油）⋯⋯1/4 杯
雞蛋⋯⋯1 顆
巴西里（切末）⋯⋯1/2 小匙
* 有的話用辣紅椒粉，或是摻少許辣椒粉

Kavarma

韭蔥可用日本大蔥替代。

memo

作法

1. 豬肉、洋蔥、蒜泥下油鍋，炒至豬肉表面呈金黃色。

2. 菇類切成方便食用的大小，和韭蔥花下原鍋拌炒，加入番茄糊、少許水，煮至稍微沸騰。

3. 加入 1 杯水、A，小火燜煮 5 分鐘。加鹽、胡椒調味。

4. 將 3 倒入烤盤中，依個人喜好加蛋。烤箱預熱 180℃，烤 30 分鐘。最後以巴西里點綴。

在身處共產主義陣營中的 1950 年代，保加利亞為了促進蕭波（Shopluk）地區的觀光發明了這道沙拉，如今已是保加利亞最知名的菜餚，當地人會撒上一種以羊乳製作的 Sirene 白起司食用。由於蕭波地區橫跨保加利亞、北馬其頓的疆界，兩國都主張這是自己國家的料理。

保加利亞（蕭波地區）

保加利亞沙拉
Shopska Salad

Шопска салата

> 沒有 Sirene 起司的話，請用希臘菲達起司替代。
>
> memo

材料（4 人份）

番茄……3 顆
小黃瓜……1 根
洋蔥……1/2 顆
紅甜椒……1/2 顆
黑橄欖（有的話再加）……8 ～ 10 顆
（沒有的話省略也無妨）
A ┌ 葵花油……2 大匙
  │ 鹽、胡椒……各少許
  └ 紅酒醋……1 大匙
Sirene 起司……100g
巴西里……少許當配料

作法

1. 將 A 拌勻做沙拉醬。
2. 番茄、小黃瓜切塊。洋蔥、甜椒切絲。
3. 將 2、黑橄欖倒入碗裡，淋上 1 輕拌。
4. 盛盤，撒上滿滿的白起司碎屑，以巴西里點綴。

North Macedonia

北馬其頓
甜椒烤豆子
Tavce Gravce

北馬其頓位於亞歷山大大帝誕生的古馬其頓王國一隅，因為和希臘之間的嫌隙於 2019 年更改國名。北馬其頓歷經鄂圖曼土耳其的占領與南斯拉夫時期，繼承了兩者的飲食文化，特色是以甜椒入菜。國民料理 tavce gravce 的作法是將白豆和紅椒粉一起放入烤箱燒烤。

材料（15 顆）

乾燥白豆 *……400g
洋蔥（切絲）……1 顆
A ┌ 紅椒粉……1 大匙
  │ 辣椒粉……1/4 小匙
  │ 鹽……1 大匙
  └ 胡椒……1 小匙
甜椒乾（或番茄乾）……2 顆
植物油（有葵花油用葵花油）……3 大匙
平葉巴西里（裝飾用）……適量

* 海軍豆、白腰豆等豆類，也可用罐頭豆子，
盡可能選用顆粒大的豆子，煮起來比較好吃

作法

1. 白豆泡水靜置一晚，煮軟。
2. 洋蔥下油鍋，炒至透明。加入 A 炒香。熄火，加入 1 拌勻。
3. 將 2 移至耐熱容器裡，加水（高度略低於食材），擺上撕碎的甜椒乾。烤箱預熱 190℃，烤 45 分鐘。
4. 取出烤豆，以巴西里點綴。

> 沒有甜椒乾、番茄乾的話，也可省略。
>
> memo

Tavče gravče

Bosnia and Herzegovina

波士尼亞與赫塞哥維納受鄂圖曼土耳其帝國時代的影響，國內有許多伊斯蘭教徒。切巴契契（ćevapčići, cevapi）是一種類似中東烤肉的烤絞肉，也叫手指腸或巴爾幹去皮香腸。切巴契契也是塞爾維亞南部的名產，塞拉耶佛（Sarajevo）、新帕札（Novi Pazar）、萊斯科瓦茨（Leskovac）每個城市都有屬於自己的吃法。

波士尼亞與赫塞哥維納
切巴契契
Ćevapčići

材料（15 顆）

牛絞肉……400g

A
┌ 洋蔥（切末）……1/4 顆
│ 鹽……1 小匙
│ 胡椒……少許
└ 小蘇打粉……1/2 小匙

碳酸水……90ml

〈配料〉

Ajvar 甜椒醬（有的話再加）…適量、
濃厚奶油 kaymak（或奶油乳酪）…適量、
洋蔥（切絲）…1/4 顆

作法

1. 絞肉放在塑膠袋裡以擀麵棍擀開，或是用手充分揉捏，讓絞肉成泥狀。
2. 將 1 和 A 倒入碗裡，均勻揉拌開來。慢慢倒入碳酸水，繼續揉拌。
3. 每次取 35g 的 2，揉成食指大小的細長肉腸。肉腸擺入料理方盤，蓋上保鮮膜，靜置冰箱一晚。
4. 將 3 放到烤爐或烤盤中，大火烤 11 分鐘。
5. 盛盤，擺上配料，也可夾在麵包裡享用。

絞肉用擀麵棍擀開或是用手抓揉成泥狀。

memo

ćevapčići

Montenegro

蒙特內哥羅
燉魚湯
Brodet

蒙特內哥羅為前南斯拉夫加盟國之一，2006年脫離塞爾維亞獨立建國，蒙特內哥羅語名為Crna Gora。雖然蒙特內哥羅有許多料理和塞爾維亞相似，但境內亞得里亞海沿岸地區與比鄰的克羅埃西亞過去同屬古羅馬帝國達爾馬提亞（Dalmatia）省，因此也有義式料理，brodet就是一道搭配玉米糕的義式海鮮燉菜。

材料（4人份）

白肉魚（鱸魚、鱈魚等魚片）……600g
大蒜（切末）……8瓣
A
　橄欖油……2大匙
　平葉巴西里（切末）……1大匙
　檸檬汁……1大匙
洋蔥（切末）……1顆
番茄泥……3大匙
白酒……30ml
淡菜（洗淨）……8顆

小番茄……8顆
橄欖油……2大匙
鹽……1大匙
胡椒……1小匙
平葉巴西里（切末）……適量
〈玉米糕（Polenta）〉
玉米粉（cornmeal）……200g
鹽……1/2小匙

作法

1. 將一半的蒜末和A放入料理方盤之類的器具中，醃漬白肉魚。蓋上保鮮膜，放入冰箱靜置2～3小時。

2. 起油鍋，拌炒剩下的蒜末，加入洋蔥，炒至稍微呈焦糖色。加入番茄泥、白酒，煮至稍微沸騰。

3. 加入1、鹽巴、胡椒拌勻。倒入500ml的水，蓋上鍋蓋燉煮20分鐘至魚肉煮熟。

4. 期間製作玉米糕：鍋內倒2杯水煮滾，加入玉米粉、鹽巴，邊煮邊攪拌至玉米粉呈稠狀。

5. 將淡菜、小番茄加入3中，蓋上鍋蓋再煮5分鐘。

6. 盛盤，撒上平葉巴西里，搭配玉米糕享用。

除了鱸魚、鱈魚，也可以加蝦子等各種海鮮。

memo

Brodet

Albania

阿爾巴尼亞

焗烤羊肉飯
Tavë Kosi

隔著亞得里亞海與義大利遙遙相望的阿爾巴尼亞曾是鄂圖曼土耳其的領地，至今仍有一半以上的國民為穆斯林，在歐洲顯得極為特別。以烤箱焗烤肉類和優格的 tavë kosi 不僅僅是阿爾巴尼亞的傳統地方菜餚，在鄰近國家也看得到。

Tavë Kosi

可用廚房紙巾或咖啡濾紙過濾優格乳清做出希臘優格。

memo

材料（4 人份）

羊肉（切塊）……300g（也可用牛肉）
大蒜（切末）……1 瓣
米（洗淨）……40g
麵粉……1 大匙
奶油……10g

A
┌ 希臘優格……300g
│ 雞蛋（打散）……2 顆
│ 鹽……1 小匙
└ 胡椒……1/2 小匙

橄欖油……1 大匙
鹽、胡椒……各 1/2 小匙

B
┌ 帕瑪森起司（Parmesan，刨絲）……1 小匙
└ 乾燥奧勒岡……1 小匙

作法

1. 羊肉撒鹽、胡椒。
2. 平底鍋放入一半的奶油和油，以中火煎 1。待羊肉表面呈焦褐色後，加入蒜末、米、250ml 的水拌勻，蓋上鍋蓋燜煮 10 分鐘。
3. 在另一個鍋子放入剩下的奶油加熱，倒入麵粉均勻拌炒。
4. 將 A 倒入碗中拌勻，加入 3 充分攪拌。
5. 將 2 放入烤盤，倒入 4，撒上 B。
6. 烤箱預熱 180℃，烤 30 ～ 40 分鐘，至 5 的表面微焦。

Kosovo

科索沃

酥皮餡餅
Burek

科索沃是位於巴爾幹半島內陸的國家（地區），人口以信奉伊斯蘭教的阿爾巴尼亞人為主，另一方面，境內的塞爾維亞正教教堂也被聯合國教科文組織列為「科索沃中世紀文化紀念物」，塞爾維亞和其他許多國家仍視科索沃為塞爾維亞的一個自治省——科索沃與梅托西亞自治省。源於土耳其的 burek 酥皮餡餅則不分種族，受到巴爾幹半島一帶人民的喜愛。

材料（4 人份）

牛絞肉……400g
洋蔥（切末）……1 顆

A
┌ 鹽……1 小匙
│ 胡椒……1/2 小匙
└ 紅椒粉……1 小匙

雞蛋……1 顆
優格……1 杯
春捲皮（大張）……4 張
植物油……適量

以起可或水果取代牛絞肉，做成甜點也很美味。

memo

Burek

作法

1. 平底鍋倒一層薄油，以中火拌炒洋蔥、牛絞肉至變色。　2. 倒入 A 拌炒 1 分鐘後熄火，放置冷卻。　3. 打一顆蛋到碗裡，加入優格均勻攪拌。　4. 砧板上鋪兩張春捲皮，全部刷一層油。將兩張春捲皮重疊 1cm 黏在一起，變成一張橫長的餅皮。　5. 取 1/4 的肉餡均勻放在餅皮靠身側邊，像捲壽司一樣將餅皮捲成長條。肉捲條由內向外盤繞成螺旋狀。烘焙紙疊上鋁箔紙，包住餡餅底部和周圍。　6. 按照 4 ～ 5 的步驟，再做一條肉捲條，接著 5 的螺旋尾部

盤成更大的圓餅。　7. 將 3 均勻倒到 6 上。　8. 烤箱預熱 180℃，烤 35 ～ 40 分鐘，至餡餅表皮呈金黃色。拿掉烘焙紙和鋁箔紙。

※ 肉條螺旋繼續連結、向外盤成直徑更大的圓餅，就會變成一道美妙的宴會菜餚。
※ 不包絞肉的話，也可以放起司（當地人會用菲達起司這類帶鹹味的起司）或是像希臘菠菜派（spanakopita）一樣包起司和菠菜。

Poland

波蘭

獵人燉肉
Bigos

波蘭，音樂家蕭邦的祖國，一個擁有眾多天主教徒的斯拉夫國家。高麗菜加鹽發酵而產生酸味的德國酸菜（sauerkraut），是波蘭餐桌上不可或缺的一道菜。獵人燉肉 bigos 的作法便是將德國酸菜和肉塊、香腸、菇類等一起燉煮，是波蘭人心中「媽媽的味道」。

建議盡量挑選煙燻香腸（波蘭叫 kielbasa）製作。

memo

材料（4 人份）

市售德國酸菜……500g
豬肉（切塊）……100g
牛肉（切塊）……100g
香腸……100g
培根……30g
洋蔥……1/2 顆
蘑菇……25g
紅酒……1/3 杯
A ┌ 眾香子粉……少許
　├ 月桂葉……1 片
　└ 鹽、胡椒粒……各少許
植物油……適量
巴西里（裝飾用）……少許

作法

1. 酸菜放在濾網中以水沖洗，瀝乾。香腸、培根、洋蔥切成方便食用的大小。蘑菇切薄片。
2. 深鍋倒油，將洋蔥炒至透明。
3. 在另一個平底鍋裡倒油，炒蘑菇，加入 2 的深鍋裡。平底鍋接續炒香腸、培根，放入 2。接著炒豬肉、牛肉，倒入紅酒加熱 2 分鐘，加入 2。
4. 將酸菜、A 加入 2 裡拌勻，蓋上鍋蓋中火煮 15 分鐘後，轉小火燉煮 45 分鐘～1 個小時。過程中時時攪拌。試味道後加鹽（食譜配方分量外）、少許水調味。
5. 盛盤，以巴西里點綴。

Czech

捷克

烤豬肉佐煮麵包

Vepřo Knedlo Zelo

捷克，首都布拉格圍繞著歷史建築，有著「百塔之城」的美譽，境內到處都是遺留中世紀風貌、彷彿童話王國般的城市。捷克人喜歡吃肉，尤其是豬肉，常會將烤豬肉搭配煮麵包（knedliky）食用，煮麵包的原型則是來自德國的馬鈴薯糰子 knödel。

材料（4 人份）

豬肉（肩胛肉塊）……500g

A ┌ 大蒜（磨泥）……1 瓣
　│ 凱莉茴香……1/2 小匙
　└ 鹽……1/2 小匙

洋蔥（切末）……1 顆
胡椒……1/4 小匙
豬油（或奶油）……30g
麵粉（醬汁用）……1 大匙

Vepřo Knedlo Zelo

作法

1. 將 A 攪拌均勻抹在豬肉上，室溫下放置 30 分鐘。
2. 豬肉放進深烤盤中，加入豬油、1/2 杯熱水和洋蔥蓋住豬肉。烤箱預熱 150℃，烤 1 小時左右。
3. 取出豬肉，將盤子裡的洋蔥放入鍋內，倒入水（高度略低於食材）、麵粉熬煮 15 分鐘，製作醬汁。
4. 豬肉切 8mm 厚，和配菜一起盛盤，淋上 3。

〈配菜〉

煮麵包的材料與作法

1. 麵粉 200g、雞蛋 1 顆、乾酵母 3g、溫牛奶 1/2 杯、鹽、砂糖各 1 小撮放入碗中均勻攪拌，發酵 1 小時。
2. 砧板上撒手粉，將 1 搓揉成柱狀，切半，放入滾水中煮 18 分鐘。煮好後，用叉子刺膨脹的麵團排掉蒸氣，切成 5mm 厚的麵包片。

德國酸菜佐培根的材料與作法

鍋中放入 50g 的培根塊，培根出油後加入洋蔥末 1/2 顆、凱莉茴香 1/2 小匙，將洋蔥炒軟。加入 100g 沖洗後瀝乾的德國酸菜，攪拌加熱 5 分鐘。加 1/2 大匙的醋、少許鹽巴調味。

捷克的人均啤酒消費量是世界第一，波希米亞地區也是享譽全球的皮爾森啤酒（pilsener）發源地。馬鈴薯煎餅 bramborak 非常適合配啤酒，與白羅斯的 draniki 和猶太教徒光明節吃的馬鈴薯絲餅（latkes）十分相似，作法也幾乎一樣。

捷克（波希米亞地區）
馬鈴薯煎餅
Bramborák

馬鈴薯建議使用五月皇后這類黏性較高的品種。

memo

Bramborák

材料（4 人份）

馬鈴薯……6 顆

A
┌ 麵粉……1 杯
│ 雞蛋（打散）……2 顆
│ 牛奶……1/4 杯
│ 大蒜（磨泥）……2 瓣
│ 馬鬱蘭……1 大匙
└ 鹽……1 小匙

植物油……適量

作法

1. 馬鈴薯削皮，稍微泡水靜置。用刨絲器迅速將馬鈴薯刨絲到碗中。
2. 將 A 加到 1 裡，均勻攪拌。
3. 平底鍋倒充分的油加熱，用湯匙撈 2 放入鍋中，壓成餅狀油煎。
4. 待兩面都煎得金黃酥脆後，以廚房紙巾或其他工具瀝油。

Slovakia

斯洛伐克

羊奶起司麵疙瘩
Bryndzové Halušky

斯洛伐克的國土幾乎遭阿爾卑斯山與喀爾巴阡山的山脈地帶占據，國民美食為羊奶起司麵疙瘩。這是道阿爾卑斯地區常見的菜餚，類似義大利麵疙瘩，作法是將摻有馬鈴薯的麵團煮熟，再淋上羊奶起司 Bryndza 享用。每年夏天，斯洛伐克中部的 Turecká 村都會舉辦麵疙瘩節。

材料（15 顆）

馬鈴薯……3 顆
A ┌ 麵粉……100g
  │ 雞蛋……1 顆
  └ 鹽……1/2 小匙
〈醬汁〉
菲達起司……200g
酸奶油……少許
〈配料〉
培根（烤脆）……60g
巴西里……少許

作法

1. 馬鈴薯削皮，稍微泡水靜置後以刨絲器刨絲。
2. 將 1 和 A 倒入碗中拌勻。
3. 以深鍋燒水，將 2 放在砧板上以刀子削成小塊，邊削邊入鍋，煮至浮起為止。以濾網撈起麵疙瘩瀝乾水分。
4. 製作醬汁：菲達起司加熱軟化。酸奶油加少許水拌開。混合兩者。
5. 將 3 盛盤，淋上 4，放入配料。

> Bryndza 起司以希臘菲達起司替代。
>
> memo

Bryndzové halušky

匈牙利是中亞游牧民族馬扎爾人 9 世紀定居歐洲後建立的國家，1867 年至 1918 年間，以奧匈帝國之姿雄霸一方。匈牙利也是知名的甜椒品種改良國家，菜餚中經常可以看到甜椒的身影。擁有國菜地位的紅椒燉肉湯 goulash 也是一道含有紅椒粉的燉菜。

Hungary

匈牙利

紅椒燉肉湯
Goulash

材料（4 人份）

牛肉（切塊）……500g
洋蔥（切末）……1 顆
大蒜（切末）……2 瓣
胡蘿蔔（切塊）……1 根
馬鈴薯（切塊）……2 顆
紅椒粉……2 大匙
番茄泥……1/4 杯
月桂葉……3 片
凱莉茴香……1 小撮
鹽……1 大匙
胡椒……1/2 小匙
植物油……2 大匙

作法

1. 平底鍋倒油，洋蔥、大蒜炒至稍微呈焦糖色，拌入紅椒粉。
2. 加入牛肉拌炒。繼續加入胡蘿蔔、馬鈴薯、2～3 杯水拌炒加熱。倒入番茄泥、月桂葉、凱莉茴香，加鹽、胡椒調味。
3. 小火燉煮 30 分鐘至食材變軟。過程中視情況加水。

這道菜源自牧童放牛時吃的野炊料理，在匈牙利的語言馬扎爾話裡，goulash 就是牧童的意思。

memo

Austria

奧地利

維也納炸牛排
Wiener Schnitzel

自13世紀至1918年為止，哈布斯堡王朝在歐洲叱吒風雲約650年的時間，由今日的奧地利繼承傳統。以首都維也納為名的這道炸小牛排，據說是〈拉德斯基進行曲〉的拉德斯基將軍從義大利米蘭帶回來的料理，搭配檸檬片和馬鈴薯一起享用。

Wiener Schnitzel

正宗作法是以食物處理機或研磨缽先壓碎麵包粉。

memo

材料（2人份）

牛腿肉（牛排用）*……2片（240～300g）
麵包粉（細粒）……50g
麵粉……40g
蛋液（打散備用）……1顆
炸油……100ml
奶油……20g
鹽、白胡椒……各少許

〈配菜〉
水煮馬鈴薯、小番茄、萵苣、巴西里……各適量
檸檬片……2片

* 肉一片約120～150g，以小牛肉為佳，但也可用雞肉或豬肉製作

作法

1. 以肉鎚輕輕敲打、延展牛肉。牛肉兩面撒上鹽巴、胡椒。
2. 牛排抹上麵粉，拍掉多餘的粉末後依序沾上蛋液、麵包粉。用叉子之類的工具輕壓，讓肉排確實沾上麵包粉。
3. 平底鍋熱油，以中火將牛排兩面炸出金黃色（一面約炸2分30秒）。
4. 待牛排炸得金黃酥脆後，將奶油放到牛排上融化。
5. 盛盤，搭配配菜。

克羅埃西亞至今依然受到曾為奧匈帝國領土與南斯拉夫時期的遺緒影響，近年來則因杜布羅夫尼克（Dubrovnik）等城市的風光成為受到注目的觀光勝地。克羅埃西亞有許多天主教徒，國土形狀宛如一支回力棒，擁有多元豐富的地方特色。這道使用乾燥和新鮮菇類製成的湯品，是位於內陸的首都札格雷布附近一帶的菜餚。

Croatia

克羅埃西亞

奶油蕈菇湯
Juha od Vrganja

Juha od Vrganja

混合杏鮑菇、秀珍菇等各式菇類一起熬煮，打造美味的蕈菇湯。

memo

材料（4人份）

乾燥牛肝菌菇……10g
菇類（切薄片）……350g
培根（切丁）……100g（切丁 8mm 左右）
洋蔥（切末）……1 顆
胡蘿蔔（切小薄片）……1 中根
芹菜莖（切薄片）……1/2 根
馬鈴薯（切小薄片）……1 中顆
A ┌ 月桂葉……2、3 片
  │ 雞湯塊……1 塊
  └ 乾燥龍蒿（有的話再加）……1 小匙
鹽……1 又 1/2 小匙
胡椒……1/2 小匙
酸奶油……180g
麵粉……20g
植物油（視培根油量調整）……20g
〈配料〉
乾燥牛肝菌菇（磨粉）…適量
平葉巴西里（撕開）…適量

作法

1. 乾燥牛肝菌菇泡 1L 的水 30 分鐘。
2. 平底鍋下培根拌炒，加少許油，以中火炒洋蔥，待洋蔥呈焦糖色後加入菇類、胡蘿蔔、芹菜繼續拌炒。
3. 把 2 移至湯鍋，將 1 連同浸泡的水一起倒入鍋裡，放入馬鈴薯、A，燉煮 15 分鐘。
4. 取出湯鍋裡的胡蘿蔔和馬鈴薯，放入食物處理機打泥。
5. 用一點點 3 的湯融化酸奶油，加入鍋中。
6. 在 4 裡加入麵粉、少許湯汁，攪拌至絲滑柔順後倒回湯鍋中。加鹽、胡椒調味，熬煮 10 分鐘。
7. 盛盤，以配料點綴。

Germany

德國

酸味燉肉
Sauerbraten

德國境內東南西北方雖各有文化差異，但利用酸甜醬汁燉肉的 sauerbraten 卻有著國民料理的地位，以德國中部為中心，十分普及。酸味燉肉多以牛肉烹煮，但有些地方的人也會使用豬肉、羊肉、馬肉料理。

材料（4人份）

牛肩胛肉塊……500g（也可用豬肉）
洋蔥……1 顆

A ┌ 紅酒……1/3 杯
　│ 紅酒醋……1/3 杯
　│ 芹菜葉……1～2 根
　│ 三溫糖……1 大匙
　│ 杜松子（有的話再加）*……3 粒
　│ 月桂葉……2 片
　│ 鹽……1 小匙
　│ 胡椒……1/4 小匙
　└ 水……1/3 杯

奶油……1 大匙
麵粉……1 大匙

〔配菜〕
水煮馬鈴薯…2 顆、巴西里（切末）…1 小匙

* 杜松子＝杜松的果實。沒有的話可用丁香粒替代，不加也沒關係

作法

1. 洋蔥一半切絲，一半切末。
2. 洋蔥絲、A 放入鍋中攪拌，加熱，沸滾後裝入容器放涼，以這個醬汁醃漬牛肉。醃肉靜置冰箱至少 1 天。
3. 取出肉，以廚房紙巾擦乾。以濾網過濾醃料，只保留醃汁。
4. 厚鍋放入奶油加熱，放入牛肉，煎至表面酥脆呈焦褐色，取出備用。
5. 原鍋拌炒洋蔥末至焦糖色，慢慢倒入醃汁，沸滾後放回牛肉，蓋上鍋蓋小火燉煮 2 小時。
6. 取出牛肉，以鋁箔紙包起來保溫。
7. 撈除燉汁的牛肉油脂，以濾網過濾後，加入麵粉勾芡，熬煮成醬汁。
8. 牛肉切片盛盤，淋上 7，擺上配菜。

※ 醬汁可依各人喜好添加醬油、蜂蜜、紅酒醋等等。

Sauerbraten

建議使用肩胛肉塊燉煮再切片。

memo

Weißwurst

德國（巴伐利亞邦）
巴伐利亞白香腸
Weisswurst

德國巴伐利亞邦是以慕尼黑啤酒節聞名的慕尼黑所在地，這裡的名產是白香腸。沒有羊腸衣的話，也可以用保鮮膜包起來做去皮香腸。

材料（4 人份）

牛絞肉…600g、豬絞肉…300g、豬油…適量

A
洋蔥（切末）…1/2 顆、肉豆蔻粉…1/2 小匙、
薑黃粉…1/2 小匙、白胡椒…2 小匙、
檸檬皮（刨絲）…1 大匙、巴西里（切末）切末…1/3 杯、
脫脂牛奶…3/4 杯、鹽…少許

碎冰塊……適量
羊腸衣 1 ～ 2 條

作法

1. 牛肉、豬肉先半冷凍狀態備用。豬油以食物理機打成滑順狀。　2. 1 放入碗中輕拌，加入 A，以鏟子均勻攪拌。過程中肉的溫度升高的話就加碎冰塊。　3. 腸衣洗淨泡水，填入 2，每 12cm 扭成一節。　4. 以 80℃的熱水煮 3，20 分鐘後馬上泡冷水。肉腸瀝乾，放入冰箱冷藏。　5. 盛盤，搭配喜歡的蔬菜。

德國（漢堡）
德國肉餅
Frikadelle

德國肉餅 frikadelle 是德國北部城市漢堡的名菜，中世紀時，這裡也曾是漢薩同盟的中心。在日本大眾的認知裡，德國肉餅是「省略香草調味的漢堡排」。境內曾有漢薩同盟城市的北歐也看得到相同的料理。

材料（4 塊）

牛豬混合絞肉…400g、洋蔥（切丁）…1/2 顆、
麵包粉…40g、雞蛋…1 顆、芥末醬…15g、
巴西里（切末）…1 又 1/2 小匙、馬鬱蘭粉、
紅椒粉、鹽、胡椒…各 1 小匙、奶油…20g

作法

1. 除了奶油，所有材料放入碗中充分揉捏。　2. 將 1 分成 4 等分，捏成圓圓扁扁的肉排。平底鍋放入奶油加熱，以中火煎肉排，一面煎 7 ～ 8 分鐘，至兩面都焦黃酥脆。　3. 盛盤，搭配喜歡的蔬菜。

Frikadelle

Switzerland

瑞士
起司鍋
Fondue

瑞士 70% 的國土面積為山地，酪農業發達，同時盛產起司。起司易於保存，是人民克服嚴冬的重要能量來源。fondue 是阿爾卑斯地區的傳統菜餚，以專門的鍋子加熱油脂之類的液體，搭配麵包或蔬菜蘸著吃，瑞士人則是融化起司，做成起司鍋。

材料（4 人份）

起司*……400g
大蒜（對半縱切）……1 瓣
不甜的白酒……150ml
櫻桃白蘭地（或水）**……1 大匙
玉米澱粉……1 小匙
檸檬汁……1 小匙
研磨胡椒……少許
肉豆蔻（磨碎）……少許
麵包（切成一口大小）……適量

* 建議使用艾曼塔起司（Emmental）和葛瑞爾乳酪（Gruyere），刨絲後以 1：1 的比例混合
** 櫻桃白蘭地是櫻桃蒸餾酒，用以提香

作法

1. 大蒜塗抹鍋子內緣後留在鍋內，加入白酒，小火加熱。慢慢放入起司絲，以木鏟緩緩攪拌（避免煮到沸騰）。
2. 玉米澱粉放入小碟中，加櫻桃白蘭地或水化開，慢慢倒入 1 中拌勻。加檸檬汁。
3. 最後撒上胡椒、肉豆蔻。
4. 拿麵包蘸著 3 食用。

※ 白酒要選用不甜的，如果有瑞士產的白酒更佳。不敢喝酒的人就讓白酒內的酒精成分充分蒸發。
※ 除了麵包，搭配水煮馬鈴薯、香腸、喜歡的蔬菜等也很美味。

起司也可選用荷蘭的高達起司（Gouda）或披薩專用起司。

memo

Liechtenstein

列支敦斯登地處阿爾卑斯山山谷，介於瑞士與奧地利兩國之間，是自中世紀以來一直維持君主制的國家（侯國）。起司雞蛋麵疙瘩 käsknöpfle 是農地稀少的阿爾卑斯地區的特有料理，將類似日本水團的麵團淋上奶油或起司食用，在列支敦斯登有著國民料理的地位。

列支敦斯登
起司雞蛋麵疙瘩
Käsknöpfle

材料（4 人份）

〈麵團〉
高筋麵粉（過篩）……300g
雞蛋……3 顆
肉豆蔻、胡椒……各 1 小撮
鹽……1 小匙
水……2 大匙
〈醬汁〉
奶油……15g
鮮奶油……1/2 杯
鹽……1/4 大匙
起司（刨絲）*……50g

* 建議用葛瑞爾乳酪、艾曼塔起司、
steppen cheese 等瑞士或德國起司

作法

1. 所有麵團材料倒入碗中，揉至光滑（視情況加水）。發酵 30 分鐘。
2. 煮一鍋熱水，將 1 放在砧板上削成一塊塊通心麵大小，邊削邊撥到鍋內煮。
3. 麵疙瘩浮起來後，以濾網勺撈起。
4. 小鍋子放奶油加熱，倒入鮮奶油，加鹽調味。
5. 將 3 盛盤，放上事先以微波爐加熱的起司，淋上 4 的醬汁，擺上配料。

＜配料的材料與作法＞
培根 200g 切小丁，用平底鍋煎得香香脆脆。蝦夷蔥（或青蔥）4 根切末。洋蔥 1 顆切絲，以 1 大匙奶油炒至呈焦糖色。依個人喜好可搭配蘋果泥。

Käsknöpfle

當地人會搭配
番茄、小黃瓜等
沙拉一起享用。

memo

Iceland

冰島

冰島燉魚
Plokkfiskur

冰島，繼承維京傳統，坐擁火山和溫泉等豐富自然資源的島國，儘管位於北極圈，但因有暖流通過，冰島的冬天沒有想像中寒冷。冰島漁業以補鯨業為首，十分發達，這裡介紹的是以當地特產鱈魚、馬鈴薯製成的蘸醬料理，搭配黑麥麵包享用。

Plokkfiskur

材料（4 人份）

鱈魚……300g
馬鈴薯……300g
洋蔥（切末）……1/2 顆
牛奶……1 杯
奶油……30g（另加抹麵包的奶油適量）

麵粉……2 大匙
鹽、白胡椒……各 1/2 小匙
黑麥麵包……適量
〈配料〉
蝦夷蔥（或青蔥，切末）、胡椒……各少許

作法

1. 鱈魚煮熟，將魚肉拌開。馬鈴薯削皮煮熟，壓碎。
2. 牛奶倒入小鍋子裡煮滾。
3. 在另一個鍋子裡放入奶油加熱，中火炒洋蔥至透明後，倒入牛奶。
4. 麵粉放入碗中，加少許 3 攪拌，避免結塊。麵糊倒入鍋中化開，加熱 1 ～ 2 分鐘。
5. 將 1 的鱈魚放入鍋中，加鹽、胡椒調味。加入馬鈴薯，輕輕拌勻。小火煮 5 分鐘。
6. 盛盤，撒上配料，以黑麥麵包蘸著吃。

沒有黑麥麵包時，搭配一般麵包也很美味。

memo

Norway

瑞士

醃鮭魚
Gravlaks

挪威擁有類似山岳的美麗峽灣地形，gravlaks 則是一道利用當地特產鮭魚醃製的簡單菜餚。據說，gravlaks 歷史悠久，可追溯至中世紀，使用不必擔心寄生蟲、可以生吃的大西洋鮭魚（Atlantic salmon）製作，搭配蜂蜜芥末或黑麥麵包享用。

材料（4 人份）

鮭魚或鱒魚（生魚片等級）……400g
蒔蘿（切末）……6 枝

A ┌ 砂糖、粗鹽……各 2 大匙
  │ 胡椒粒（磨碎）……1 大匙
  └ 檸檬汁……1/2 顆

紅洋蔥（切絲）……1/2 顆
蒔蘿（切末）……少許
黑麥麵包……適量

〈蜂蜜芥末醬的材料與作法〉
芥末醬…2 大匙、蜂蜜…1 大匙、
檸檬汁…1 大匙、蒔蘿（切末）…1 枝，
攪拌均勻。

作法

1. A 倒入碗中（檸檬汁預留 1 大匙備用）拌勻。
2. 將一半鮭魚放在玻璃烤盤中，撒上蒔蘿。擺上剩下的鮭魚，均勻淋上 1。
3. 包保鮮膜，壓上重物，放入冰箱醃漬 3 天。每天都要幫鮭魚翻面，讓鮭魚每個部分都能吸收醃汁。
4. 從冰箱取出鮭魚，以廚房紙巾擦乾鮭魚水分。
5. 擺盤，淋上預留的檸檬汁，以紅洋蔥絲、蒔蘿點綴，搭配蜂蜜芥末醬、黑麥麵包。

請務必使用生食等級的鮭魚菲力生魚片。

memo

123

Sweden

瑞典

瑞典肉丸

Köttbullar

瑞典肉丸，也是北歐家具 IKEA 餐廳知名的經典菜色，大約是在 19 世紀中葉成為瑞典人的家常菜，南部人較常用豬肉，北部人則多使用牛肉製作，肉丸上的奶油白醬是其特色。肉丸同時也是瑞典人的聖誕節 buffet「julbord」桌上不可或缺的一道菜。

材料（4 人份）

A
- 牛豬混合絞肉……500g
- 麵包粉……150q
- 雞蛋……1 顆
- 洋蔥（切末）……1/2 顆
- 牛奶……1/2 杯
- 肉桂粉……1/2 小匙
- 鹽……1/2 小匙
- 胡椒……少許

植物油……2 大匙

奶油、麵粉……各 1 小匙

B
- 鮮奶油……1/4 杯
  （也可用牛奶）
- 葡萄酒（紅、白酒皆可）……2 大匙
- 鹽、胡椒……各少許

巴西里（切末）……4 ～ 5 大匙

〈配菜〉

越橘果醬……3 大匙

水煮馬鈴薯……2 顆

越橘果醬和馬鈴薯是瑞典肉丸傳統配菜。

memo

作法

1. A 倒入碗中拌勻，捏成直徑 2.5cm 左右的肉丸。
2. 平底鍋倒油，煎烤 1 的表面後取出，以保鮮膜包覆保溫。
3. 以廚房紙巾擦拭原鍋裡的油，加入奶油拌炒麵粉。
4. 加入 1 杯水和 B 製作醬汁。
5. 將 2 盛盤，淋上 4，撒上巴西里，搭配配菜。

Köttbullar

Finland

芬蘭

卡累利阿米派
Karjalanpiirakka

芬蘭系出亞洲的芬蘭—烏戈爾語族，卡累利阿米派是芬蘭東南部卡累利阿地區（橫跨俄羅斯）的在地料理，與俄羅斯境內芬蘭—烏戈爾語族的烏德穆爾特共和國餡餅有著類似的餅皮。卡累利阿米派在餅皮裡填入牛奶粥、蛋和奶油製成的內餡，是芬蘭人最喜歡的傳統料理。

Karjalan Piirakka

請根據烤箱機種型號，視情況調整烘烤時間。

memo

材料（4 人份）

〈內餡（牛奶粥）〉
米……1/2 杯
牛奶、水……各 1 杯
鹽……1/2 小匙
〈派皮〉
黑麥……55g
麵粉……45g
鹽……1/2 小匙
水……1/3 杯
融化奶油……1 大匙
〈雞蛋奶油（Egg Butter）〉
奶油（放室溫軟化）……3 大匙
水煮蛋（切碎）……1 顆
蒔蘿……少許

作法

1. 牛奶粥材料倒入厚鍋裡拌勻，蓋上鍋蓋小火熬煮 20 分鐘。
2. 派皮材料放入碗中均勻攪拌，分成 8 等分，撒上充足的手粉（食譜配方分量外），擀成約 14cm 的橢圓形薄麵皮。
3. 取 3 大匙的牛奶粥鋪在 2 上，派皮上下兩側稍微向內折，包圍內餡，利用大拇指和食指迅速捏出皺摺。
4. 烤箱預熱 230℃，烤盤鋪烘焙紙擺上 3，烤 10 分鐘至表皮稍微呈焦褐色。
5. 烤派期間製作雞蛋奶油：將奶油和水煮蛋放入碗中拌勻，以蒔蘿點綴。
6. 米派烤好後，表面刷一層融化奶油，盛盤，搭配 5。

Estonia

愛沙尼亞

鯡魚三明治

Kiluvõileib

位處波羅的海三小國最北邊的愛沙尼亞，資訊科技產業發達。這道開放式三明治用的波羅的海鯡魚（Baltic herring）是一種小型鯡魚也是愛沙尼亞國魚。

Kiluvõileib

材料（4 人份）

鯡魚（生魚片等級，三枚切）…8 塊（也可以錘氏小沙丁魚、窩斑鰶、丁香魚替代）
黑麥麵包（切片）…8 片
酸奶油（或奶油）……適量
〈配料〉
紅洋蔥（切絲）…1/4 顆、
鵪鶉蛋（水煮縱切）…8 顆、
蝦夷蔥（切末）…1 根、
粗鹽、胡椒…各少許、
檸檬汁（依個人喜好添加）

作法

1. 鯡魚切成方便食用的大小。 2. 黑麥麵包抹上一層厚厚的酸奶油，放上 1 和配料。依個人喜好淋檸檬汁。

Latvia

拉脫維亞

培根紅豌豆

Grey Peas and Speck

拉脫維亞是波羅的海三小國中受俄羅斯影響最深的國家。這道簡單的料理是拉脫維亞少數的一種地方傳統料理。

材料（4 人份）

紅豌豆…200g、鹽…1 小匙、
培根…60g（切成約 8mm 的丁）、
洋蔥…40g（切成約 8mm 的丁）

作法

1. 紅豌豆洗淨，浸泡一個晚上後直接加鹽，煮軟。 2. 培根、洋蔥切成約 8mm 的丁放入平底鍋，以培根的油脂炒至焦褐酥脆。 3. 紅豌豆瀝乾盛盤，撒上 2。

在日本，比拉脫維亞紅豌豆略大的豆子是來自北海道的品種。

memo

Pelēkie Zirņi ar Spekīti

Lithuania

立陶宛

齊柏林肉圓
Cepelinai

波羅的海三小國之一的立陶宛天主教徒眾多，與鄰國波蘭有深厚的歷史淵源，第二大城考納斯（Kaunas）設有日本外交官杉原千畝記念館。齊柏林肉圓是深受立陶宛人喜愛的在地料理，馬鈴薯外皮包覆絞肉內餡，因外型酷似 20 世紀初德國的齊柏林飛船而得名。

材料（4 人份）

〈餡料〉
豬絞肉……200g
洋蔥（切末）……1 小顆
蒔蘿（切末）……1 大匙
鹽……1/2 小匙
胡椒……少許
植物油……適量
〈醬汁〉
培根（切 8cm 寬）……100g

青蔥（切蔥花）……2 根
蒔蘿（切末）……1 大匙
胡椒……少許
酸奶油……1/2 杯
植物油……1 大匙
〈外皮〉
馬鈴薯……250g ＋ 500g
鹽……少許
玉米澱粉……1 又 1/2 大匙

內餡以菇類代替豬絞肉也很美味。

memo

作法

1. 平底鍋倒植物油，拌炒豬絞肉、洋蔥，待豬肉、洋蔥變色後加鹽、胡椒調味，最後加入蒔蘿。
2. 製作醬汁：青蔥、培根下油鍋拌炒，加入蒔蘿、胡椒，最後拌入酸奶油。
3. 製作外皮：250g 的馬鈴薯煮熟後剝皮，壓成馬鈴薯泥。
4. 500g 的馬鈴薯削皮磨泥，用布瀝乾水分。馬鈴薯汁留下備用。
5. 將 3、4、鹽倒入碗中拌勻，加入玉米澱粉、少許馬鈴薯汁均勻攪拌。
6. 馬鈴薯泥分成 4 等分，放在掌中壓扁，包入 1/4 的 1，捏成橢圓形的飛行船狀。
7. 7. 將 6 放入蒸鍋蒸 20 分鐘。
8. 8. 盛盤，淋上 2 的醬汁。

※ 生馬鈴薯泥容易變色，請盡快處理下鍋。立陶宛人是用水煮，但用蒸的較不容易失敗。

Cepelinai

Denmark

丹麥

炸豬肉
Stegt Flæsk

丹麥，昔日的維京王國，今日的酪農大國，近年因「美食革命」也出現越來越多優秀的餐廳。stegt flæsk 是深受丹麥人喜愛的國民美食，炸得酥酥脆脆的丹麥特產豬肉淋上白醬，搭配糖煮蘋果泥或其他配菜都是迷人的滋味。

豬肉塊切成 4 ～ 5mm 厚度，烹調起來更加美味。

memo

材料（4 人份）

豬五花肉塊……600g
奶油……30g
麵粉……3 大匙
牛奶……500ml
鹽、胡椒……各少許
植物油……適量
〔配菜〕
甜菜根（水煮或罐頭）、馬鈴薯泥、
平葉巴西里（切末）……各適量

作法

1. 豬肉切 4 ～ 5mm 厚，如果手邊是豬肉薄片就將肉片對折。輕輕抹上鹽、胡椒。
2. 平底鍋倒入充分的油，將 1 炸至表皮酥脆。以保鮮膜包覆保溫備用。
3. 製作醬汁：鍋裡放入奶油加熱，加入麵粉，炒至柔順光滑。開小火加熱，慢慢倒入牛奶。加鹽、胡椒調味。
4. 將 2 盛盤，搭配喜歡的配菜，淋上 3。

Faroe Islands

法羅群島

克拉克斯維克海鮮濃湯
Suppe fra Klaksvik

位於北大西洋的法羅群島是丹麥的自治領地，保有古老的維京傳統，擁有獨樹一格的文化，飲食文化則與鄰近的冰島相仿。克拉克斯維克是法羅群島第二大城，也是日本和歌山縣太田町的姊妹市，這道以她為名的濃湯用當地特產的螃蟹和蝦子烹調而成，是寒冬中熱呼呼的暖胃料理。

材料（4 人份）

蝦子、螃蟹……（加總）400～500g
橄欖油……2 大匙
A ┌ 咖哩粉……1 大匙
  └ 紅椒粉……1 小匙
洋蔥（切末）……1 小顆
大蒜（切末）……1 瓣
切塊番茄罐頭……100g

A ┌ 綜合果汁……1/4 杯
  │ （蔬果汁也可以）
  │ 魚高湯……1 大匙
  │ 牛奶……1/2 杯
  └ 鮮奶油……1/4 杯
鹽……1 小匙
乾燥巴西里……少許

作法

1. 蝦子和螃蟹去殼。
2. 起油鍋，倒入 A 拌開，炒洋蔥末和蒜末。
3. 繼續加入番茄罐頭、1.5L 的水、B 拌勻，煮至沸騰。
4. 放入 1 煮熟，加鹽調味。
5. 盛盤，撒上巴西里。

以魚肉取代蝦子和螃蟹也很美味。

memo

Suppe fra Klaksvik

Belgium

比利時

淡菜薯條
Moules Frites

比利時除了美味的啤酒，國民人均餐廳數更是歐洲第一，是不輸法國的美食王國。淡菜薯條結合了佛拉蒙區（Flanders）海邊平價的淡菜和從前人們在無法取得食材的冬天所吃的炸薯條，是深受比利時人喜愛的國民美食。

材料（4 人份）

馬鈴薯……3 ～ 4 顆
炸油……適量
淡菜……600g
白酒……1/2 杯
A ┌ 奶油……50g
  │ 大蒜（切末）……1 瓣
  │ 鹽……少許
  └ 胡椒（磨碎）……少許
巴西里（切末）……3 小匙
檸檬……1/2 顆
美乃滋（依個人喜好）……適量

作法

1. 馬鈴薯切條狀，以 160℃的油裸炸，瀝油。
2. 淡菜殼互相摩擦，仔細清洗後放入鍋內，加入白酒，大火煮 3 分鐘。
3. 瀝掉 2 的水分，鍋內只留淡菜。加入 A 和一半的巴西里，繼續加熱 1 分鐘。
4. 淡菜和炸薯條盛盤，以剩餘的巴西里和檸檬瓣點綴，依據個人喜好沾美乃滋享用。

白酒請使用不甜的酒款。

memo

Moules-Frites

Pannenkoek 是酪農王國荷蘭的大尺寸鬆餅，除了可以搭配荷蘭特產的高達起司、艾登起司（Edam），也能放火腿、蔬菜、菇類等配料享用。pannenkoek 與從天主教聖餐麵包發展出來的荷蘭小鬆餅（poffertjes）隨著荷蘭殖民也傳到了印尼（當地叫 panekuk）以及荷蘭移民後代居住的南非。

Netherlands

荷蘭

荷蘭煎餅
Pannenkoek

Pannekoek

在荷蘭，有販售專用的煎餅粉。

memo

材料（4 人份）

A
高筋麵粉……200g
上新粉（或日本米粉）……50g
泡打粉……1/2 小匙
鹽……1/2 小匙

牛奶……500ml
雞蛋……2 顆
蘑菇……16 朵
奶油……20g
高達起司……適量
番茄……1 顆
〈配料〉
蜂蜜、胡椒、巴西里……各適量

作法

1. 蘑菇切薄片。番茄切圓片後再對半縱切。
2. A 過篩，倒入碗中拌勻。加入雞蛋。慢慢倒入牛奶稀釋，邊倒邊攪拌麵糊。
3. 平底鍋放入奶油加熱，以中火拌炒蘑菇。將蘑菇整齊擺在鍋中，舀 1 湯勺半的麵糊，均勻倒入鍋內煎烤。待一面稍微呈金黃色後，翻面煎另一面。
4. 煎餅盛盤。番茄、高達起司分別以平底鍋稍微加熱。
5. 將起司、番茄放在煎餅上，搭配喜歡的配料。

※ 也可以放蘋果之類的配料，做成甜點風煎餅。

France

法國
蔬菜燉肉鍋
Pot-au-Feu

法國是被譽為世界三大菜系之一的美食王國，儘管地方特色豐富，有無數的在地傳統料理，但以滿滿的蔬菜燉煮牛肉或香腸等肉類的 pot-au-feu，是眾人心中代表法國的媽媽味。也有人說，蔬菜燉肉鍋的起源可追溯至新石器時代。

Pot-au-feu

材料（4 人份）

牛肉 *……500g
大蔥……1 根
洋蔥……1 顆
番茄……1 顆
蕪菁……3 顆
胡蘿蔔……2 根
芹菜莖……1 根

A
┌ 大蒜……1 瓣
│ 月桂葉……1 片
│ 百里香……1 枝
│ 巴西里……100g
│ 粗鹽……1 大匙
└ 胡椒粒……1/2 大匙

芥末醬……適量

* 盡量選用各種部位的牛肉，包含帶骨牛肉

作法

1. 厚鍋中加入牛肉和 2L 的水，一邊撈除表面浮渣小火熬煮 2 小時。

2. 大蔥蔥白部分切段。洋蔥、番茄、蕪菁剖半，胡蘿蔔切 3 等分，芹菜莖切薄片。

3. 將 2 的蔬菜和 A 加入 1 裡，繼續燉煮 30 分鐘。

4. 試味道後視情況加鹽（食譜配方分量外），盛盤。搭配芥末醬。

牛肉盡可能選用牛肉塊再分切，或是帶骨牛肉等不同部位熬煮。

memo

阿爾薩斯，位於法國卻屬於德國日耳曼文化圈，歷史上飽受德法的政治盤算擺弄，不過，在飲食上亞爾薩斯卻擷取了兩國的長處，同時擁有美味的葡萄酒和啤酒。亞爾薩斯語為flammekueche（法文為 tarte flambée）的這道火焰烤餅製作不需要發酵，是道能夠輕鬆享受的經典阿爾薩斯傳統菜餚。

法國（阿爾薩斯）
火焰烤餅
Flammekueche

材料（2 片）

〈餅皮〉
高筋麵粉（過篩）……80g
低筋麵粉（過篩）……80g
鹽……1 小撮
水……1/2 杯
橄欖油……1 小匙
〈配料〉
法國白乳酪（fromage blanc）……100g
（沒有的話可以優格替代）
鮮奶油……1/2 杯
洋蔥（切絲）……100g
培根（簡單切薄片）……100g
鹽、胡椒……各少許
肉豆蔻……1 小撮

作法

1. 所有粉類和鹽倒入碗裡拌勻，加水、橄欖油，搭配手粉（食譜配方分量外）充分揉捏成團。蓋上保鮮膜，靜置 30 分鐘。
2. 在另一個碗裡倒入法國白乳酪和鮮奶油，均勻攪拌。
3. 麵團分成 2 等分，搭配手粉擀成圓形的薄餅皮。
4. 將 3 的表面塗滿一層薄薄的 2，擺上洋蔥、培根，撒鹽、胡椒、肉豆蔻。
5. 以 250℃烤箱烤 8 ～ 10 分鐘，觀察餅皮邊緣稍微呈焦褐色即可出爐。

也可用蘋果、肉桂做出甜點版薄餅。

memo

Flammekueche

France

法國（布列塔尼）

法式鹹薄餅

Galettes Bretonnes

Galettes bretonnes 的原料蕎麥粉即使在貧瘠的土地上也能種植，是深受凱爾特（Celt）族布列塔尼人喜愛的傳統料理。位於法國東北部、保留凱爾特文化的布列塔尼曾經是個貧窮的地區，17 世紀左右，布列塔尼人為了追求新天地移民至加拿大，今日，加拿大魁北克省仍有這些移民後代的社區。galettes bretonnes 在布列塔尼西部指的則是另一種點心。

材料（4 人份）

〈餅皮〉

A ┬ 蕎麥粉……70g
  ├ 麵粉……20g
  └ 鹽……1 小撮

雞蛋（打散）……1 顆
水……1 杯
植物油……少許

〈餡料〉
火腿（切 4 等分）……4 片
雞蛋……4 顆
起司……40g
粗鹽、胡椒……少許
西洋菜、芝麻葉等青菜（裝飾用）……適量

作法

1. A 倒入碗裡拌勻，加入蛋液。慢慢倒入 1 杯水，邊倒邊攪拌。蓋上保鮮膜，發酵 1 小時。

2. 平底鍋或電烤盤倒一層薄油，開大火。將 1 均勻攪拌後，舀一湯勺倒入鍋裡鋪得薄薄的，兩面各煎 1 分 30 秒左右。

3. 熄火，將起司放到餅皮上，中間打一顆蛋。放入火腿。待蛋白熟後，撒上粗鹽和胡椒，以鍋鏟或料理筷稍微將餅皮邊緣朝中間折。

4. 盛盤，加上西洋菜點綴。

建議用瑞士葛瑞爾乳酪或艾曼塔起司這類風味濃郁的起司。

memo

Galettes Bretonnes

位於法國東北部的勃艮地是法國享負盛名的美食與葡萄酒鄉，擁有以肉質細緻聞名的夏洛來牛（Charolais）與夜丘區（Cote de Nuits）的世界頂級紅酒。紅酒燉牛肉做為象徵勃艮地風土的菜餚則是在全法國都吃得到。傳統上，這是道星期天吃的料理。

法國（勃艮地）
紅酒燉牛肉
Beef Bourguignon

Boeuf Bourguignon

紅酒請使用厚重酒體（full body）的酒款。

memo

材料（4 人份）

牛肉（肩胛肉塊）……600g
培根（切條）……70g
洋蔥（切末）……1/2 顆
胡蘿蔔（切薄片）……1 根
芹菜（切末）……1/2 根
蘑菇（切薄片）……200g
麵粉……15g
橄欖油……3 大匙
奶油……4 大匙
A ┌ 大蒜（壓扁）……1 瓣
　├ 百里香……少許
　└ 月桂葉……2 片
鹽、胡椒……各少許
紅酒……350 ～ 400ml
馬鈴薯（水煮）……4 顆
巴西里（切末）……少許

作法

1. 平底鍋倒油，放入培根，中火炒 3 分鐘，留下培根油，取出培根備用。
2. 原鍋放入牛肉，煎至表皮變色後取出。放入洋蔥、胡蘿蔔、芹菜炒 3 分鐘。
3. 深湯鍋放入 2 大匙奶油加熱，加入麵粉炒至糊狀。
4. 將培根和 2 放入 3，加鹽、胡椒，邊均勻攪拌邊加熱 5 分鐘。
5. 倒入紅酒和 1 杯水，放入 A，蓋上鍋蓋。一開始開大火，沸滾後轉小火燉煮至少 2 小時。
6. 平底鍋放入 2 大匙奶油加熱，炒蘑菇，放進 5 的湯鍋。
7. 盛盤，搭配水煮馬鈴薯、巴西里。

France

法國（普羅旺斯－阿爾卑斯－蔚藍海岸）

馬賽魚湯 Bouillabaisse

馬賽魚湯，這道代表南法普羅旺斯的傳統料理原本是馬賽漁民吃的菜。由於作法單純，只是將海鮮和辛香料蔬菜一起熬煮，因此可說是家家都有自己的獨門食譜。常用的食材有石狗公、鮟鱇魚、蝦子等等。正宗吃法會搭配蒜味蛋黃醬 rouille，或是 aioli 醬享用。

材料（4～5 人份）

魚：4～5 種魚類* ……400g
淡菜……5～6 顆
帶頭蝦子……2～3 尾
洋蔥（切末）……1/2 顆
大蒜（切末）……3 瓣
馬鈴薯（五月皇后）……2 顆
番茄……2 顆
番紅花（有的話再加）……1 小撮

魚高湯……1 大匙
白酒……1/2 杯
橄欖油……少許
鹽、胡椒……各少許
長棍麵包（切片）……適量

* 魚建議使用鱈魚、鱸魚、星鰻、鮟鱇魚、多利魚、石狗公等，用魚片也可

作法

1. 魚切塊，以平底鍋煎外皮。
2. 馬鈴薯削皮，切成方便食用的大小。番茄滾水去皮切塊。如果有番紅花，以研磨缽等工具磨碎。
3. 起油鍋，炒香蒜末後加入洋蔥，炒至透明。
4. 加入白酒、2、1L 的水、魚高湯熬煮。
5. 馬鈴薯煮熟後，加入魚塊、淡菜、蝦子等煮熟。加鹽、胡椒調味。
6. 盛盤，搭配 rouille 蛋黃醬和長棍麵包。

〈Rouille 蛋黃醬的材料與作法〉
美乃滋 100g、蒜泥 1 瓣的量、卡宴辣椒粉 1 小撮、鹽少許拌勻。

為了節省時間，用美乃滋做簡易版 rouille 蛋黃醬，以少許紅椒粉代替番紅花。

memo

Bouillabaisse

法國（洛林）

洛林鹹派
Quiche Lorraine

Quiche Lorraine

位於法國東北方的洛林與阿爾薩斯相鄰，洛林鹹派則是道深受當地人喜愛的傳統菜餚。傳統洛林鹹派不放洋蔥。

材料（直徑 22cm 的鹹派 1 塊）

冷凍派皮 *……200g
培根（切丁）……200g
A ┌ 蛋液…3 顆、鮮奶油…1 杯、
  │ 牛奶…1/2 杯、肉豆蔻…少許、
  └ 鹽、胡椒…各 1/2 小匙
巴西里（裝飾用）……少許

* 使用現成鹹派皮或法式甜派皮（6 號，18.5cm），簡單又漂亮。1 塊派用 1/3 的分量製作

作法

1. 冷凍派皮鋪在塔模或圓形烤盤（直徑約 22cm）裡，放上壓派石或用叉子將整體派皮底部戳洞。烤箱預熱 180℃，烤 20～25 分鐘。脫膜，取出烤好的派皮。 2. 平底鍋煎培根。 3. A 倒入碗裡用打蛋器充分攪拌，加入培根拌勻後倒入烤好的派皮裡。 4. 烤箱預熱 180℃，烤 40～45 分鐘，最後以巴西里點綴。

※ 用市售的即食甜派皮製作也很好吃，但會有微微的甜味和香料風味。

法國（巴斯克、庇里牛斯山　大西洋省）

巴斯克燉菜
Piperade

Pipérade

領土橫跨法國與西班牙兩地的巴斯克地區以其獨特的飲食文化聞名。piperade 是在法、西兩國巴斯克地區都深受喜愛的一道家常菜。

材料（2 人份）

洋蔥…1 顆、
青椒、紅椒…各 2 顆、
番茄…1 顆、大蒜…2 瓣、
香草束 *…1 包、橄欖油…2 大匙、
鹽、胡椒…各少許、雞蛋…2 顆

* 沒有的話以月桂葉、百里香等替代

作法

1. 洋蔥切圈、青椒和紅椒切絲、番茄切細丁，大蒜縱切薄片。 2. 平底鍋倒橄欖油炒洋蔥，待洋蔥呈焦糖色後，加入青椒、紅椒，炒 8 分鐘。 3. 加入番茄、大蒜、香草束，加熱 8 分鐘，加鹽、胡椒調味。 4. 打蛋到鍋裡，蓋上鍋蓋煮熟。

也有炒蛋或歐姆蛋的版本。

memo

Monaco

摩納哥

炸餃子 Barbagiuan

摩納哥侯國，位於橫越法國和義大利國境的蔚藍海岸，是世界上第二小的國家。barbagiuan 是摩納哥少數的傳統特色料理，類似炸義大利餃（ravioli），常被用來當做賭場的小點心或是在超市熟食區販售。

材料（8 顆）

〈麵皮〉
低筋麵粉（過篩）……210g
鹽……1/2 小匙
橄欖油……4 大匙
雞蛋……1 顆
水……4 大匙

〈餡料〉
洋蔥（切末）……1/2 顆
韭蔥（蔥白切末）……1 根

A ─ 菠菜（切末）……50g
　　└ 瑞士甜菜（切末）……2 ～ 3 根

A ─ 乾燥奧勒岡……1/2 小匙
　　└ 蛋白（打散）……1 顆

B ─ 瑞可塔起司（Ricotta）（或茅屋起司〔Cottage〕）……2 又 1/2 大匙
　　 帕瑪森起司（刨絲）……1 大匙
　　 鹽……少許
　　└ 胡椒……1/2 小匙

蛋黃（黏餃子邊）……1 顆
橄欖油……2 大匙、炸油……適量

※ 韭蔥可用大蔥替代，沒有瑞士甜菜的話就增加菠菜分量。

製作餡料蛋白時分出來的蛋黃可用來黏餃子邊緣。

memo

Barbagiuan

作法

1. 麵皮材料倒入碗中拌勻、揉捏成團。麵團表面撒手粉（食譜配方分量外），靜置冰箱 30 分鐘。

2. 平底鍋倒油，中火炒洋蔥、韭蔥 5 分鐘，加入 A，炒 6 分鐘至蔬菜變軟。

3. 將 2 移至碗裡，加入 B 攪拌，冷卻。

4. 將 1 的麵團擀成 2mm 厚的麵皮，壓出 8 個直徑 7cm 的圓形。

5. 將 3 的餡料分成 8 等分，放到 4 的中間包起來，一邊在邊緣打摺一邊收口。以蛋黃黏住邊緣。

6. 以 180℃的油炸餃子 5 分鐘至外皮呈金黃色，瀝油。

Luxembourg

燻豬肉佐蠶豆
Judd mat Gaardebounen

盧森堡是和比利時、荷蘭組成荷比盧聯盟的君主立憲國家（大公國）。以蠶豆、煙燻火腿和馬鈴薯等蔬菜燉製的這道料理是盧森堡的國菜，還被繪入歐盟通用的郵票中。相傳，這是 16 世紀西班牙軍隊所帶來的料理。

材料（4 人份）

A
- 煙燻火腿（厚切）……150g
- 剝皮馬鈴薯……2 顆
- 胡蘿蔔（切塊）……1/4 根
- 青椒（切塊）……1 顆
- 新鮮迷迭香（有的話再加）……少許

B ─ 麵粉……1/2 大匙＋等量的水化開
培根（切條）……50g
洋蔥（切塊）……1 顆
蠶豆……300g
麵粉……1/2 大匙
奶油……適量
鹽……少許
巴西里葉（裝飾用）……少許

作法

1. 鍋裡放入 A、B、1/3 的培根、少許奶油，加水（高度略低於食材），小火燉煮 20 分鐘。
2. 在另一個鍋子裡抹一層奶油，拌炒洋蔥和剩餘的培根。
3. 洋蔥呈焦糖色後，加入 1 的鍋中，加入蠶豆、麵粉、鹽，繼續燉煮 20 分鐘。
4. 盛盤，以巴西里葉點綴。

沒有蠶豆的話，可以豌豆替代。

memo

United Kingdom

英國
烤牛肉
Roast Beef

英國，正式名稱是大不列顛暨北愛爾蘭聯合王國。若要提一道象徵英國的國菜，應該就是烤牛肉了吧。大不列顛島平緩的丘陵延伸出一片廣大牧場，自古便是適合牧牛的好所在，到處都有令當地居民引以為豪的食用牛，烤牛肉從以前便是英國人心中的特殊佳餚，備受喜愛。

Roast Beef

也可搭配約克夏布丁這種薄皮麵糊點心享用。

memo

材料（4～5人份）

牛肉（整塊原肉）……500g
（牛後腿、牛臀、沙朗等）
鹽……2 小匙
胡椒……1 小匙
植物油……少許
肉汁醬、辣根醬……各適量
〈配菜〉
小馬鈴薯 10 顆，水煮去皮。胡蘿蔔 1 根，削皮煮熟後切成方便食用的大小。四季豆汆燙。留一點煮蔬菜的湯汁備用*。

* 胡蘿蔔可用迷你胡蘿蔔，綠色蔬菜也可選青花菜或其他蔬菜

作法

1. 牛肉在室溫中靜置 30 分鐘，用廚房紙巾擦乾水分。牛肉表面抹上鹽巴、胡椒，再靜置 30 分鐘。
2. 平底鍋倒一層薄油，放入 1，大火將牛肉表面煎至焦褐色。肉汁留下備用。
3. 以鋁箔紙包好牛肉，放入 160℃的烤箱烤 20 分鐘。時間到後，暫時不要拿出來，繼續以餘溫烤牛肉。
4. 分切牛肉、盛盤，搭配配菜和醬料。

〈肉汁醬的材料與作法〉
小鍋裡倒入肉汁、少許煮蔬菜的湯汁、1 大匙伍斯特醬（也可以用醬油），麵粉 1 小匙加水拌開後倒入鍋中，中大火煮至沸騰呈稠狀。依個人喜好也可以加巴薩米克醋或紅酒。

〈辣根醬的材料與作法〉
辣根（西洋山葵）泥 1 大匙（也可用市售辣根泥）、稍微打發的鮮奶油 1 小匙、美乃滋 1/2 小匙，均勻攪拌。

England

英國（英格蘭）

炸魚薯條

Fish and Chips

一般認為，炸魚薯條是 19 世紀誕生於英格蘭的料理，也有人說炸魚薯條源自西班牙的油醋炸魚 escabeche，這道菜因為即使冷掉也很美味而受到猶太教徒青睞，成為安息日的食物，移民英國的猶太教徒將油醋炸魚帶來英國加以變化，便成了炸魚薯條。大概是因為有這層淵源的緣故，今日英國的炸魚薯條也少不了麥芽醋這一味。

材料（4 人份）

馬鈴薯（大）……4 顆
白肉魚（魚片）……800g
〈麵衣〉
麵粉……1 杯
雞蛋（蛋黃、蛋白分開）……1 顆
啤酒……2 大匙
鹽、胡椒……各少許
牛奶……3 大匙
炸油……適量
豌豆（冷凍或罐頭）……適量
檸檬（切瓣）……1 顆
麥芽醋、番茄醬、塔塔醬等個人
喜歡的蘸醬

作法

1. 炸薯條：馬鈴薯切 1.5cm 寬的長條。以 190℃的油炸薯條，瀝油。
2. 麵粉倒入碗裡，中間挖一個洞，加入蛋黃、啤酒、鹽、胡椒。牛奶以等量的水稀釋後，慢慢倒入碗裡，均勻攪拌。蓋上保鮮膜靜置 30 分鐘。
3. 在另一個碗裡將蛋白打至乾性發泡，炸魚之前加到 2 裡，簡單拌勻。
4. 擦乾魚片水分，裹上 3 的麵衣，以 180℃的油炸，途中以筷子翻面，直到整塊魚都炸至金黃色。
5. 炸薯條、炸魚盛盤，擺上加熱後的豌豆、檸檬瓣，搭配喜歡的蘸醬。

Fish and Chips

用鰈魚、比目魚、鱈魚等魚片製作，並先去好皮。

memo

Wales

英國（威爾斯）

威爾斯肉湯 Cawl

位於大不列顛島西南方的威爾斯，昔日曾因生產煤炭而成為英國工業革命的原動力。威爾斯肉湯是當地人從 14 世紀延續至今的純樸國民料理，16 世紀多了從新大陸傳來的馬鈴薯後，馬鈴薯便成為這道菜的主要材料。

材料（4 人份）

牛腱肉……500g
（不含骨頭約 350 ～ 400g）
馬鈴薯（中）……3 顆
洋蔥（中）……1 顆
胡蘿蔔（中）……2 根

蕪菁……1 顆
大蔥……1 根
巴西里（撕開）……1 把
鹽、胡椒……各少許

徹底除去浮渣和油脂的清澄湯頭是美味的祕訣。

memo

作法

1. 蔬菜切成方便食用的大小。

2. 鍋裡放入 1.5L 的水和牛肉加熱，沸滾後轉小火熬煮 1 ～ 2 小時（也可使用壓力鍋）。撈除浮渣，靜置冰箱一晚，撈除浮在表面的油脂。

3. 除去肉骨，切成方便食用的大小後放回湯裡。加入馬鈴薯、洋蔥、胡蘿蔔、蕪菁煮熟。加鹽、胡椒調味。

4. 最後放入大蔥煮熟，盛盤，以巴西里點綴。

Cawl

Aberdeen Angus
Soda Farls

Scotland

英國（蘇格蘭）

亞伯丁安格斯牛排配薯條
Aberdeen Angus Steak & Chips

「亞伯丁安格斯牛（Aberdeen Angus）」是 13 世紀便留有紀錄的品牌牛，蘇格蘭人以其為榮，喜歡烹調方式單純的牛排。

材料（4 人份）

安格斯牛或牛瘦肉部位（牛排肉）…1 人 150〜200g × 4、馬鈴薯…2 顆、鹽、胡椒…各少許、植物油…適量

作法

1. 牛肉塗抹鹽巴、胡椒、油。　**2.** 烤盤或平底鍋以中火加熱，牛肉兩面各煎 3〜4 分鐘。　**3.** 馬鈴薯削皮，切長條。平底鍋倒入充分的油炸薯條。以廚房紙巾瀝油。　**4.** 煎好的牛肉盛盤，擺上 3。

Northern Ireland

英國（北愛爾蘭）

蘇打麵包　Soda Farl

北愛爾蘭是愛爾蘭島東北部分離出來的區域。這款沒有使用酵母的麵包是當地人早餐不可或缺的一品。

材料（4 人份）

A — 麵粉（過篩）…300g、小蘇打粉…1 小匙、鹽…1/2 小匙
白脫牛奶*……1 杯
* 可以牛奶中加一些醋或檸檬汁，或是牛奶加入優格攪拌、脫脂牛奶混合優格等方式替代

作法

1. A 放入碗中拌勻，中間挖一個洞，慢慢倒入白脫牛奶，均勻揉捏成團。　**2.** 配合平底鍋大小將 1 壓成圓餅（視情況使用擀麵棍）。　**3.** 取出扁麵團放到砧板上，以菜刀在麵團上劃十字。整顆麵團輕輕抹上麵粉（食譜配方分量外）。　**4.** 加熱平底鍋烤 3，兩面各烤 5〜6 分鐘，直至麵團內部熟透，外部稍微呈焦褐色。

143

Ireland

愛爾蘭

愛爾蘭啤酒燉肉
Irish Beef & Guinness Stew

愛爾蘭，視聖派翠克為主保聖人，並將聖派翠克用以解釋三位一體的三葉草定為國花。這個凱爾特國家有著令人印象深刻的綠色代表色、享譽國際的健力士黑啤酒（Guinness）。據說，健力士啤酒有豐富的鐵質與礦物質，適度飲用有益身體健康，就像這道愛爾蘭啤酒燉肉一樣，經常可以在愛爾蘭菜中看見它的身影。

材料（4 人份）

牛肉（切塊）……400g
麵粉……3 大匙
奶油……1 大匙
健力士啤酒（黑啤酒）……500ml
馬鈴薯……4 顆
胡蘿蔔……1 根
洋蔥……1 顆
大蒜（切末）……2 瓣
A ┌ 雞湯塊……1 塊
  │ 番茄泥……2 大匙
  │ 百里香粉……1 小匙
  └ 月桂葉……2 片
鹽、胡椒……各少許
巴西里葉（切木）……少許

作法

1. 馬鈴薯、胡蘿蔔、洋蔥切大塊。
2. 牛肉抹上麵粉。鍋裡放奶油加熱，以大火煎牛肉。
3. 牛肉表皮變色後，慢慢倒入啤酒。
4. 加入 1 和大蒜，將蔬菜煮軟。
5. 加入 1L 的水、A，小火燉煮約 2 小時。加鹽、胡椒調味。
6. 盛盤，以巴西里點綴。

有些人也會搭配蘑菇。

memo

Guinness Stew

Greece

希臘

希臘菠菜派
Spanakopita

希臘是古代奧林匹克的發源地,也是打造歐洲文明基石的國家。希臘曾經是東羅馬帝國的中心,領土甚至囊括今日土耳其所在的安那托利亞半島。spanakopita 用的是一種名叫「filo」的薄派皮,包入希臘人喜愛的菲達起司和菠菜後再加以烘烤。

材料（4人份）

菠菜……250g
菲達起司……150g

A
　平葉巴西里（切末）……1 把
　洋蔥（切末）……1 顆
　大蒜（磨泥）……1 瓣
　雞蛋（打散）……2 顆
　橄欖油……1 大匙多（春捲皮用）
　胡椒……1/2 小匙

春捲皮……1 包
橄欖油……適量

作法

1. 菠菜汆燙後瀝乾,切成適宜的大小,也可使用冷凍菠菜。菲達起司剝碎。
2. 將 1 和 A 放入碗裡拌勻。
3. 用 2 ～ 3 張塗了橄欖油的春捲皮鋪滿烤盤,抹上滿滿的 2,疊一層春捲皮,春捲皮塗橄欖油。再疊上 2、3 張春捲皮。
4. 最外層的春捲皮也塗上橄欖油,用湯匙為整張派灑一點水。
5. 烤箱預熱 180℃,烤 45 分鐘,至派皮表面呈金黃酥脆。
6. 將烤好的派切成四方形,盛盤。

※ 也有人是以單張派皮包餡,折成三角形後再烤。

當地人用的是 filo（或稱 Phyllo）薄派皮,台灣也買得到。

memo

Greece

希臘

希臘橄欖醬　Pasta Elias

橄欖自古就是希臘的象徵，希臘境內以南部卡拉瑪塔（Kalamata）的橄欖最為有名。希臘人也會將黑橄欖做成簡單的抹醬食用。

Πάστα ελιάς

材料（4人份）

黑橄欖（無籽）……150g
（以希臘卡拉瑪塔橄欖為優先）
洋蔥（切末）……1大匙
大蒜（切末）……1瓣
檸檬汁……1小匙
巴西里（切末）……1大匙
（也可用奧勒岡、薄荷或蒔蘿）
橄欖油……1大匙

作法

1. 橄欖以食物處理機打碎（依個人喜好也可以打成泥）。　**2.** 將1放入碗中，加入其他材料拌勻。搭配麵包或蘇打餅乾蘸著吃。

希臘當地也有賣瓶裝的橄欖醬。

memo

大麥麵包脆餅可用長棍麵包替代。

希臘（克里特島）

克里特沙拉　Dakos

克里特島是地中海飲食概念的發祥地。正宗的 dakos 以大麥麵包脆餅製作，是克里特代表性的前菜（meze）。

Ντάκος

材料（4人份）

成熟番茄…3顆、菲達起司…150g、茅屋起司（或瑞可塔起司）…150g、黑橄欖（無籽）…12顆、酸豆…1大匙、乾燥奧勒岡…少許、鹽、胡椒…少許、橄欖油…8大匙、大麥麵包脆餅…適量

作法

1. 番茄切細丁，菲達起司切1cm丁，黑橄欖切圈。大麥麵包脆餅切1cm厚，以小烤箱烤一下。　**2.** 大麥麵包脆餅擺上番茄、2種起司、酸豆、黑橄欖，淋上橄欖油、鹽、胡椒、奧勒岡。

賽普勒斯是美之女神阿芙蘿黛蒂（維納斯）的誕生地，地處地中海要衝，是個充滿歷史色彩的島國。賽普勒斯雖然與親土耳其的北賽普勒斯分裂，但這道紅酒燉豬肉 afelia 卻是希臘式賽普勒斯菜，特色是使用大量散發馨香的研磨香菜籽。

Cyprus

賽普勒斯

紅酒燉豬肉
Afelia

紅酒請使用不甜的厚重酒體。

memo

材料（4 人份）

豬肩肉……500g
紅酒……1 杯
香菜籽……1 大匙
橄欖油……2 大匙
鹽、胡椒……少許
香菜（或巴西里）葉……適量
〈配菜〉
布格麥（水煮）……適量

作法

1. 紅酒、一半的香菜籽放入容器裡醃漬豬肉，靜置一晚。
2. 取出豬肉（醃汁留下備用），以廚房紙巾擦拭水氣。
3. 深湯鍋放入橄欖油加熱，大火將豬肉表皮煎至稍微呈焦褐色。
4. 加入醃汁和剩餘的香菜籽，加水（高度略低於食材），蓋上鍋蓋小火燉煮 1 個半小時。
5. 豬肉燉軟後，加鹽、胡椒調味。
6. 盛盤，以香菜葉點綴，搭配配菜。

Italy

義大利
瑪格麗特披薩
Pizza Margherita

相傳，瑪格麗特披薩是拿坡里當代首屈一指的披薩師傅艾斯波西多（Raffaele Esposito）於 1889 年為了紀念義大利統一，向來訪的薩佛依家族（House of Savoy）瑪格麗特公主進獻的披薩。以紅色的番茄糊、白色的莫札瑞拉起司和綠色的羅勒葉象徵義大利的國旗。

材料（4 人份）

高筋麵粉……300g
乾酵母……6g
鹽……1 小匙
橄欖油……10ml
番茄泥……400g
莫札瑞拉起司……100g
新鮮羅勒葉……適量

作法

1. 高筋麵粉、乾酵母放入碗中拌勻，加入 150ml 的水均勻攪拌。加入鹽和橄欖油充分揉捏成團。
2. 蓋上保鮮膜，空溫發酵 1 小時。
3. 麵團膨脹後排氣，分成 4 等分再各自揉成團，蓋上保鮮膜，常溫下二次發酵 30 分鐘。
4. 以擀麵棍或徒手將 3 延展成薄薄的圓形。邊緣做厚一點。
5. 在 4 上面塗番茄泥，擺上切成薄片的莫札瑞拉起司，以 250℃ 的烤箱烤 7 ～ 10 分鐘，注意披薩的狀態。
6. 盛盤，以羅勒葉點綴。

※ 配合烤箱功能，也可以先稍微單烤餅皮。餅皮先烤過的話，放上餡料後再視情況加烤 3 ～ 5 分鐘。

日本的燒烤爐（瓦斯爐下的烤魚機）火力強大，也很適合烤披薩。

memo

Pizza Margherita

古羅馬人將加入大量蔬菜和豆類的湯當成像粥一樣的主食，蔬菜湯 minestrone 便是繼承這項傳統的義大利家常菜。義大利各地都有不同的蔬菜湯，以米和斑豆（pinto bean）熬煮是米蘭當地的特色。

義大利（倫巴底大區米蘭）

米蘭蔬菜湯
Minestrone alla Milanese

當地人常使用皺葉甘藍（皺葉高麗菜）煮蔬菜湯。

memo

材料（4 人份）

洋蔥……1/4 顆
大蒜……1 瓣
馬鈴薯（中）……1 顆
芹菜莖……1 根
櫛瓜……1/2 根
豌豆（冷凍也可）……30g
高麗菜……1/4 顆
番茄……1 顆
斑豆（水煮罐頭）……60g
米（洗淨）……60g
橄欖油……1 大匙
帕瑪森起司（刨絲）*……25g
鹽、胡椒……各少許
巴西里、鼠尾草（裝飾用）……各少許

* 可以的話，選擇帕米吉阿諾乳酪（Parmigiano Reggiano）或帕達諾乾酪（Grana Padano）

作法

1. 豆類以外的所有蔬菜切丁。
2. 鍋裡倒橄欖油，拌炒洋蔥。洋蔥透明後，炒香大蒜。
3. 馬鈴薯、芹菜莖、櫛瓜、豌豆下鍋，倒入 1.5L 的水和少許鹽巴，蓋上鍋蓋小火燉煮 1 小時。
4. 加入高麗菜、番茄、斑豆，視情況加水，米下鍋煮 15 分鐘。加鹽調味。
5. 盛盤，撒上胡椒、起司，以巴西里、鼠尾草點綴。

Italy

義大利（皮埃蒙特）
皮埃蒙特熱蘸醬
Bagna Càuda

這種熱蘸醬是阿爾卑斯地區的傳統料理，正宗皮埃蒙特（Piedmont）熱蘸醬不會加牛奶和奶油，也可以蘸義大利麵吃。

Bagna càuda

材料（4～5人份）

〈醬汁〉
鯷魚菲力…30g、
大蒜（切大丁）…1顆（6～7瓣）、
橄欖油…100ml
〈蔬菜〉
胡蘿蔔、芹菜莖、白蘿蔔、花椰菜、小黃瓜、
甜椒、茴香頭等喜歡的蔬菜…各適量

作法

1. 醬汁材料放入鍋裡，以小火慢慢加熱至大蒜變軟。 2. 熄火，用鏟子將大蒜和鯷魚壓碎至滑順狀態。 3. 將 2 移至碗裡或起司專用鍋（有的話），一邊加熱維持醬汁溫度，一邊蘸蔬菜享用。
※ 如果使用鹽漬鯷魚的話，請增加橄欖油分量。

義大利（利古里亞）
義大利青醬 Pesto

相傳，義大利青醬是以古羅馬時期的醬汁作法為基礎，再使用文藝復興時期從南亞傳至熱那亞港的羅勒葉所製成。

鄰近的法國普羅旺斯地區也有類似的蘸醬。

memo

Pesto

材料（4人份）

羅勒葉……30g
初榨橄欖油……8 大匙
松子……1 大匙
大蒜……1 瓣
帕米吉阿諾瑪森乳酪*……60g
粗鹽……1/2 小匙
* 也可使用帕達諾乾酪

作法

1. 所有材料放入食物處理機打成泥。可以配義大利麵、包義大利餃或是塗在麵包上享用。

威尼斯名產墨魚燉飯，這是一道亞得里亞海沿岸地區的料理，在曾為威尼斯共和國領地的克羅埃西亞、蒙特內哥羅和希臘某些地區都吃得到，以有著漆黑墨汁的烏賊（墨魚）烹調而成。過去，人們將烏賊墨汁製作成顏料或墨水，棕褐色「sepia」就是源自拉丁語的「烏賊」。

義大利（威內托）
墨魚燉飯
Risotto al Nero di Seppia

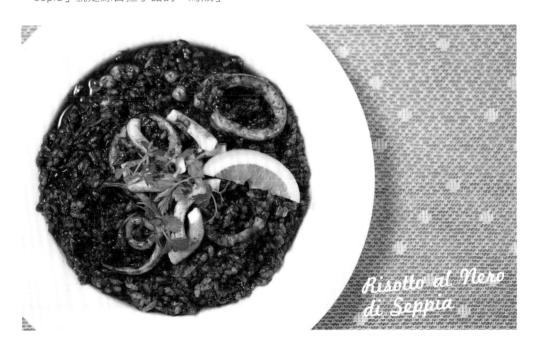

Risotto al Nero di Seppia

材料（4人份）

米（洗淨）……300g
花枝、中卷或小卷*……400g
市售墨魚汁……1 大匙
洋蔥（切末）……1/2 顆
大蒜（壓扁）……1 瓣
番茄糊……2 大匙
白酒……2/3 杯
魚高湯……1 小匙
橄欖油……2 大匙
鹽、胡椒……各少許
巴西里（裝飾用）……少許
檸檬（切瓣）……4 瓣

* 雖然推薦以烏賊（墨魚）製作，但沒有的話用花枝、中卷或小卷也可以。用墨魚的話就不需要另外加墨魚汁

作法

1. 墨魚去內臟，切圈。墨魚囊取出備用。
2. 平底鍋倒入橄欖油，洋蔥炒至透明後加大蒜炒香。
3. 墨魚下鍋，大火拌炒。加鹽、胡椒調味。
4. 倒入白酒，讓酒精蒸發，加入番茄糊和墨魚囊拌勻。
5. 倒入 700ml 的水和魚高湯，蓋上鍋蓋小火燉煮 30 分鐘。
6. 放入米，視情況加水，蓋上鍋蓋燉煮約 10 分鐘至米粒變軟。
7. 盛盤，以巴西里、檸檬瓣點綴。

檸檬為燉飯增添清爽風味。

memo

151

Italy

義大利（艾米利亞羅馬涅大區波隆那）

波隆那肉醬
Ragù Alla Bolognese

波隆那肉醬是日本肉醬的始祖。相傳，18 世紀末～ 19 世紀時波隆那人以法式料理中的燉煮料理「ragoût」為基礎，創造出這款肉醬。以波隆那為首府的艾米利亞羅馬涅大區依山傍海，美食薈萃，當地人費時熬製肉醬，最後加一點牛奶，是波隆那肉醬滋味溫醇的祕訣。

當地經典作法是搭配形狀寬扁的鳥巢麵（tagliatelle）。

memo

Ragu' alla Bolognese

材料（4 人份）

牛絞肉……250g
豬絞肉……125g
（或是用混合絞肉 375g）

A
├ 洋蔥（切末）……25g
├ 芹菜（切末）……25g
└ 胡蘿蔔（切末）……25g

白酒……120ml
番茄泥……125g
橄欖油……1/2 大匙
牛奶……20ml
鹽、胡椒……各少許
喜歡的義大利麵條……4 人份

作法

1. 起油鍋，倒入 A，小火炒 7 分鐘。
2. 加入絞肉拌炒，肉熟後倒白酒，讓酒精蒸發。
3. 倒入番茄泥、500ml 的水、1 小撮鹽巴攪拌，中火燉煮 45 分鐘。
4. 加入 500ml 的水煮 45 分鐘後，再加 500ml 繼續煮 45 分鐘。
5. 加鹽、胡椒調味，熄火。倒入牛奶拌勻。淋在煮好的義大利麵上。

※ 雖然調理費時，但入味的肉醬滋味迷人，建議可以大量製作，冷凍保存。

相傳，1533 年托斯卡尼大公的梅迪奇家族千金凱薩琳嫁給亨利 2 世時，也將佛羅倫斯的名產──洋蔥湯傳到了法國，在法國變成了「soupe à l'oignon gratinée（onion gratin soup）」這道料理。

義大利（托斯卡尼大區佛羅倫斯）
托斯卡尼洋蔥湯
Carabaccia

材料（4 人份）

洋蔥（切絲）……2 大顆

A ┌ 大蒜（壓扁）……1 瓣
　├ 蔬菜高湯粉……1 大匙
　└ 砂糖……1/2 小匙

麵包（長棍麵包之類的麵包）……8 片～適量

佩科里諾羊乾酪（Pecorino，有的話再加）……70g

帕米吉阿諾乳酪……適量

橄欖油……適量

鹽、胡椒……適量

巴西里（切末）……少許

作法

1. 起油鍋，小火慢炒洋蔥約 10 分鐘。

2. 倒入 1L 的水和 A，加鹽、胡椒調味，熬煮 20 分鐘。

3. 將 2 倒入耐熱食器中，放入稍微烤過的麵包，撒上 2 種起司絲。

4. 烤箱預熱 220℃，烤 5 分鐘至起司融化，最後撒上鹽和巴西里。

麵包不用全部浸到湯裡，稍微露出來烤得香香的更美味。

memo

Carabaccia

Italy

義大利（拉西奧大區羅馬）

生火腿香煎小牛肉 Saltimbocca

材料（4 人份）

牛肉（切薄片）*…300g（8 片）、
生火腿…8 片、鼠尾草…8 片、
奶油…20g、鹽、胡椒…各少許、
白酒…1/4 杯
* 有小牛肉用小牛肉

作法

1. 上下各一張料理紙將牛肉包住，以菜刀柄或其他工具拍打，讓肉片更薄。 2. 將 1 鋪在砧板上，疊上生火腿、鼠尾草葉，中間以牙籤固定。以同樣的方式製作 8 份。 3. 平底鍋放入奶油加熱，擺入 2，加鹽、胡椒，兩面煎。 4. 倒入白酒，讓酒精蒸發。 5. 盛盤，有的話以鼠尾草點綴。

Saltimbocca 是羅馬菜的經典，以義式生火腿 prosciutto 捲起小牛肉，搭配鼠尾草香煎，義大利文是「跳進嘴裡」的意思，各地作法略有差異。

Saltimbocca

義大利（阿布魯佐）

羊肉串 Arrosticini

材料（4 人份）

羊肉……400g

A
迷迭香……1 枝
檸檬汁……1/2 顆
橄欖油……80ml
鹽……1/2 小匙
辣椒粉……少許

作法

1. 羊肉切 1～1.5cm 的丁。 2. A 倒入碗裡拌勻，放入 1 醃漬至少 1 小時。 3. 將 2 串在竹籤上，肥瘦肉交錯。 4. 烤爐開大火烤 10 分鐘，過程中時時翻面，不要烤太久比較美味。

羊肉串 arrosticini 是亞得里亞海沿岸牧羊業興盛地區的料理。當地店家會將羊肉切成整齊劃一、約莫 1cm 的正方形肉丁，但家庭版的肉塊大小不一也無妨。

Arrosticini

這道羊肉串很適合搭配 Montepulciano d'Abruzzo 的葡萄酒。

memo

Caponata 是西西里傳統菜餚，以糖醋為炸茄子或芹菜等蔬菜調味，整個南義都可以見到類似的夏日蔬菜料理，在拿坡里，叫做「ciambotta」。此外，南歐各地也有相似的菜色，如法國的普羅旺斯燉菜 ratatouille、西班牙拉曼查（La Mancha）地區的 pisto 等等。

義大利（西西里）

糖醋茄子　Caponata

材料（4 人份）

茄子……3 條
芹菜莖……2 根
洋蔥（切絲）……1 顆
番茄糊……70g

A
┌ 白酒醋……2 大匙
│ 酸豆……40g
│ 綠橄欖……90g
│ 砂糖……1 小匙
└ 鹽、胡椒……各少許

松子……20g
炸油……適量
橄欖油……3 大匙
〈配料〉
番茄（切塊）、
羅勒葉……各少許

白酒醋可用蘋果醋取代。

memo

Caponata

作法

1. 茄子去蒂，切一口大小，泡鹽水。芹菜莖切圈，快速汆燙。確實瀝乾茄子和芹菜的水分。
2. 平底鍋倒入充分的油，將茄子炸至金黃色。
3. 鍋裡倒橄欖油，將洋蔥炒至透明，加入番茄糊胡攪拌。
4. 倒入芹菜、茄子、A 拌勻，煮 5 分鐘。
5. 拌入松子，放冰箱冷藏。盛盤，以配料點綴。

Vatican

梵蒂岡
聖餐餅 Hostia

梵蒂岡，天主教會總部，世界上最小的國家。hostia 是聖餐禮時使用的神聖薄餅。

材料（8 片）

全麥麵粉…140g、
低筋麵粉…30g、
溫水…125ml

作法

1. 所有粉類過篩，以打蛋器拌勻。加入 125ml 的水繼續攪拌，揉捏 5 分鐘。 **2.** 將 1 分成 8 等分揉成團，蓋上保鮮膜靜置 5 分鐘。 **3.** 從上方施力，徒手將每顆麵團壓成厚度相同的薄圓形。擺上直徑約 10cm 的模型（盤子或其他模具），用刀子割出圓麵皮，在圓麵皮中間劃十字。 **4.** 烤箱預熱 180℃，烤盤鋪烘焙紙，擺上 3，烤 18 ～ 20 分鐘。

※ 麵皮放入烤箱 15 鐘後，確認一下烤餅的狀態。

San Marino

聖馬利諾
烤餅三明治 Piadina

聖馬利諾雖是小國，卻是現存世界上最古老的共和國。piadina 是聖馬利諾與鄰近地區的傳統料理，在烤餅中夾入火腿、起司等餡料食用。

材料（4 人份）

材料（4 人份）
〈餅皮〉
A — 麵粉（過篩）…320g、泡打粉…5g、鹽…5g
B — 豬油（或奶油）…50g、牛奶、水…各 8ml
植物油……適量
〈餡料〉生火腿、芝麻葉、奶油乳酪、
番茄（切薄片）等…各適量

作法

1. A 放入碗中拌勻，中間挖一個洞，倒入 B，揉捏 10 分鐘至麵團光滑。麵團蓋上保鮮膜，室溫下靜置 1 小時。 **2.** 繼續揉麵，分成 4 等分後揉成團，將麵團擀成直徑 23 ～ 24cm 的圓形薄麵皮，視情況撒手粉（食譜配方分量外）。麵皮鋪上保鮮膜避免乾掉。 **3.** 平底鍋或電烤盤倒一層薄油，放入 2，用叉子在麵皮各處戳洞，中火烤至兩面皆呈焦褐色。 **4.** 趁熱將餅皮對折，夾入喜歡的餡料。

馬爾他身為地中海貿易的要衝，境內留有許多古蹟，也是天主教聖約翰騎士團（馬爾他騎士團）的島嶼。脆皮酥餅 pastizzi 則是當地的平民小吃。

馬爾他
脆皮酥餅
Pastizzi

Malta

材料（6塊）

冷凍派皮…2 張（300g）、酥油…2 大匙、
瑞可塔起司 *…320g、蛋液…2 顆、鹽…1 小匙、
胡椒…1/2 小匙
* 或茅屋起司

作法

1. 冷凍派皮退冰。　2. 瑞可塔起司放入碗裡，倒入 3/4 的蛋液，加鹽、胡椒調味。　3. 派皮擀薄，表面塗一層薄薄的酥油。將派皮捲成條狀，切成三等分。從切面擀開派皮，擀成 10 ～ 11cm 的圓形。　4. 把 2 分成 6 等分（35g），放在 3 的派皮上。派皮對折，表面塗蛋液。　5. 烤箱預熱 200℃，放入 4，烤 25 ～ 30 分鐘。

Slovenia

斯洛維尼亞
蕎麥粥　Ajdovi Žganci

Ajdovi žganci

斯洛維尼亞是前南斯拉夫加盟國之一，與阿爾卑斯群山和湖泊遙遙相望，境內的石灰土壤打造出優良的葡萄酒。斯洛維尼亞人自古便種植蕎麥，以蕎麥粉為主食。

材料（4 人份）

蕎麥粉…300g、鹽…1 大匙、
融化奶油…2 大匙、麵包丁（壓碎）…適量

作法

1. 深鍋放入 1L 的水和鹽煮滾。　2. 放入蕎麥粉，小火煮 10 分鐘沸滾後，以木勺之類的器具在蕎麥粉表面開 3 個直徑 2.5cm 左右的洞，幫助水流動。　3. 蓋上鍋蓋繼續燜煮 30 分鐘後熄火，將結塊的蕎麥粉和熱水均勻攪拌開來。　4. 盛盤，淋上融化奶油，撒上麵包丁屑。

※ 也可依個人喜好另外搭配起司或酥脆的培根等等。

Andorra

安道爾

高麗菜馬鈴薯餅　Trinxat

安道爾侯國，位處法國和西班牙之間的庇里牛斯山谷，國家起源追溯至 9 世紀烏格爾伯爵的領地，以觀光業為經濟重心。trinxat 是一道在西班牙加泰隆尼亞山區也吃得到的料理，類似西班牙馬鈴薯烘蛋（tortilla），由馬鈴薯泥、高麗菜、培根製成，通常在冬天食用。

材料（4 人份）

高麗菜 *……1/4 顆
馬鈴薯……2 顆
大蒜（切末）……2 瓣
厚切培根……150g
橄欖油……2 大匙

鹽……1 小匙
胡椒……1/2 小匙
水……1L 左右
* 選用較硬的外菜，也可用羽衣甘藍或皺葉甘藍（皺葉高麗菜）

馬鈴薯使用「印加的覺醒」等偏黃色的品種做出來的料理更漂亮。馬鈴薯餅翻面時歪掉、散開的話，可用湯匙修補。

memo

作法

1. 高麗菜去除菜心後切段，馬鈴薯削皮後切 4 塊。
2. 鍋裡放少許熱水煮沸，1 下鍋，蓋上鍋蓋燜煮 20 分鐘後瀝乾。
3. 將 2 壓成高麗菜馬鈴薯泥，加鹽、胡椒調味。
4. 平底鍋倒油煎培根，取出備用。接著炒大蒜，至大蒜表皮呈金黃色。
5. 加入 3 拌勻，整成鬆餅形狀。開中小火以鍋鏟壓著煎，直至餅皮表面呈焦褐色，約煎 8 分鐘。盛盤翻面後再下鍋煎另一面。
6. 盛盤，擺上培根。

Trinxat

Spain

西班牙

馬鈴薯烘蛋
Tortilla Española

西班牙境內不同地區有不同的語言和文化，各省都擁有自己鮮明的特色。儘管西班牙的飲食文化也充滿豐富的地方色彩，但還是有少數幾項全國共通的料理，那就是 tortilla española（也叫 tortilla de patatas），這是道美味的烘蛋料理，帶著洋蔥和馬鈴薯的自然鮮甜。

Tortilla Española

加入西班牙辣味香腸（chorizo）丁也很美味。

memo

材料（4～5人份）

馬鈴薯（中）……5顆（500g）
洋蔥……1顆
雞蛋……5顆
橄欖油……適量
鹽……1大匙
巴西里（裝飾用）……少許

作法

1. 馬鈴薯削皮，縱切成4條後，橫放切2～3mm的薄片。洋蔥切丁。
2. 平底鍋倒入約1cm高的油加熱，馬鈴薯下鍋以中火煎7分鐘。
3. 加入洋蔥，撒鹽，轉小火，蓋上鍋蓋繼續煮8分鐘，過程中時時攪拌。瀝油冷卻。
4. 雞蛋放到碗裡均勻打散，加入3拌勻。
5. 平底鍋倒入1大匙油加熱，將4倒入鍋裡。用鍋鏟整理馬鈴薯蛋糊的邊緣，讓它像厚鬆餅一樣立起來，以中小火煎2分30秒。翻面，煎另一面。
6. 盛盤，以巴西里點綴。

Spain

西班牙（加泰隆尼亞自治區）

西班牙海鮮燉麵 Fideuà

Fideuà 這道菜，就是將西班牙海鮮鍋飯的米換成 vermicelli 細麵，雖然發源於瓦倫西亞，但傳至鄰近的加泰隆尼亞沿岸地區，出現了各地自己風格的海鮮燉麵，像是加泰隆尼亞這裡就是搭配當地名產「羅曼斯可醬（romesco sauce）」食用。

材料（4 人份）

vermicelli 細麵 *……200g
帶頭蝦子……6 ～ 8 尾
綜合海鮮……250g
洋蔥（切末）……1/2 顆
大蒜（切末）……1 瓣

A ┌ 魚高湯……3 大匙
　└ 鹽、胡椒……各少許
橄欖油……適量
* 也可以將長細麵折成 2cm 左右的長度替代。

Fideuá

當地人會以海鮮燉麵專用麵條（fino 是細短麵，gordo 是粗短麵）製作。

memo

作法

1. 平底鍋倒橄欖油，蝦子兩面煎熟後取出備用。

2. 補一點油，洋蔥炒至焦糖色，加入大蒜拌炒。

3. 細麵下鍋拌炒，加入綜合海鮮、A 輕拌。倒入 2 杯水，大火煮 10 分鐘。

4. 最後放上 1 的蝦子點綴。

※ 當地人會搭配 aioli 醬（大蒜美乃滋醬，請參考 136 頁的 rouille 蛋黃醬）或是羅曼斯可醬（番茄堅果醬）享用。

Marmitako 是美食天堂西班牙巴斯克自治區（南巴斯克）的經典傳統菜餚，意思是「鮪魚鍋」，以鮪魚塊與蔬菜燉煮而成，也有人會以鰹魚或鮭魚等其他魚類製作。除了巴斯克，鄰近的坎塔布里亞自治區（Cantabria）也吃得到這道菜。

西班牙（巴斯克）

鮪魚鍋
Marmitako

Marmitako

在法國巴斯克地區，這道菜叫「marmite」，是夏天的食物。

memo

材料（2 人份）

鮪魚（切塊）*……150 ～ 200g
馬鈴薯……2 顆
青椒……2 顆
成熟番茄……1 顆
洋蔥（切末）……1/2 顆
大蒜（切末）……1 瓣
紅椒粉……1 小匙

小辣椒（切圈）……1 根
魚高湯……1 小匙
白酒……1/4 杯
橄欖油……適量
鹽……少許
巴西里（裝飾用）……少許
* 也可用鰹魚或鮭魚

作法

1. 馬鈴薯削皮，切成一口大小，番茄、青椒切丁。
2. 鍋裡倒橄欖油，洋蔥炒至透明後，蒜末下鍋炒香。
3. 加入 1、紅椒粉、小辣椒繼續拌炒。倒入

500ml 的水、魚高湯、白酒煮至沸滾，加鹽調味。
4. 鮪魚下鍋煮熟。
5. 盛盤，以巴西里點綴。

Spain

西班牙（加利西亞自治區）

加利西亞鮪魚餡餅
Empanada Gallega

加利西亞自治區（Galicia）位於西班牙西北部，首府是聖地牙哥朝聖之路的終點——星野聖地牙哥（Santiago de Compostela）。加利西亞餡餅歷史悠久，從 7 世紀起便是朝聖者簡單的食物也是深受當地人喜愛的節慶料理，此外，還是南美洲餡餅的始祖。

Empanadas Gallegas

餡餅表面花紋雖然大多看似與基督教有關，但其實有各式各樣的風格。

memo

材料（4 人份）

〈餅皮〉
麵粉……250g
乾酵母……5g
奶油……40g
橄欖油……2ml
白酒……20ml
溫水……30ml
鹽……1/2 小匙
蛋液……1 顆
橄欖油……適量
〈餡料〉
洋蔥（切末）……1 顆
紅甜椒（切末）……80g
小辣椒（切末）……2 根
番茄（切細丁）……150g
鮪魚罐頭（去油水）……120 ～ 140g
綠橄欖（切圈）……35g
水煮蛋（切碎）……1 顆

作法

1. 所有餅皮材料放入碗裡（留少許蛋液為之後餅皮增色備用），充分搓揉成團，室溫發酵 1 小時。

2. 平底鍋倒油炒洋蔥。洋蔥炒至透明後加入紅甜椒、小辣椒、番茄，繼續拌炒。

3. 熄火，加入拌開的鮪魚、橄欖、水煮蛋拌勻。以濾網瀝乾餡料。

4. 麵團排氣後揉麵，稍微留一些裝飾用的麵團後，整體分成 2 半。分割的麵團放在砧板上各自擀薄。

5. 準備大約比餅皮小 1 半的小型長方形淺烤盤（沒有的話可用鋁箔紙自製），將 1 片餅皮鋪在烤盤上，包住烤盤邊緣。

6. 將 3 均勻鋪在餅皮上，蓋上另一片餅皮，對齊下餅皮的邊緣闔起。切掉多出來的餅皮。

7. 將 4 保留的麵團和剛剛切下來的餅皮合在一起，分成 4 等分，拉成細長條做裝飾，蘸少許水黏在餅皮四個角落。

8. 餡餅中間劃 3 刀，整體刷上蛋液。

9. 烤箱預熱 180℃，烤 45 分鐘左右。

西班牙（瓦倫西亞自治區）
西班牙海鮮鍋飯
Paella

西班牙海鮮鍋飯是瓦倫西亞的傳統菜餚，當年，信奉伊斯蘭教的阿拉伯人（摩爾人）征服此地，開始在西班牙種稻，瓦倫西亞人便以他們烹調稻米的方式為基礎創造出這道菜。瓦倫西亞鍋飯以兔肉、蝸牛、四季豆為配料，另外還有以海鮮入菜的海鮮鍋飯（paella de marisco），在當地同樣受到歡迎。

材料（4～6 人份）

帶頭蝦子……8 尾
淡菜（洗淨）……6～8 顆
洋蔥（切末）……1/2 顆

A
├ 番茄（切細丁）……1 又 1/2 顆
├ 紅甜椒（切末）……1/2 顆
├ 帶殼文蛤……100g
└ 綜合海鮮（花枝、蝦仁）……300g

米（不洗）……2 杯

魚高湯……1 大匙
番紅花液*……1/4 小匙
鹽……1 小匙
橄欖油……1/2 杯
巴西里（裝飾用）……少許
檸檬（切瓣）……1 顆
* 番紅花和少許砂糖以研磨缽磨碎，再用溫牛奶泡開，溶出顏色後備用

作法

1. 平底鍋倒 2 大匙油加熱，煎蝦子。鍋子燒少許水，將淡菜煮至開殼。
2. 將剩下的油倒在西班牙飯鍋或平底鍋裡，洋蔥炒至稍微呈焦糖色。加入 A，以中火繼續拌炒。
3. 倒入米輕輕拌開，加入番紅花液、3 杯水、鹽巴拌勻。大火煮 15 分鐘，至米粒微焦。
4. 以 1 的蝦子、淡菜、巴西里、檸檬瓣點綴。

Paella

當地人使用的是一種圓形短米「bomba」。

memo

Spain

西班牙（卡斯提亞拉曼查自治區）
蒜味炸丸子 Matahambres

拉曼查（La Mancha），《唐吉軻德》的故事舞台，以曼切格起司（Manchego）聞名。matahambres 是一種加了當地特產大蒜的炸丸子。

Matahambres

材料（4 人份）

大蒜（切末）……3 瓣
雞蛋（打散）……2 顆
隔夜麵包（撕碎）……150g
（也可用麵包粉）
巴西里（切末）……1 大匙
鹽、胡椒……各少許
植物油（也可以混少許橄欖油）……適量

作法

1. 將油以外的材料全部放入碗裡攪拌均勻。
2. 平底鍋倒入充分的油加熱，用湯匙撈 1 呈丸狀放入鍋中，炸至表皮呈金黃色。 3. 以廚房紙巾充分吸油後盛盤。

西班牙（安達魯西亞區）
番茄冷湯 Gazpacho

番茄冷湯的起源可追溯至古羅馬人來到西班牙時的料理，直到 16 世紀番茄傳入西班牙後，才成為人們今日看到的型態。

可用剩餘食材輕鬆做出美味的料理。

memo

拉曼查的「gazpacho」是完全不同的一道菜。

材料（4 人份）

成熟番茄…4 顆、青椒（去籽）…1/2 顆、
大蒜…1 瓣、小黃瓜…1/2 根、洋蔥…1/4 顆、
橄欖油…3 大匙、吐司（吐司邊撕碎）…1 片、
白酒醋…3 大匙、鹽…少許
小黃瓜（裝飾用，切末）…少許

※白酒醋、鹽一開始不要放太多，不夠鹹再加。

作法

1. 番茄滾水去皮，切 4 分。其他蔬菜也切成合適的大小。除了裝飾用的小黃瓜，所有材料放入食物處理機打至滑順為止。 2. 試味道，補鹽和白酒醋，放入冰箱冷藏。盛盤，以小黃瓜點綴。

Gazpacho

Portugal

馬介休球
Pasteis de Bacalhau

15 世紀中葉至 17 世紀中葉的大航海時代，葡萄牙以海洋強國之姿展現她的繁榮與富庶。源於北歐維京人智慧的鱈魚乾（bacalhau）能夠長期保存，是遠洋航行中不可或缺的蛋白質來源，葡萄牙人也一直將以鱈魚乾製作的料理傳承至今，馬介休球便是其中之一，這道菜在葡萄牙北部又叫做 bolinhos de bacalhau，在巴西也吃得到。

材料（4 人份）

鱈魚乾（沒有的話改用一般鱈魚）……400g
馬鈴薯（水煮）……300g
洋蔥（切末）……1 顆
大蒜（切薄片）……2 顆
雞蛋（蛋黃、蛋白分開）……2 顆

A ┬ 巴西里（切末）……1 根
　├ 橄欖油……1 大匙
　├ 鹽……1 小匙
　└ 胡椒……少許
炸油……適量

Pasteis de Bacalhau

作法

1. 鱈魚乾泡冷水一晚，要勤換水。泡水後還是很硬的話就煮軟。去掉魚皮、魚刺，將魚肉細細拌開。
2. 魚肉、水煮馬鈴薯、洋蔥、大蒜放入碗中壓碎拌勻（也可用食物處理機）。
3. 將蛋黃、A 倒入 2 裡，以木鏟均勻攪拌。
4. 以打蛋器輕柔打發蛋白，加進 3 的碗中輕拌。
5. 撈 2 大匙的 4 整成圓柱狀，以 180℃的油炸至金黃色。
6. 用廚房紙巾充分吸油後盛盤。

據說，鱈魚乾料理也是天主教小齋期間重要的食物。

memo

Portugal

葡萄牙（阿爾加維）

銅鍋海鮮 Cataplana

阿爾加維（Algarve）位處葡萄牙最南端，漁業發達。cataplana 其實是種特別的圓形銅鍋，當地人會將海鮮或蔬菜等食材放進鍋裡燜煮。也有人說 cataplana 這種利用蒸氣烹調的方式跟摩洛哥的塔吉鍋一樣，都是出自阿拉伯人的智慧。此外，cataplana 也是當地過年時餐桌上會出現的菜餚。

材料（4 人份）

白肉魚*……200g
章魚……200g（也可用蝦子）
文蛤（吐沙）……150g
大蒜（壓扁）……3 瓣
洋蔥（切絲）……1 顆
培根（切條）……1 片
馬鈴薯（切一口大小）……2 顆
番茄（切細丁）……2 顆

青椒（切細丁）……1 顆
香菜葉……適量，也用於裝飾
橄欖油……適量
A ┌ 鹽、胡椒……各少許
　└ 辣椒粉……少許
白酒……1/4 杯

* 可混和多種自己喜歡的魚類，像是鱈魚、鱸魚等等

作法

1. 起油鍋，拌炒大蒜、洋蔥、培根。
2. 將海鮮、馬鈴薯、番茄、青椒、香菜葉（留少許最後點綴用）放入 1，加入 A 調味。
3. 倒入白酒，蓋上鍋蓋燜煮 10 ～ 15 分鐘。
4. 以香菜葉點綴，連同鍋子端上桌。

不一定要用 cataplana 銅鍋，一般的鍋子蓋上鍋蓋也能做出這道菜。

memo

Cataplana

蛤蜊拌炒豬肉，撒上香菜葉點綴，這道菜以葡萄牙北部大區阿連特茹（Alentejo）為名。阿連特茹是知名的豬肉產地，這裡的豬從小吃軟木橡樹（軟木塞的原料樹種）的果實長大，肉質香甜。據說，蛤蜊炒豬肉是葡萄牙南部阿爾加維（Algarve）的廚師所發明，但全葡萄牙都吃得到這道菜餚。

葡萄牙（阿連特茹）
阿連特茹蛤蜊炒豬肉
Carne de Porco à Alentejana

材料（4 人份）

豬肉（切塊）……400g

A
- 大蒜（切末）……2 瓣
- 白酒……1/4 杯
- 月桂葉……1 片
- 鹽、胡椒……各少許

馬鈴薯（切一口大小）……250g
文蛤（吐沙）……300g
香菜葉（切末）……2 大匙
鹽、胡椒……各少許
植物油……適量
檸檬（切瓣）……1/2 顆

作法

1. 碗中倒入 A 拌勻，加入豬肉。豬肉充分浸泡醃汁後靜置冰箱至少 2 小時。
2. 平底鍋倒入充分的油，將馬鈴薯煎至金黃色。
3. 另起一個油鍋，豬肉連同醃汁下鍋，煎烤表面。加入文蛤，煮至開蓋。
4. 熄火，放入 2 和一半的香菜葉，加鹽、胡椒調味，均勻拌開。
5. 盛盤，以剩餘的香菜葉和檸檬瓣點綴。

豬肉和文蛤也是絕配。

memo

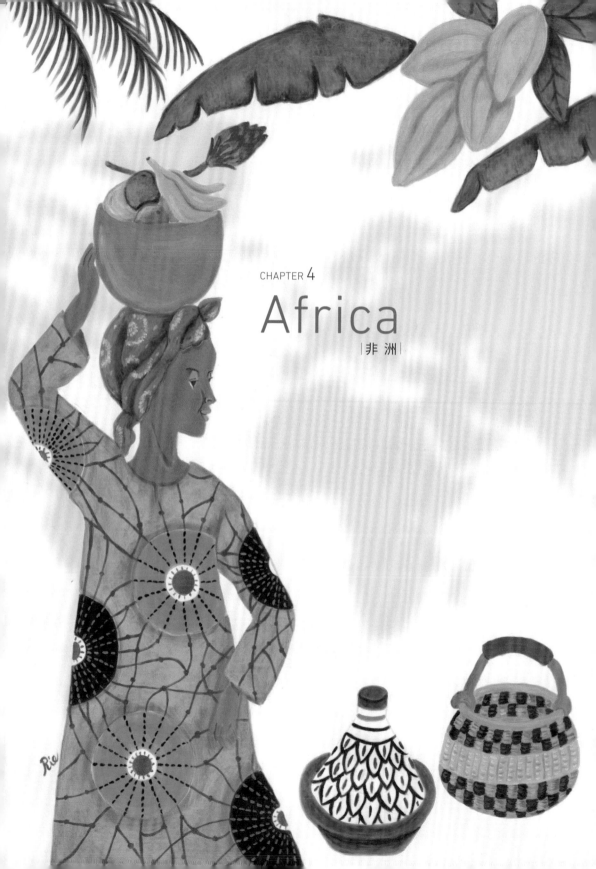

CHAPTER 4

Africa

|非 洲|

非洲，人類的起源之地，土地面積幾乎是日本的 80 倍，住著超過 10 億人口。許多非洲國家的國界線之所以那麼筆直不自然，是因為歐洲列強於 15 世紀登陸非洲，瓜分這塊土地的殖民政策所致。不過，從被稱為「非洲獨立年」的 1960 年起，非洲各國在國內豐富的地下資源支持下，開始走出自己的道路。

非洲的飲食文化雖然因為貿易的關係受中東、亞洲以及昔日殖民母國的影響，但由於豐富的自然環境，以及 1500 個以上的族群，在這些族群既有的信仰與禮俗體系支持下，也有屬於自己的飲食特色。此外，非洲飲食生活中也能看到非洲人為了克服嚴苛的自然環境所生的巧思。

北非　以古文明強盛的埃及為中心，與中東相連的阿拉伯文化成為北非的基礎。此外，正如塔吉鍋的存在，北非還有沙漠游牧民族的生存智慧。另一方面，地中海另一側的歐洲也對北非帶來影響，法國殖民時期的美食文化在摩洛哥、阿爾及利亞等地落地生根。

西非　西非的飲食文化受到卓洛夫帝國（Jolof Empire，今塞內加爾）的滲透。15 至 19 世紀，西非和大海另一端的美洲、歐洲之間產生販售奴隸的三角貿易，玉米粉、木薯等原產於美洲的食材成為西非飲食的一分子。

東非　歷史悠久的區域，境內的衣索比亞便是世界上現存最古老的獨立國家之一。東非和阿拉伯半島、印度之間辛香料貿易熱絡，兩地對東非沿岸地區的影響尤其深厚。

中非　以經歷文明與王國興衰的剛果盆地和人民母親的剛果河為中心。擁有高度成熟貿易網的剛果王國於 14 世紀末至 1914 年間寫下了輝煌的一頁。此外，中非也是剛果河豐富魚貝、野生動物肉和昆蟲食物的寶庫。

南非　為了追求宗教自由從荷蘭而來的新教徒、信奉伊斯蘭教的馬來人子孫、英國殖民時期的印度勞工以及原住民祖魯人，這些文化融合交錯，孕育出南非獨樹一格的飲食文化。

Algeria

阿爾及利亞

阿爾及利亞庫斯庫斯
Algeria Couscous

阿爾及利亞北面地中海，南臨一望無際的撒哈拉沙漠，是非洲面積最大的國家。阿爾及利亞境內有許多伊斯蘭教徒，承繼了殖民時代的法國美食文化。庫斯庫斯是一種將顆粒狀的粗粒麥粉拿來蒸煮的食物，是北非的主食。阿爾及利亞人吃庫斯庫斯時，會淋上充滿蔬菜和豆類鮮味的番茄基底醬汁。

الكسكس الجزائر

有的庫斯庫斯也會搭配雞肉或羊肉醬汁。

memo

材料（4 人份）

洋蔥（切末）……1 顆
櫛瓜……1 根
南瓜……1/4 顆
胡蘿蔔……1/2 根
蕪菁……2 顆
甜椒……1/2 顆

A
番茄罐頭……100g
薑黃……1/4 小匙
肉桂棒……2cm
鹽……1 小匙
胡椒……1/2 大匙

鷹嘴豆（水煮）……200g
庫斯庫斯（細粒）……200g
鹽……1/2 小匙
奶油（或橄欖油）……1 大匙＋1 小匙
哈里薩辣醬（Harissa）* ……依個人喜好適量

* 辣椒醬可以用日本寒造里辣椒醬或韓式辣椒醬替代

作法

1. 蔬菜切大塊。
2. 鍋裡放 1 大匙奶油加熱，洋蔥下鍋炒至透明後加入 A 攪拌，煮幾分鐘。
3. 加入 1 的蔬菜和 1/4 杯水，蓋上鍋蓋，先以中火，再視情況轉小火燜煮 30 ～ 45 分鐘。
4. 加入鷹嘴豆繼續煮 5 分鐘。
5. 庫斯庫斯放入碗中以等量的熱水沖泡，加 1 小匙奶油、鹽巴拌勻。
6. 庫斯庫斯盛盤，佐以 4 的蔬菜，淋上蔬菜湯汁，搭配哈里薩辣醬。

埃及，被譽為「尼羅河的禮物」，也是金字塔古文明的所在。庫莎莉 koshary 誕生於英國殖民埃及的 19 世紀中葉，是道混合了義大利通心粉、番茄和印度米豆粥（khichdi）等元素的埃及國民美食。koshary 在埃及如同日本能填飽肚子的拉麵一樣，深受男性的喜愛。

Egypt

埃及

庫莎莉 Koshary

庫莎莉是道素食料理，豆子請選用罐頭或真空包裝豆。

memo

كشري

材料（4 人份）

白飯……3 碗
義大利麵、通心粉 *……各 60g
市售番茄醬汁……800g
鷹嘴豆、扁豆 **……160g
市售炸洋蔥酥……2 大匙
橄欖油……2 大匙
檸檬汁（或醋）……適量
辣椒……適量

* 義大利麵選細麵
** 可用市售含有鷹嘴豆的綜合豆子，若使用生豆要先煮好

作法

1. 義大利細麵（對折）、通心粉各自依包裝指示煮熟（留少許煮麵水備用）。
2. 煮麵期間，將白飯、豆子、橄欖油倒入碗中拌勻。加熱番茄醬汁。
3. 將 2 盛盤，擺上義大利麵和通心粉，淋少許煮麵水。淋番茄醬汁，撒上炸洋蔥酥。依據個人喜好，也可以將白飯、義大利麵、通心粉拌在一起，或是蕃茄醬汁淋在炸洋蔥酥上。
4. 依個人喜好配檸檬汁或辣椒。

※ 米粒洗好瀝乾，以少許橄欖油炒至微焦後再和剩下的水一起煮會很好吃。

Tunisia

突尼西亞

酥炸鮪魚蛋餅
Brik

突尼西亞，以西元前的夢幻之都同時也是世界文化遺產的迦太基遺址而聞名。brik 是一種外皮輕薄的餡派，這種麵皮據說源自土耳其。brik 在地中海和高加索地區有五花八門的作法，突尼西亞版本是在鮪魚或馬鈴薯裡加一顆蛋再炸來吃。

材料（4 人份）

馬鈴薯……1 顆
鮪魚罐頭……1 罐
酸豆……1 小匙
巴西里（切末）……1 大匙
雞蛋……4 顆
春捲皮……4 張
炸油……適量
〈配菜〉
檸檬……1/2 顆
巴西里、哈里薩辣醬……各適量

作法

1. 馬鈴薯燙熟，切 7mm 的丁。鮪魚罐頭去油水後拌開。

2. 將 1 張春捲皮鋪在有深度的湯盤中，依序放入 1/4 的馬鈴薯、鮪魚、酸豆、巴西里。

3. 在 2 的中間打一顆蛋，迅速將餅皮對折成三角形，邊緣以水黏起。以料理筷夾住三角形蛋餅的頂點，輕輕放入 180℃ 的油鍋中，炸至金黃色。

4. 瀝油，盛盤，以檸檬瓣和巴西里點綴，依個人喜好搭配哈里薩辣醬。

※ 炸油混少許橄欖油會更香。

初學者春捲皮疊
2 張較不容易失
敗。

memo

Morocco

摩洛哥

黑棗牛肉塔吉鍋
Beef Tagine with Date

摩洛哥王國位於非洲西北部,奉伊斯蘭教為國教。由於水是沙漠地區的珍貴資源,摩洛哥人因而發明出鍋蓋呈圓錐狀的塔吉鍋,讓鍋內食材升起的水蒸氣循環,沒有水也可以烹調。也因為塔吉鍋融合、濃縮食材味道的優點,讓人們能以黑棗乾和牛肉這種意外的搭配燉出美味的佳餚。

طاجن بقري بالخوخ

塔吉鍋的食材五花八門,也可用日本的陶鍋製作。

memo

材料(4 人份)

牛肉(切塊)……500g(也可用羊肉)
洋蔥……1 顆

A
- 大蒜(磨泥)……1 瓣
- 薑泥……1/2 小匙
- 番紅花(有的話再加)……1/4 小匙
- 薑黃……1/4 小匙
- 肉桂棒……4cm
- 橄欖油……適量
- 鹽……1 大匙
- 胡椒……1/2 小匙

香菜葉……1 大匙
黑棗乾(prune)……150g
蜂蜜……1 大匙
肉桂粉……1/2 小匙
炒白芝麻……1/4 小匙

作法

1. 洋蔥一半切絲,一半切末。
2. A 倒入碗中攪拌,加入牛肉和洋蔥末拌勻。
3. 鍋(有的話用塔吉鍋)底鋪上洋蔥絲,放入 2,蓋上鍋蓋以中火燜煮。
4. 沸滾後加香菜葉和水(高度略低於食材),小火燉煮 1 個半小時。過程中視情況加水。
5. 在另一個鍋子裡放入黑棗乾和水(高度略低於食材),煮 15 ～ 20 分鐘至黑棗乾變軟,瀝乾。
6. 4 的肉燉軟後熄火,燉汁舀到另一個鍋子裡備用。
7. 將 5、蜂蜜、肉桂粉加入放燉汁的鍋裡煮 10 分鐘。
8. 將 7 淋在肉塊上,撒上白芝麻。

Libya

利比亞

麵團湯 Bazin

利比亞是境內留有腓尼基人與羅馬帝國遺跡的北非國家，人民多為穆斯林，也曾經短暫受義大利殖民。bazin 是一種由大麥製成的水煮麵團，被封為利比亞的國民料理，一般還會在 bazin 周圍搭配番茄醬煮的馬鈴薯、羊肉和雞蛋。

材料（4人份）

〈Bazin（水煮麵團）〉
大麥粉……400g
鹽……1 小匙
〈配菜〉
羊肉（切塊）……400g
（也可用牛肉）

A
┌ 洋蔥（切末）……1 顆
│ 青辣椒（切圈）……1 根
└ 葫蘆巴……1 小匙

B
┌ 大蒜（磨泥）……1 瓣
│ 薑黃……1 小匙
│ 辣椒粉……1 小匙
└ 胡椒、鹽……1 小匙

番茄泥……2 大匙
馬鈴薯（五月皇后）……2 顆
水煮蛋……4 顆
橄欖油……1/4 杯
鹽……少許

作法

1. 起油鍋，倒入 A 以中火拌炒，洋蔥炒至透明後加入羊肉，稍微煎烤兩面。
2. 倒入 B 拌勻，加入 500ml 的水和番茄泥煮 30 分鐘。
3. 馬鈴薯切成方便食用的大小放入鍋內，加 500ml 的水，小火煮 15 分鐘。放入水煮蛋，繼續煮 3 分鐘。加鹽調味。
4. 製作水煮麵團：將材料放入碗裡，加少許水混合成無乾粉、可集中的狀態後分成 4 等分，揉成團。燒 1L 的熱水，放入麵團煮 20 分鐘。麵團放回碗裡，一邊加煮麵水一邊將所有麵團揉成一個。
5. 將 4 放在砧板上捏成圓錐形。
6. 將 5 放在盤子中央，周圍擺 3。

> 馬鈴薯建議用不容易碎掉的五月皇后品種。
>
> memo

بازين

蘇丹位於尼羅河中游地帶，國民多信奉伊斯蘭教。以高粱粉製作的 kisra 薄餅主要是蘇丹中、南部的主食，北部則吃由麵粉製成的 gurasa 薄餅。

蘇丹
高粱薄餅
Kisra

Sudan

كسرة

材料（6 塊）

A ┌ 白高粱粉（sorghum flour）…250g
　（沒有的話用麵粉）
　└ 優格…5 大匙、水…500ml
植物油……適量

作法

1. A 倒入碗中拌勻，靜置發酵一晚。　2. 平底鍋或電烤盤倒一層薄油，舀一匙高粱麵糊倒入鍋裡鋪成薄薄的圓形煎 3 分鐘，小心不要烤焦。　3. 薄餅疊在盤子上，搭配燉菜享用。

〈番茄基底的馬鈴薯燉菜（4 人份）材料與作法〉
鍋內倒入 2 大匙的油，拌炒 1/2 顆的洋蔥末。加入 2 顆切成小塊的馬鈴薯、1 大匙番茄糊、少許的鹽、肉桂粉、小豆蔻粉和 1L 的水，將馬鈴薯煮軟。

Western Sahara

西撒哈拉
撒哈拉燉羊肉　Meifrisa

西撒哈拉昔日為西屬撒哈拉，今日則是摩洛哥主張擁有當地主權的一個地區（國家），境內居住著沙漠民族柏柏爾人（Berbers），燉羊肉 meifrisa 是當地人的宴席菜。

材料（4 人份）

帶骨羊肉…500g（沒有的話用羊肉塊）、
洋蔥（切絲）…1 顆、大蒜（切薄片）…1 瓣、
橄欖油…適量、鹽…少許
〈配菜〉扁麵包…適量，也可用恰巴提或墨西哥薄餅皮替代。

作法

1. 洋蔥和大蒜下油鍋炒至焦糖色後加入羊肉拌炒。　2. 加入鹽、水（高度略低於食材），蓋上鍋蓋小火燉煮至少 30 分鐘至肉塊變軟嫩。　3.盛盤，搭配麵包。

Meifrisa

Mauritania

茅利塔尼亞

燉羊肉庫斯庫斯
Lamb Stew with Couscous

茅利塔尼亞昔為法國屬地，國土大部分的面積皆為沙漠，人口以信奉伊斯蘭教的摩爾人為多數，這支阿拉伯游牧民族過去還曾經掌控過西班牙。庫斯庫斯是游牧民族的傳統食物，與其他和撒哈拉沙漠為鄰的國家一樣，茅利塔尼亞人也經常吃這道菜，其中尤以搭配燉羊肉的庫斯庫斯最受歡迎。

الكسكس مع مرق اللحم

材料（4 人份）

羊肉（切塊）……400g
洋蔥（切絲）……1 顆
大蒜（切薄片）……1 瓣
番茄（切細丁）……1 顆
高麗菜……1/4 顆
胡蘿蔔……1 根
馬鈴薯……1 顆

A ┌ 孜然粉……1/2 小匙
  │ 香菜籽粉……1/2 小匙
  │ 鹽……1 大匙
  └ 胡椒……1/2 小匙

庫斯庫斯 *……200g
葡萄乾……50g
花生油……適量

* 建議使用以全麥粉製作的大顆庫斯庫斯（珍珠庫斯庫斯，pearl couscous）

作法

1. 高麗菜切段，胡蘿蔔、馬鈴薯削皮切大塊。
2. 平底鍋熱油，煎羊肉。羊肉表皮呈焦褐色後轉小火，加入洋蔥、大蒜，炒至焦糖色。
3. 加入番茄、1、A，1 杯水，蓋上鍋蓋中火燜煮 20 分鐘，將蔬菜煮熟。
4. 將庫斯庫斯、葡萄乾倒入碗裡拌勻，沖泡少量熱水。
5. 在另一個鍋子裡放入 4 和 1/4 的蔬菜羊肉湯，小火煮 5 分鐘。
6. 將 5 的庫斯庫斯盛盤，淋上 3。

也可改用雞肉或牛肉，或是不加肉也很美味。

memo

Mali

馬利
亞薩
Yassa

位於撒哈拉沙漠南邊的馬利是曾經盛極一時的黃金國——馬利帝國的都市，也因世界文化遺產名錄中的廷巴克圖而為人所知。亞薩原是塞內加爾菜，於兩國被整合納入法屬西非領地時期成為馬利人生活的一部分。這道菜餚同時也可以看出法國料理對當地的影響。

材料（4 人份）

雞胸肉……4 片
大蒜（磨泥）……1 瓣
芥末醬……3 大匙
胡椒……1 大匙
洋蔥（切絲）……2 顆

A
┌ 高湯塊……2 塊
│ 檸檬汁……3 顆
│ 辣椒粉……1 小撮
└ 鹽……1 小匙

植物油……3 大匙
白飯……適量

作法

1. 將蒜泥、一半的芥末醬、胡椒放入碗裡拌勻，醃漬雞肉。靜置冰箱至少 1 小時。
2. 平底鍋倒油，將 1 的表面煎至金黃色。
3. 加入洋蔥、1 剩餘的醃醬及另一半的芥末醬和 A 燉煮 30 分鐘。
4. 白飯盛盤，淋上 3。

雞肉亞薩源於塞內加爾西南邊的卡薩芒斯（Casamance）地區，其他也有魚肉或羊肉亞薩。

memo

Yassa

Burkina Faso

布吉納法索
布式番茄燉飯
Riz Gras

布吉納法索保留了莫西王國（Mossi kingdoms，15 世紀中葉～19 世紀）傳統，1960 年脫離法國殖民獨立。在當地語言中，布吉納的意思是「君子」，法索則是「國家」。riz gras 番茄燉飯是布吉納法索的國菜，由塞內加爾的魚肉燉飯「thieboudienne」而來，布吉納法索人較常以紅肉入菜。

材料（4 人份）

雞腿肉……250g
洋蔥……1/2 顆
大蒜……1 瓣
小辣椒（切圈）……1 根
胡蘿蔔（切條）……1 小根
植物油……適量

A ｜
番茄泥……4 大匙
雞湯塊……1 塊
植物油……適量
鹽……1 小匙
胡椒……1/2 小匙

米（洗淨）……300g
香菜葉或巴西里……少許

作法

1. 洋蔥、大蒜、番茄泥放入食物處理機中打泥。
2. 平底鍋熱油，煎雞肉。中間加入 1 杣少許水煮 15 分鐘。
3. 在另一個深鍋中倒入少許油，炒香小辣椒。加入 2、胡蘿蔔、A 均勻攪拌。
4. 加入米和 2 杯水，蓋上鍋蓋小火燉煮 15 分鐘。
5. 盛盤，以雞肉和香菜葉點綴。

取名為 riz gras（油脂豐富的米飯），是因為烹調用了許多油的緣故。

memo

Riz Gras

Senegal

塞內加爾

番茄魚肉燉飯
Thieboudienne

塞內加爾過去是卓洛夫帝國（Jolof Empire，1200～1900 年）的所在，喜歡米食和魚的沃洛夫（Wolof）人將他們的料理傳至整個西非，承繼殖民母國法國的美食文化後，塞內加爾也被譽為全西非食物最美味的國家。番茄魚肉燉飯 thieboudienne（thiebou ＝飯，dienne= 魚）就是塞內加爾的國民美食，人們喜歡以小顆的碎米烹煮。

Thieboudienne

當地人常用石斑魚做這道菜。

材料（4 人份）

白肉魚（鱈魚、鯛魚等）……400g

A
┌ 大蒜（磨泥）……1 瓣
│ 辣椒粉……1 小匙
│ 巴西里葉（切末）……少許
└ 鹽、胡椒……各 1 小匙

高麗菜……1/2 顆
胡蘿蔔……1 根

南瓜……80g
蕪菁……2 顆
洋蔥（切末）……1 顆
番茄泥……6 大匙
鹽、胡椒……各 1 小匙
花生油……適量
米（洗淨）……2 杯

memo

作法

1. A 放入碗中均勻攪拌，抹在表皮已先劃上刀痕的魚肉上。
2. 蔬菜切成方便食用的大小。
3. 鍋裡倒入充分的油，將 1 油煎後取出備用。
4. 原鍋加油，洋蔥炒至透明後將魚放回來，加入 4 杯水、蔬菜、鹽、番茄泥、胡椒，沸滾後轉小火燉煮 1 小時。
5. 暫時將魚、蔬菜取出來，放入米粒，視情況加水後蓋上鍋蓋，煮 15 分鐘。
6. 煮好的飯盛盤，放上魚和蔬菜。

Guinea

幾內亞

秋葵燉菜

Plassas

1958 年，比起殖民下的富庶，幾內亞選擇了自由，單方面脫離法國獨立。憤怒的法國帶走了幾內亞重要的國家地圖，之後，日本測量技師耗時 4 年為幾內亞製作了新地圖，留下兩國交流的佳話。秋葵燉菜 plassas 是幾內亞的傳統料理，當地人以棕櫚油烹煮。

材料（4 人份）

牛絞肉……400g
鹽、胡椒……各少許
煙燻魚（例如煙燻鯖魚）……400g
（沒有的話則以大量蝦米替代）
洋蔥（切末）……1/2 顆
秋葵（切圈）……15 根
茄子（削皮切圓片）……1 條

A ┌ 蝦米……25g
　│ 雞湯塊……1 塊
　│ 辣椒粉……1/2 ～ 1 小匙
　└ 鹽、胡椒……各少許
棕櫚油……1/3 杯
白飯……適量

Plassas

作法

1. 牛絞肉、鹽、胡椒均勻攪拌。
2. 鍋中倒入 1 又 1/2 杯水，加入 1 和洋蔥，邊攪拌邊煮 5 分鐘。
3. 秋葵下鍋拌勻，加入魚、茄子、A，燉煮 15 分鐘。
4. 加棕櫚油拌勻，再煮 5 分鐘。
5. 白飯盛盤，淋上 4。

當地人喜歡秋葵的黏性，有時也會使用偏褐色的乾燥秋葵。

memo

花生醬飯 Domoda

Gambia

甘比亞昔為英國殖民地，國土細長，沿甘比亞河朝東西向伸展，三面被塞內加爾環繞。domada 是一種以花生醬調味的燉菜，又叫做 maafe。

材料（6 塊）

牛肉（切塊）…500g、洋蔥（切末）…1/2 顆、
番茄（切細丁）…1 顆、南瓜（切塊）…200g
A ┌ 番茄泥…2 大匙、檸檬汁…1 顆、
  │ 花生醬…1/2 杯、雞湯塊…1 塊、
  └ 鹽…1 小匙、胡椒…1/2 小匙
白飯…適量、巴西里葉…少許

作法

1. 鍋內燒 4 杯水，加入牛肉、洋蔥、番茄，一邊撈除表面浮渣，燉煮 10 分鐘。　2. 南瓜、A 放入 1，燉煮 30 分鐘直到南瓜接近軟爛，過程中時時攪拌。和白飯一起盛盤，以巴西里葉點綴。

Guinea-Bissau

辣味燉菜 Sigá

幾內亞比索西臨大西洋幾內亞灣，昔為葡萄牙殖民地，與巴西也有交流。sigá 是一道由蝦子、秋葵、番茄組成的辣味燉菜。

材料（2 人份）

蝦子……200g、洋蔥（切末）……1 小顆
A ┌ 霹靂霹靂辣醬…1/2 小匙、
  └ 鹽…1/2 小匙
秋葵（切圈）…100g、成熟番茄（切塊）…1 顆、
棕櫚油 *…3 大匙、香菜葉（切末）…1 大匙

* 可以橄欖油混少許紅椒粉替代

作法

1. 鍋內燒滾 1 杯水，加入蝦子、洋蔥、A 煮 3 分鐘。
2. 加入秋葵、番茄、棕櫚油，蓋上鍋蓋燉煮 15 分鐘。
3. 盛盤，以香菜葉點綴。

Liberia

賴比瑞亞

米麵包

Rice Reead

賴比瑞亞是 1847 年由美國解放奴隸所建立的國家，飲食文化也受南美影響，以米為主食。米麵包則是一道會令人聯想到南方菜的料理。

材料（4 人份）

A
- 日本米粉（或上新粉）…150g、
- 泡打粉…1 小匙、細砂糖…45g、
- 肉豆蔻粉…1 小匙、鹽…1/2 小匙

B
- 香蕉（壓碎）…2 根、牛奶…1/2 杯、
- 蛋液…2 顆、薑泥…1 大匙、水…40ml
- 植物油…50ml ＋塗模具用的量

作法

1. A 倒入碗中以打蛋器拌勻。　2. B 倒入另一個碗中拌勻後加到 1 裡均勻攪拌，倒油，繼續攪拌。　3. 烤盤塗一層油（食譜配方分量外），倒入 2。烤箱預熱 190℃烤 40 分鐘後，調為 170℃，烤 10 分鐘。

Rice Bread

當地人用的是米糊。

Sierra Leone

獅子山

炸黑眼豆泥球

Binch Akara

memo

西非版本的炸鷹嘴豆泥球。

獅子山過去為英國殖民地，這道炸黑眼豆泥球是西非和巴西人在婚喪喜慶中會端出的料理。

材料（4 人份）

黑眼豆（豇豆）……300g

A
- 洋蔥（切末）…1/2 顆、辣椒粉…1/2 小匙、
- 薑泥…1 小匙、鹽、胡椒…各少許

花生油…4 大匙、植物油…適量

作法

1. 黑眼豆浸泡一個晚上。　2. 浸泡後的黑眼豆放入食物處理機，加 1 杯水打成泥。　3. 將 2 和 A 放入碗中，以木鏟均勻攪拌。　4. 混合植物油和花生油，加熱至 180℃，用湯匙之類的器具將 2 舀入油中，炸至金黃色。

Binch Akara

象牙海岸過去為法國殖民地，國名即是法語「象牙海岸」之意，可可產量為全球第一。以雞肉、番茄、秋葵燉煮的 kedjenou 是象牙海岸的傳統菜餚。

Cote d'lvoire

象牙海岸

番茄燉雞
Kedjenou

材料（4 人份）

雞腿肉（切塊）……400g
洋蔥（切末）……1/2 顆
番茄（滾水去皮後切細丁）……1 顆
番茄泥……2 大匙
秋葵*（切薄片）……3 根
薑泥……1/2 小匙
大蒜（壓扁）……1 瓣
辣椒（切圈）……1 根
月桂葉……1 片
百里香……1/4 小匙
花生油……適量
鹽……1/2 ～ 1 大匙
白飯……適量

* 可用茄子代替秋葵或是兩樣都加

作法

1. 鍋裡加 6 杯水，除了鹽巴和白飯，所有食材放入鍋裡輕輕攪拌。蓋上鍋蓋開大火。
2. 沸滾後轉小火燉煮 45 分鐘，過程中時時攪拌。加鹽調味。
3. 盛盤，白飯分開裝。

當地人經常以全雞剁塊來烹煮，熬出的高湯更加美味。

memo

Kedjenou

Ghana

迦納

非洲飯
Jollof Rice

迦納昔日為英國殖民地，也是日本細菌學家野口英世前往研究黃熱病的國家。迦納是世界首屈一指的可可產地，國民有著農耕民族的勤懇個性。非洲飯 Jollof rice 源自卓洛夫帝國（Jolof Empire），是西非一帶的米飯料理，在塞內加爾也叫做「thieboudienne」。迦納非洲飯的特色是使用長米，調味辛辣。

Jollof Rice

材料（4 人份）

米（有長米用長米）……250g，洗淨備用
洋蔥……1 顆
大蒜（磨泥）……1 瓣

A
切塊番茄罐頭……200ml
番茄泥……2 大匙
雞湯塊（壓碎）……1 塊
研磨胡椒……1/4 小匙
薑泥……1/2 小匙
辣椒粉……1/4 小匙
鹽、二砂糖……各 1 小匙
咖哩粉……1 小匙

冷凍三色蔬菜……150g
花生油……3 大匙
（沒有的話用植物油）

作法

1. 洋蔥放入食物處理機打泥。
2. 深湯鍋倒油，大蒜下鍋炒香後加入洋蔥，以中火炒至焦糖色。
3. 加入 A 拌勻。
4. 加入冷凍三色蔬菜、米、350ml 的水均勻攪拌，湯汁沸滾後轉小火，蓋上鍋蓋燜煮 12 分鐘。拌勻鍋內食材再蒸 5 分鐘。

※ 依個人喜好可以加上烤雞或其他配菜。

鄰國奈及利亞的非洲飯比較不辣，帶有月桂葉的清香。

memo

Togo

多哥

花生醬肉　Azindessi

多哥歷史悠久，在第一次世界大戰前為德國屬地，經歷英法代管時期後於 1960 年獨立。多哥和納米比亞一樣都留有德國殖民時代的啤酒和香腸製造技術，在非洲十分稀有。花生醬肉 azindessie 類似塞內加爾的 maafe，利用當地特產的花生醬燉肉。

材料（2 人份）

雞腿肉（切塊）……250g
番茄泥……1/4 杯

A
胡蘿蔔（切圓片）……1 根
番茄（切細丁）……1 顆
花生醬……2 大匙
芥末醬……1 小匙

B
洋蔥（切末）……1 顆
大蒜（磨泥）……1 瓣
辣椒（切圈）……1 根

花生油……1/2 杯
雞湯塊……1 塊
平葉巴西里（撕開）……少許
白飯……適量

作法

1. 鍋裡放 2 杯水和雞肉，將雞肉煮熟。雞肉湯汁留下備用。
2. 鍋裡只放雞肉，加花生油，煎至表皮呈金黃色，取出雞肉。
3. 番茄泥倒入 2 的鍋子加熱 5 分鐘，加入 A 煮 10 分鐘。
4. 倒入雞肉湯汁、2 杯水、雞湯塊均勻攪拌，蓋上鍋蓋燜煮 15 分鐘。
5. 加入 2 的雞肉、B，繼續燉煮 15 分鐘。
6. 白飯盛盤，淋上 5，以平葉巴西里點綴。

除了雞肉，也可用牛肉或羊肉製作。

memo

Azindéssi

Nigeria

奈及利亞（伊博族）

瓜子燉湯 Egusi Soup

瓜子燉湯 egusi soup 是經典的奈及利亞菜，將葫蘆科植物種子「egusi」磨碎後與肉類或魚乾、蔬菜一起調理，並使用提煉自油棕樹的紅色棕櫚油。在奈及利亞，瓜子燉湯受到東南部伊博人（Igbo）與境內其他各地人民的喜愛。

材料（4 人份）

南瓜子……1/2 杯

A
- 切塊番茄罐頭……100g
- 紅甜椒……1 顆
- 蝦米……30g

B
- 洋蔥（切末）……1/2 顆
- 牛腿肉（切塊）……200g
- 羊肉（切塊）……200g
- 煙燻鯖魚……1 塊

菠菜（切段）……1/2 把
雞湯塊……1 塊
胡椒……1/2 小匙
鹽……1 大匙
辣椒粉……1 ～ 3 小匙
花生油……4 大匙
白飯……適量

作法

1. 南瓜子和 2 倍的水放入食物處理機打泥。
2. A 也放入食物處理機打泥。
3. 洋蔥下油鍋拌炒。加入牛肉、羊肉，煎熟表面。
4. 加入 2、雞湯塊、胡椒拌勻，再加入 1 的南瓜子泥攪拌。
5. 放入煙燻鯖魚、菠菜、500ml 的水拌勻，加辣椒粉、鹽巴調味，燉煮 10 分鐘。

egusi 可以南瓜子、棕櫚油以其他油種，煙燻鯖魚以其他白肉魚替代。

memo

Egusi Soup

昔為英國殖民地的奈及利亞擁有非洲最多的人口以及伊博、尤魯巴（Yoruba）、豪薩（Hausa）等 250 個以上的民族。富富是一種主食，由木薯或山藥等植物磨粉後製成，全西非都吃得到。

奈及利亞
富富 Fufu

Fufu

材料（4 人份）

木薯粉 *（garri）……160g
奶油……1 大匙
鹽……1/2 小匙

* 沒有的話可以 160g 的馬鈴薯粉＋ 4 大匙玉米澱粉（或太白粉）混合替代

作法

1. 鍋裡倒入 2 杯水、奶油、鹽，煮滾。將一半的水移至另一個容器。　2. 木薯粉慢慢倒入剩下一半熱水的鍋裡拌勻，將另一個容器中的熱水一邊倒回鍋裡一邊以木鏟均勻攪拌約 10 分鐘。
3. 將木薯糊揉成適當大小的圓球，盛盤。

類似的主食在非洲各地有不同的名字，如 ugari、pap、sadza 等等。

豪薩米蛋糕的模具鍋跟越南煎餅（bánh khọt）鍋很類似。

奈及利亞（豪薩）
豪薩米蛋糕 Waina

米蛋糕 waina 是奈及利亞北部豪薩人的食物，又叫做 masa。當地人用的是比章魚燒機大一倍的專用模具鍋製作。

Waina

材料（4 人份）

米…1 杯（先泡水至少 1 小時）
A － 薑…1/2 塊、砂糖…1 大匙、鹽…1/2 小匙
乾酵母…1 小匙、泡打粉…1 小匙、植物油…適量

作法

1. 將米泡水至少 1 小時後，取一半的米煮 12 分鐘。
2. 將煮過的米、生米、A、少許水放入食物處理機打泥。　3. 將 2 放到碗裡，加入乾酵母拌勻，靜置 90 分鐘。　4. 加入泡打粉充分攪拌。　5. 章魚燒機烤盤抹油，倒入 4 燒烤。如果是用平底鍋，則將 4 鋪成直經約 5cm 的圓形，兩面煎烤。

Benin

貝南

庫利庫利　Kuli-kuli

昔為法國殖民地的貝南承繼達荷美王國（Kingdom of Dahomey）的歷史。庫利庫利是一種以碎花生製成的點心，有圓球或麵條狀等豐富多變的外型。

Kuli Kuli

材料（8顆）

花生……250g
鹽……1 小匙
炸油……適量
花生油（或芝麻油）……少許

作法

1. 花生放入食物處理機，邊加入少許水和鹽巴邊打泥。　**2.** 將 1 分成 8 等分，捏成丸子狀。　**3.** 炸油加入提香用的花生油，加熱至 180℃，將 2 炸至金黃色。

庫利庫利沒有放肉，素食者也能安心享用。

memo

Niger

尼日的名稱由尼日河而來，曾為法國屬地，國土有 2/3 的面積是沙漠。kilishi 是尼日和奈及利亞北部人會吃的一種辣牛肉乾。

沒有肉錘的話，以菜刀柄替代。

memo

尼日

辣牛肉乾　Kilishi

材料（4人份）

牛瘦肉（切薄片）……200g

A ┌ 大蒜粉…1 小匙、薑粉…1 小匙、丁香粉…1 小匙、
　│ 雞湯粉…1 小匙、花生醬…2 大匙（也可用碎花生）、
　│ 小辣椒（切末）…1 根（辣椒籽一起切末使用）、
　└ 鹽…少許、水…1/2 杯

作法

1. 肉片在砧板上排好，蓋上保鮮膜，以肉錘拍打。　**2.** 烤箱預熱 230℃，底盤鋪烘焙紙，擺上 1，兩面各烤 8 分鐘。**3.** A 倒入碗裡均勻攪拌，醃漬烤肉片。　**4.** 醃漬後的烤肉片再次放入烤箱，兩面各烤 5 分鐘。

Kilishi

Cabo Verde

維德角

什錦燉菜
Cachupa

維德角是由大西洋上 15 個島嶼所組成的國家，過去曾為葡萄牙殖民地，無論是音樂還是嘉年華，維德角在許多領域上和巴西都有深厚的交流，就連國民美食 cachupa 也可以在巴西東北部看見類似的料理。cachupa 的作法是將豆子或玉米、蔬菜、豬肉等各種食材燉煮後，隔天再將收汁的食材拌炒享用。

Cachupa

材料（4 人份）

豬肉（切塊）……200g
A ┌ 鹽……1 大匙
  └ 紅椒粉……1 大匙
高麗菜……1/2 顆
番茄 *……2 顆
胡蘿蔔……1 根
大蒜（磨泥）……2 瓣
洋蔥（切末）……1 顆
西班牙辣味香腸（切圓片）……1 ～ 2 根

B ┌ 罐頭紅腰豆……200g
  │ 罐頭白腰豆……200g
  │ 罐頭玉米粒……400g
  └ 雞湯粉……1 小匙
月桂葉……2 片
橄欖油……適量
鹽、胡椒……適量
霹靂霹靂辣醬……適量
* 用罐頭番茄也可以（250g）

霹靂霹靂辣醬是撒哈拉以南的人們所使用的調味辣椒醬。

memo

作法

1. 高麗菜、番茄切成方便食用的大小。胡蘿蔔削皮切圓片，高麗菜、胡蘿蔔用微波爐加熱 1 分鐘。
2. 豬肉抹上 A，靜置 30 分鐘。
3. 熱油鍋，炒香大蒜後下洋蔥，炒至透明。
4. 加入 2，煎烤表面，接著放入西班牙辣味香腸和番茄煮熟。加入 1L 的水和月桂葉。
5. 湯汁沸滾後放入高麗菜、胡蘿蔔、B，蓋上鍋蓋小火燜煮 45 分鐘。過程中時時攪拌，視情況加水。加鹽、胡椒調味。
6. 盛盤，依個人喜好沾霹靂霹靂辣醬。

Ethiopia

衣索比亞

因傑拉餅佐燉菜
Injera and Wot

衣索比亞的起源可追溯至西元前 10 世紀，是世界上現存最古老的獨立國家，約有一半的國民信奉衣索比亞正教。衣索比亞人從西元前便開始吃因傑拉餅（injera），這是一種利用畫眉草（teff）的穀物粉發酵所製成的主食，搭配肉類、蔬菜與辛香料一起燉煮的「wot」享用。其中，放入雞肉和雞蛋的「doro wot」特別受到歡迎，正宗作法會加一種叫「berbere」的辣椒醬。

材料（4～5人份）

〈因傑拉餅〉
蕎麥粉……1 杯
麵粉……1/2 杯
泡打粉……1/2 小匙
優格……2 大匙
水……適量
鹽……1/2 小匙

作法

1. 所有因傑拉餅材料倒入碗中拌勻，調整水量，做出類似鬆餅糊的稠度。蓋上濕毛巾，室溫發酵至少 1 天，直至出現酸味。
2. 在平底鍋或電烤盤鋪一層薄麵糊，兩面煎。

台灣現在也買得到衣索比亞畫眉草籽粉，但手邊沒有的話可以用蕎麥粉替代。

memo

材料（4～5人份）

〈Doro Wot〉
雞腿肉（去皮）…500g、洋蔥（磨泥）…1 顆
香料：紅椒粉…1 小匙、卡宴辣椒粉…1 小匙、
　　小豆蔻粒、乾燥奧勒岡…各 1/2 小匙、
　　孜然粉、香菜籽粉、葫蘆巴、
　　眾香子粉…各 1/4 小匙、
薑泥…1 小匙、大蒜（磨泥）…1 瓣、
番茄糊…1 小匙、奶油…1 大匙、
水煮蛋…2 顆、檸檬汁…1/2 大匙、
植物油…1 大匙、鹽、胡椒…各適量

作法

1. 雞肉撒上各 1/2 小匙的鹽和胡椒抓醃，靜置冰箱 30 分鐘。
2. 平底鍋倒油，洋蔥充分拌炒至呈焦糖色，加少許鹽、胡椒調味。
3. 加入所有香料充分拌炒。加入薑泥和蒜泥拌勻。倒入 1 杯水，沸滾後加入 1、番茄糊、奶油。
4. 蓋上鍋蓋，小火燉煮至少 30 分鐘直至雞肉軟嫩，湯汁變濃稠。過程中湯汁不夠的話，補充適當的水分。
5. 放入水煮蛋、檸檬汁，燉煮 10 分鐘。

Eritrea

厄利垂亞

薑黃煮時蔬
Alicha

厄利垂亞，1993 年脫離衣索比亞獨立的國家，國名是「紅海」的意思。厄利垂亞過去是義大利屬地，也被認為繼承了義大利的美食文化。alicha 是一道薑黃燉菜，辣度溫和，也有人稱其為咖哩，在衣索比亞也吃得到。

材料（4 人份）

洋蔥（切塊）……1 顆
胡蘿蔔（切薄片）……1/2 根
馬鈴薯（切薄片）……4 顆
櫛瓜（切圓片）……2 根
番茄（切塊）……4 顆
四季豆……10 根
青辣椒……1 ～ 2 根

A ┌ 大蒜（切末）……1 瓣
　│ 薑（切末）……1 小匙
　│ 咖哩粉……1 小匙
　└ 鹽……1 小匙
雞湯塊……1 塊
橄欖油……適量

作法

1. 四季豆去蒂頭，燙熟。青辣椒縱切後去籽。
2. 平底鍋倒油，將洋蔥炒至透明。
3. 加入胡蘿蔔、馬鈴薯、櫛瓜，繼續拌炒。倒入少許水，轉小火，蓋上鍋蓋燜煮。
4. 接著加入番茄、四季豆、青辣椒拌炒。
5. 雞湯塊以少許熱水化開，和 A 一起加入鍋中。
6. 盛盤，搭配因傑拉餅（請參照上一頁）。

也可以加高麗菜、豆類、肉類等等。

memo

Djibouti

吉布地

香辣羊肉燉飯　Skoudehkaris

Skoudehkaris

鄰接紅海的吉布地過去曾是法國殖民地，境內有眾多伊斯蘭教徒，也被稱為世界上最熱的國家。skoudehkaris 是吉布地人很喜歡的料理，由羊肉、蔬菜、白米烹調而成，散發濃郁的辛香料滋味。

材料（4 人份）

米…250g、羊肩肉（切塊）……250g

A ┌ 紅洋蔥（切末）…1 顆、大蒜（磨泥）…2 瓣、
　└ 切塊番茄罐頭…400ml、卡宴辣椒粉…1/2 小匙

B ┌ 孜然粉…1 小匙、小豆蔻粉…1 小撮、
　└ 肉桂粉…1 小撮、鹽…1 小匙

植物油…2 大匙、香菜葉（切末）…2 大匙

作法

1. 米洗淨後泡水至少 30 分鐘。　**2.** 羊肉下油鍋，煎至表面呈焦褐色。加入 A 拌勻，確實炒熟。　**3.** 加入 B 拌勻，倒入 1L 的水，蓋上鍋蓋燜煮 30 分鐘至羊肉變軟。　**4.** 倒入 1，視情況加水，蓋上鍋蓋中火煮 3 分鐘，再轉小火煮 12 ～ 15 分鐘。　**5.** 盛盤，以香菜葉點綴。

Somalia

索馬利亞

索馬利亞鬆餅

Anjero

索馬利亞位於人稱「非洲之角」的半島上，是個重視氏族的國家。anjero 是索馬利亞人的主食，由麵粉製成，是早餐特別不可或缺的角色。

這是一道用來補允精力、戰勝暑熱的菜餚。

memo

利用湯勺底部，由麵糊中間向外畫圈拓寬。

材料（8 片）

A ┌ 麵粉（過篩）*…400g、泡打粉…2 小匙、
　└ 鹽…1/2 小匙

植物油、蜂蜜……各適量

* 如果有白高粱粉或白玉米粉，和 100g 的麵粉替換

作法

1. A 倒入碗中以打蛋器拌勻，慢慢倒入 3 杯溫水，邊倒邊攪拌至絲滑柔順。麵糊直接放在溫暖的地方發酵 1 天。　**2.** 平底鍋或電烤盤塗一層薄油，中火加熱。用做鬆餅的方式舀 1 湯勺的 1 鋪在鍋中，烤到餅皮表面冒出一顆顆小氣泡（不要翻面）。　**3.** 依個人喜好淋上麻油和蜂蜜食用。

Anjero

South Sudan

2011 年，南蘇丹脫離蘇丹獨立建國。與擁有眾多阿拉伯裔穆斯林的蘇丹不同，南蘇丹居民多信奉基督教或泛靈信仰。辣椒燉羊肉 shaiyah 是南蘇丹人為了慶賀而屠宰動物時所做的料理，有時也會使用山羊肉。

南蘇丹
辣椒燉羊肉
Shaiyah

Shaiyah

材料（4 人份）

A
- 羊肉……400g
- 紅洋蔥（切絲）……1 顆
- 大蒜（切薄片）……2 瓣
- 芹菜（縱切，切絲）……1 根
- 青辣椒……1 根
- 月桂葉……1 片

B
- 孜然粉……1 小匙
- 香菜籽粉……1 小匙
- 卡宴辣椒粉……1 小匙
- 胡椒……1/2 小匙
- 鹽……1/2 小匙
- 植物油……2 大匙

- 萊姆……1 顆
- 青菜、洋蔥絲……各適量

作法

1. 鍋裡加入 1 杯水、A，蓋上鍋蓋小火燉煮 30 分鐘至羊肉變軟嫩。
2. 鍋裡補充少許水，倒入 B 拌勻，小火燉煮 40 分鐘。
3. 取半顆萊姆擠汁，倒入 2，再煮 3 分鐘。剩餘半顆萊姆切片。
4. 盛盤，以萊姆片、青菜、洋蔥絲點綴。

也可用牛肉代替羊肉。

memo

193

Kenya

肯亞

肯亞烤肉
Nyama Choma

昔為英國殖民地的肯亞雖然位於赤道正下方，但由於境內多高地，環境宜人，還擁有許多野生動物棲息的國家公園。肯亞的馬賽族（Maasai）以繽紛鮮豔的女性傳統服裝為人所知，除了馬賽族，肯亞境內也居住著許多其他民族。nyama choma 是肯亞的 BBQ 料理。

材料（4人份）

牛肉（切塊）……400g

A
┌ 大蒜（磨泥）……1 瓣
│ 薑（磨泥）……1 塊
│ 咖哩粉……1 小匙
│ 鹽……1 大匙
│ 胡椒……1/2 小匙
└ 檸檬汁……1 顆

除了牛肉，也可使用雞肉、羊肉等不同肉類。

memo

作法

1. A 倒入碗裡拌勻，放入牛肉抓醃。蓋上保鮮膜醃漬至少 1 個小時。
2. 將 1 串到竹籤上，以烤爐烤 10～15 分鐘，至表面金黃酥脆。或也可以用一塊完整的牛肉醃漬、燒烤後再分切。
3. 盛盤，搭配 ugali 玉米糕和 kachumbari 沙拉，大功告成。

〈Ugali 玉米糕〉
以玉米或木薯粉製作的主食，類似年糕。可用 187 頁的富富或白飯替代。

〈Kachumbari 沙拉〉
番茄、洋蔥、芹菜切成方便食用的大小，以檸檬、鹽巴、辣椒粉、胡椒調味，再以香菜葉點綴。

Nyama choma

Uganda
烏干達

馬托給蕉飯 Matoke

烏干達昔為英國殖民地，擁有非洲最大的湖泊──維多利亞湖，氣候溫暖，環境得天獨厚。馬托給蕉是一種大蕉（plantain，煮食蕉），為烏干達人的主食，作法是將大蕉壓碎或是放入燉菜裡享用。

材料（4人份）

牛肉（切塊）……200g
大蕉……2大根
A ┌ 洋蔥（切絲）…1/4顆、番茄（切細丁）…1顆、
  └ 大蒜（壓扁）…1瓣、辣椒粉…1小撮
四季豆…10根、植物油…適量、鹽…少許

作法

1. 大蕉削皮，切成方便食用的大小，放入倒滿水的碗裡備用。四季豆切成方便食用的長度。 **2.** 平底鍋倒油，放入 A，以中火將洋蔥炒至透明。 **3.** 牛肉下鍋，炒至變色。 **4.** 倒入 1 又 1/4 杯的水煮滾。轉小火，加入 1。蓋上鍋蓋小火燜煮 20 分鐘，加鹽調味。

Matoke

大蕉成熟後會和香蕉一樣帶甜味，要選不甜的。

memo

Rwanda
盧安達

炸大蕉 Fried Plantains

盧安達過去為比利時殖民地，咖啡與茶葉種植興盛。炸大蕉是在非洲與加勒比海各國十分普及的料理。

材料（8片）

大蕉…2～3大根、鹽、砂糖…各適量、炸油…適量

作法

1. 大蕉削皮，斜切成方便食用的厚度。 **2.** 砂糖混合鹽巴，塗抹在 1 上。 **3.** 炸油加熱至 180℃，將 2 炸得金黃酥脆後盛盤。

Fried Plantains

Tanzania

坦尚尼亞境內高原綿延遼闊,自成咖啡品牌的吉力馬札羅山也在此處。mchicha 是莧菜的通稱,在加勒比海稱為「callaloo」,這裡用菠菜替代。

坦尚尼亞

花生蔬菜咖哩 Mchicha

Mchicha

材料（4 人份）

菠菜（切段）…2 把、洋蔥（切末）…1/2 顆、
番茄（切細丁）…1/2 顆、咖哩粉…1 大匙
A－椰奶…120ml、花生醬…1 大匙
植物油…適量、鹽…1 小匙、
ugali 玉米糕（請參考 194 頁）…適量

作法

1. A 放入小碗中均勻攪拌。　**2.** 洋蔥下油鍋,炒至透明。加入番茄、咖哩粉,中火炒 5 分鐘。　**3.** 加入菠菜,拌炒 10 分鐘,倒入 1 煮 5 分鐘。加鹽調味。　**4.** 盛盤,搭配 ugali 玉米糕享用。

Zambia

尚比亞,野生動物的寶庫,擁有世界三大瀑布之一的維多利亞瀑布。尚比亞人常吃一種名叫「kapenta」的小魚,這裡以小魚乾替代。

尚比亞

小魚燉 Kapenta Stew

Kapenta Stew

材料（4 人份）

小魚乾（鯷魚之類）…200g、洋蔥（切丁）…1 顆、
番茄（切丁）…1 顆、咖哩粉…1 大匙、鹽…1 小撮、
植物油…2 大匙、ugali 玉米糕（請參考 194 頁）…適量

作法

1. 燒一鍋水,小魚煮 8 分鐘後瀝乾。　**2.** 平底鍋倒 1 大匙油,洋蔥、咖哩粉、鹽下鍋拌炒。　**3.** 洋蔥炒至透明後再加 1 大匙油,放入 1 輕炒。加入番茄,繼續拌炒。　**4.** 倒入 1/2 杯水,蓋上鍋蓋小火煮 5 分鐘左右。　**5.** 盛盤,搭配 ugali 玉米糕或白飯。

Malawi

馬拉威

恩迪沃 Ndiwo

馬拉威昔為英國殖民地，國土南北狹長，有 1/4 的面積為馬拉威湖所占據。馬拉威人以玉米粉調製而成的「nsima」為主食，恩迪沃則是配菜。

Ndiwo

材料（2 人份）

〈恩迪沃〉
高麗菜 *（切段）…1/4 顆、洋蔥（切末）…1/2 顆、番茄（切細丁）…1 顆、薑（磨泥）…1cm 薑塊、植物油…適量、鹽、咖哩粉…各 1 小匙、水…1/2 杯
* 高麗菜也可改用羽衣甘藍或菠菜

作法

1. 平底鍋倒油，炒香薑泥，加入洋蔥，炒至透明。　2. 加入高麗菜、番茄、鹽、咖哩粉、1/2 杯水，煮 5 分鐘至蔬菜變軟。　3. nsima 盛盤，淋上 2。也可用白飯取代 nsima。

材料（2 人份）

〈Nsima〉
玉米粉（白色）…250g、鹽…1/2 小匙

作法

1. 鍋裡倒入材料和 1L 的水，開大火。
2. 水滾後轉小火，邊以木鏟攪拌邊煮 10 ～ 15 分鐘，依各人喜好的口感調整熬煮時間。

辛巴威昔為英國殖民地，辛巴威是紹納（Shona）語的「石頭屋、國王的宮廷」。nyama 是「肉」的意思，在辛巴威指的是燉肉，平常會和以玉米粉製作的 sadza 一起食用。

Zimbabwe

辛巴威

辛巴威燉肉 Nyama

Nyama & Sadza

材料（4 人份）

牛肉（切塊）…400g、大蒜（切末）…2 瓣
A 〔洋蔥（切末）…1 顆、番茄（切細丁）…2 顆、鹽、咖哩粉…各 1/2 小匙〕
橄欖油…2 大匙、sadza（請參考上方「nsima」）…適量、炒青菜…適量

作法

1. 平底鍋倒入 1 大匙油，蒜泥下鍋炒香後加入牛肉，炒至表皮成焦褐色。加水（高度略低於食材），蓋上鍋蓋小火燉煮至肉塊變軟嫩。　2. 加入 A 拌勻，小火燉煮 15 分鐘。　3. 盛盤，搭配 sadza 和炒青菜。

Burundi

蒲隆地

寶可寶可粥
Boko Boko Harees

蒲隆地於 1962 年以蒲隆地王國之名脫離比利時獨立，現則採共和體制，拜高地氣候之賜，農業興盛。這道受阿拉伯影響的寶可寶可粥，是蒲隆地人很喜歡的一種布格麥（碎麥粒）粥。

材料（4 人份）

雞肉……200g
雞胗（切細丁）……100g
洋蔥（切絲）……1/2 顆
布格麥（碎麥粒）……300g
奶油（有酥油用酥油）……2 小匙
薑黃……1 大匙
砂糖……1 小匙
鹽……1/2 小匙
植物油……適量

作法

1. 布格麥泡水至少 3 小時，瀝乾。
2. 將 1、雞肉、1 小匙鹽、2 杯水倒入鍋裡，中火煮 30 分鐘。
3. 取出雞肉撕成雞絲後放回鍋裡。加入奶油拌勻。
4. 取一小鍋，倒入薑黃和少許水加熱，加入雞胗、1/2 小匙鹽、砂糖煮熟。
5. 起油鍋，下洋蔥，炸洋蔥酥。
6. 將 3 盛盤，淋上 4，最後擺上 5。

Boko Boko Harees

也可以加薑泥或小豆蔻。

memo

Mozambique

莫三比克

霹靂霹靂烤雞
Frango Piri Piri

從達伽馬開闢前往印度的新航線，15 世紀登陸時算起，直到 1975 年獨立為止，莫三比克被葡萄牙殖民了約 500 年之久。霹靂霹靂烤雞是以莫三比克發明的霹靂霹靂辣醬調味的烤雞，在南非、果阿、澳門等葡萄牙香料貿易的中繼站也都吃得到。

Frango piri-piri

材料（4 人份）

帶骨雞肉……400g
〈醃料〉
　椰奶……1/2 杯
　洋蔥（切 3 等分）……1/2 顆
　大蒜……2 瓣
　卡宴辣椒粉……1/2 小匙
　紅椒粉……1 小匙
　小辣椒（切末）……1 根
　檸檬汁……2 大匙
　橄欖油……25ml
　鹽……1 小匙
　胡椒……1/2 小匙
霹靂霹靂辣醬……適量

作法

1. 醃料放入食物處理機打碎，醃漬雞肉。靜置冰箱至少 2 小時。
2. 烤 1 的雞肉：使用烤爐的話，開中火，兩面各烤 5 ～ 7 分鐘。用烤箱的話，預熱 200℃，烤 20 分鐘。醃汁倒入鍋裡煮滾。
3. 雞肉盛盤，淋上醃汁，依個人喜好搭配霹靂霹靂辣醬。

當地人有時也會用全雞分切來製作。

memo

199

Madagascar

馬達加斯加
蔬菜泡飯
Vary Amin'Anana

馬達加斯加位於印度洋上，是世界第四大島。從非洲渡海而來以及自東南亞諸島乘著獨木舟來到這裡的人們，孕育出馬達加斯加獨一無二的混血文化。馬達加斯加人喜愛米食，這道以當地話「米飯」（vary）和「青菜」（amin'anana）命名的蔬菜泡飯也是一道受到亞洲影響的菜餚。

Vary Amin'anana

材料（4 人份）

牛肉（切塊）……200g
洋蔥（切末）……1 顆
A ─ 薑絲……1 大匙
　　番茄（切細丁）……1 顆
　　菠菜（切絲）……1 把
　 ─ 青蔥（切花）……2 根
米（洗淨）……200g
鹽……1 大匙
胡椒……1/2 小匙
植物油……適量

作法

1. 牛肉下油鍋翻炒至表皮變色後取出。
2. 加油，洋蔥下鍋，炒至透明後加入 A 拌勻，蓋上鍋蓋中火煮 5 分鐘至蔬菜變軟，放回牛肉。
3. 加入 5 杯水、米，蓋上鍋蓋小火煮 20 分鐘至米飯如粥一般軟爛。過程中如果水不夠的話，可稍微補充。
4. 加鹽、胡椒調味，盛盤。

　　菜裡加了原產於亞洲的薑，是日本人也很容易接受的味道。

memo

Seychelles

塞席爾

克里奧爾咖哩魚
Creole Fish Curry

被譽為印度洋珍珠的塞席爾擁有 115 座島嶼和美麗的海灘，是知名的夢幻度假勝地。這裡過去曾是英國殖民地，基督教徒眾多，飲食中展現歐洲與非洲、印度融合的克里奧爾（Creole）文化。

材料（2 人份）

白肉魚……200g
（嘉鱲魚、鱈魚等）

A
┌ 咖哩粉……1 大匙
│ 薑黃……1 小匙
└ 鹽、胡椒……各少許

茄子（切塊）……1 條
洋蔥（切末）……1 顆
大蒜（壓扁）……2 瓣
薑泥……1 大匙

B
┌ 咖哩粉……1 大匙
│ 薑黃……1 小匙
│ 辣椒粉……1/2 小匙
└ 鹽、胡椒……各少許

C
┌ 番茄（切細丁）……2 顆
│ 香菜葉（切末）……20g
└ 咖哩葉（有的話再加）……2～3 枝

椰奶……3 大匙
萊姆汁……1/2 顆

橄欖油……2 大匙
白飯……適量
香菜葉、萊姆……各適量

受南印和斯里蘭卡影響，這是道湯水較多的清澈咖哩。

memo

Creole Fish Curry

作法

1. 魚肉切成方便食用的大小，抹上拌勻的 A，靜置 20 分鐘。
2. 平底鍋倒入 1 大匙油，稍微煎烤魚肉表面後取出。接著加入茄子稍微拌炒。
3. 在另一個鍋子裡倒 1 大匙油，洋蔥慢慢炒至焦糖色。加入大蒜、薑泥炒香，倒入 B 拌勻。
4. 倒入 500ml 的水和 C 煮 5 分鐘。
5. 倒入椰奶和 2 的魚塊繼續煮 5 分鐘，加入萊姆汁、茄子。
6. 白飯盛盤，淋上 5。以香菜葉和萊姆片點綴。

Mauritius

模里西斯

章魚咖哩
Octopus Curry

位於印度洋上的模里西斯昔為英國殖民地，島內有許多信奉印度教的印度裔國民，也是高級度假勝地。模里西斯的飲食文化有著濃厚的印度色彩，這道章魚咖哩便是其中之一。在模里西斯，不只是咖哩，連香飯也會用海鮮入菜。

材料（4 人份）

水煮章魚……500g

A
- 洋蔥（切木）……1/2 顆
- 大蒜（壓扁）……1 瓣
- 薑（壓扁）……1 塊
- 百里香（也可用百里香粉）……1 小匙

番茄罐頭……1/2 罐
咖哩粉……2 大匙

B
- 香菜葉（切末）……1 枝
- 咖哩葉（有的話再加）……10 片
- 鹽……1 小匙

植物油……適量
白飯……適量
印度甜酸醬（chutney，依個人喜好）……少許

作法

1. 章魚切成方便食用的大小。
2. 起油鍋，倒入 A，小火拌炒 20 分鐘。倒入番茄罐頭，轉中火煮 20 分鐘。
3. 倒入咖哩粉，煮至沸騰，加入 B 和 1 的章魚、少許水，小火燉煮 20 分鐘。
4. 白飯盛盤，淋上 3，搭配印度甜酸醬。

印度甜酸醬也可以果醬混合辣椒粉替代。

memo

Mkatra Foutra

Comoros

葛摩

椰奶餅　Mkatra Foutra

葛摩是由印度洋上的三座島嶼所組成的國家，過去曾是法國殖民地，長期受到印度和阿拉伯的影響。mkatra foutra 是一種加了椰奶的鬆餅，為葛摩人的主食。

材料（4 人份）

A
- 麵粉（過篩）……400g
- 鹽、砂糖……各 1/2 小匙
- 乾酵母……1 小匙

蛋液……1 顆
椰奶……400ml
奶油……適量
熟芝麻粒……1 大匙

作法

1. A 倒入碗裡拌勻。　2. 慢慢加入蛋液、椰奶，充分拌揉後於 25 度左右的室溫發酵 1 小時。發酵後再次抓揉。　3. 平底鍋放入奶油加熱，用湯勺舀取 1/4 的 2 倒入平底鍋，整成圓形煎烤。　4. 一面烤好後，在還沒烤的那面撒上熟芝麻粒，翻面煎烤。以同樣方式烤 4 片餅。　5. 盛盤，塗上奶油。

葛摩經典早餐，搭配椰奶咖哩或蜂蜜享用。　memo

Mayotte

馬約特島（法國海外省）

馬約特咖哩餃　Samboosa

馬約特島是印度洋葛摩群島中的一座島，為法國海外省區。samboosa 就是馬約特版的印度咖哩餃（samosa），內餡加了鮪魚，外型較印度咖哩餃小。

Samboosa

材料（12 個）

A
- 鮪魚罐頭（大）…1 罐、
- 洋蔥（切末）…1/2 顆、鹽…少許
- 辣椒粉…1/4 小匙、咖哩粉…1/2 小匙

春捲皮……6 張
炸油……適量
搭配的蔬菜……適量

作法

1. A 倒入碗裡均勻攪拌。　2. 春捲皮對半縱切。春捲皮放上 1 的餡料，包成三角形。邊緣沾水，將春捲皮塞入內側。　3. 炸油加熱至 180 ～ 190℃，將 2 炸至金黃色。　4. 瀝油，搭配喜歡的蔬菜享用。

DR Congo

剛果民主共和國
蕉葉蒸河鮮
Liboke

剛果民主共和國是當年法國、葡萄牙、比利時瓜分剛果王國後屬於比利時的領地，也是今天非洲國土面積第二大的國家。儘管身為幾乎沒有領土臨海的內陸國，卻可以吃到從剛果河流域捕獲的鮮蝦魚貝。liboke 是將淡水魚蝦和蔬菜包起來蒸的一道菜。

Liboke

材料（4 人份）

白肉魚……4 塊
（鱸魚或鱈魚等魚片）
蝦子……4 尾
秋葵（對半縱切）……2 根
洋蔥（切絲）……1 顆
番茄（切薄片）……1/2 顆
青蔥（切花）……1 根

A
大蒜（切末）……1 瓣
雞湯塊（壓碎）……1 塊
卡宴辣椒粉……1 小撮
檸檬汁……2 大匙
鹽……1 小匙
胡椒……1/2 小匙

香蕉葉（或鋁箔紙）……4 片

作法

1. 將 A 和少許水倒入容器裡，均勻攪拌。
2. 魚和蔬菜擺在料理方盤內，淋上 1 和蔥花，靜置冰箱一晚。
3. 將 2 分成 4 等分，和蝦子分別放在香蕉葉上包起來，以牙籤固定（若是用鋁箔紙，則以鋁箔紙包料理的方法包裹）。以同樣的方式製作 4 份。
4. 擺進蒸鍋蒸 30 分鐘。搭配富富（請參考 187 頁）之類的主食一起享用。

可以用鋁箔紙代替香蕉葉，並以海水魚、蝦製作。

memo

Central African Republic

Kanda ti Nyma

中非共和國昔為法國殖民地，幾乎位於非洲正中央，境內大部分土地為高原地形。kanda ti nyma 是以加了秋葵的花生醬燉煮的非洲肉丸。

中非共和國

花生醬肉丸 Kanda ti Nyma

材料（4 人份）

牛絞肉…250g、洋蔥（切末）…1 顆
A ┌ 大蒜（切末）…1 瓣、雞蛋（打散）…1 顆、
  └ 辣椒粉…1/2 小匙、鹽…1 小匙
秋葵（切圈）…6 根、花生醬…1/4 杯、
植物油…適量、白飯…適量

作法

1. 將牛絞肉、一半的洋蔥、A 倒入碗裡，均勻攪拌，捏成小球狀。 2. 平底鍋倒油，放入剩下的洋蔥、秋葵，拌炒 3 分鐘。 3. 加入花生醬、1/2 杯水均勻攪拌。放入 1，煮 20 分鐘。 4. 和白飯一起盛盤。

kanda（kanja）＝秋葵，為原產於非洲的蔬菜。

memo

同樣的料理在不同國家也叫做「supa kanja」「kope」等等。

Chad

查德

秋葵醬 Daraba

查德過去曾是法國殖民地，位於撒哈拉沙漠南邊，北部以查德湖為中心擁有一大片寬闊的濕地。daraba 是秋葵醬的意思，查德人有時也以乾燥秋葵製作。

材料（8 片）

秋葵（切圈）…20 根、大蒜…1 瓣、
洋蔥（切末）…1 顆、牛肉（切塊）…200g、
植物油…3 大匙
A ┌ 花生醬…1 大匙、雞湯塊…1 塊、
  └ 辣椒粉…少許、醬油…1 大匙、胡椒…少許
鹽……少許、小辣椒（裝飾用）

作法

1. 秋葵以 2 倍的水煮 15 分鐘後，和大蒜一起放入食物處理機打糊（稍微保留一點纖維）。 2. 洋蔥下油鍋炒至焦糖色，加入牛肉，煎至表皮呈焦褐色。 3. 倒入 1 和 A 拌勻，加鹽調味。盛盤，以小辣椒點綴。

Daraba

Cameroon

喀麥隆

苦葉燉菜 Ndole

國名源於葡萄牙語「小蝦（camarões）」的喀麥隆，過去受到歐美列強殖民政策的擺弄，終於1972年將英屬與法屬領地合併，獨立建國。喀麥隆境內居住了250個以上的民族，充滿非洲文化氣息。ndole是一種原產於西非的苦葉，當地人拿來和蝦子、牛肉、堅果一起熬煮。

材料（4人份）

菠菜……1把
（也可用羽衣甘藍或小松菜）
鹽、小蘇打粉……各1小撮
花生……1杯
洋蔥（切絲）……1顆
大蒜（磨泥）……3瓣
薑（磨泥）……1塊
牛絞肉……250g

A ─ 蝦米……10g
│ 煙燻魚（有的話再加）……1片
└ 高湯塊……1塊

蝦仁……150g
植物油……4大匙
鹽、胡椒……適量

以菠菜取代 ndole。
傳統吃法是搭配大蕉
或其他非洲主食。

memo

ndole

作法

1. 以加入鹽巴、小蘇打粉的熱水氽燙菠菜，浸水冷卻。菠菜瀝乾，放入食物處理機打泥，裝入碗裡。

2. 生花生煮熟放入食物處理機，加少許水打泥。

3. 鍋內倒2大匙油，將一半的洋蔥絲、蒜泥、薑泥炒香，放入牛肉，煎烤表面。倒入2和A拌勻。

4. 倒入1拌勻，加鹽、胡椒調味。

5. 在另一個平底鍋倒2大匙油，拌炒另一半的洋蔥絲和蝦仁，加鹽調味。

6. 將4盛盤，以5點綴，搭配白飯一起享用。

Republic of the Congo

昔為法國殖民地的剛果共和國位於赤道正下方，是 13 ～ 15 世紀盛極一時的剛果王國一部分。pondu 是木薯葉的意思，也叫 saka saka。

剛果共和國
木薯葉湯 Pondu

材料（4 人份）

木薯葉……1 把
（也可改用羽衣甘藍或菠菜）

A ┌ 洋蔥（切末）…1/2 顆、大蒜（磨泥）…1 瓣、
　│ 鯷魚（切碎）…2 ～ 3 片、鹽…1/2 小匙、
　└ 棕櫚油（或橄欖油）…1 小匙
鹽……少許、白飯……適量

作法

1. 木薯葉切適當大小汆燙，放入食物處理機打泥。　**2.** 將 300ml 的水、1 和 A 放入鍋裡煮 45 分鐘，過程中時時攪拌。水不夠的話再適當補充。加鹽調味。　**3.** 白飯盛盤，淋上 2。

Pondu

當地人有時也會用乾燥的木薯葉。可以冷凍菠菜替代。

memo

鹹魚是非洲和加勒比海地區經常使用的保存食。

加彭曾為法國殖民地，森林面積占全國土地的 80%，致力於在油棕栽培、農業與森林保育中尋求共生。這邊介紹的是以法式手法烹調鹹魚和蔬菜的料理。

Gabon

加彭
法式鹹魚
Poisson Salé aux légumes

Poisson Salé aux legumes

材料（4 人份）

白肉魚（例如鱈魚）…500g、蝦仁…200g、
洋蔥（切絲）…1 顆、大蒜（切末）…1 瓣

A ┌ 番茄（切塊）＊…2 顆、高麗菜（切段）…1/2 顆、
　│ 胡蘿蔔（切條）…1 根、巴西里（切末）…2 大匙、
　└ 辣椒（切末）…1 根
植物油…適量、鹽…適量、白飯…適量
＊番茄也可用罐頭番茄

作法

1. 魚肉撒鹽，靜置 30 分鐘。　**2.** 洋蔥、大蒜下油鍋拌炒，洋蔥變透明後加入 A 稍微拌炒。　**3.** 放入蝦仁、1、1L 的水，加鹽調味，煮 30 分鐘。　**4.** 盛盤，搭配白飯。

Angola

安哥拉

姆安巴
Moamba

自 16 世紀至 1975 年獨立為止，安哥拉有長達 500 年的時間受到葡萄牙的殖民。今日，安哥拉人說葡萄牙語，天主教徒眾多，文化上依然可見葡萄牙帶來的影響。安哥拉國菜「姆安巴」原本指的是紅棕櫚油，一般會搭配雞肉或其他肉類做成燉菜，又叫做姆安巴雞。

Moamba

材料（4 人份）

雞腿肉……300g
洋蔥（切末）……1 顆
大蒜（切末）……1 瓣
月桂葉……1 片
橄欖油……2 大匙
南瓜 *……150g
成熟番茄……1 顆

A
┌ 棕櫚油（有的話再加）……2 大匙
│ 小辣椒（對半縱切）……1 根
│ 檸檬汁……2 大匙
└ 鹽、胡椒……各 1/2 小匙

秋葵（對半縱切）……100g
白飯……適量

* 盡量選奶油南瓜（butternut squash）這類水分較多的品種

當地傳統是搭配木薯糊之類的「富富」食用（可參考 187 頁）。

memo

作法

1. 雞肉切成方便食用的大小。南瓜、番茄削皮，切成方便食用的大小。

2. 鍋裡倒橄欖油，洋蔥、大蒜下鍋拌炒。加入雞肉、月桂葉，中火炒熟雞肉。

3. 加入南瓜、番茄、A、1L 的水，小火繼續燉煮 15 分鐘。

4. 視情況加鹽（食譜配方分量外）。秋葵下鍋煮熟。

5. 盛盤，搭配白飯。

Equatorial Guinea

西臨幾內亞灣的赤道幾內亞是 1968 年脫離西班牙獨立的國家。這道以南美傳來的辣椒所烹調的魚／雞湯，是當地的滋補養身料理。

赤道幾內亞

辣椒湯 Peppersoup

材料（4 人份）

白肉魚…400g、大蒜（切末）…2 瓣、
薑泥…1 小匙

A ⌐ 小辣椒（切末）…1 根、紅椒粉…1 小匙、
　└ 月桂葉…1 片

B ⌐ 洋蔥（切絲）…1 顆、番茄（切細丁）…2 顆、
　└ 雞湯粉…1 小匙、白胡椒…1/2 小匙

羅勒葉…4 片、鹽…1/2 小匙、橄欖油…1 大匙

作法

1. 蒜末、薑泥下油鍋，炒至出現焦褐色。加入 A，繼續拌炒。　2. 倒入 3 杯水、B，燉煮 10 分鐘。　3. 魚肉下鍋煮熟，放入羅勒葉，加鹽調味。

Peppersoup

Sao Tome and Principe

聖多美普林西比昔日以葡萄牙奴隸貿易的中繼站發展起來，於 1975 年獨立。當地人將香蕉歐姆蛋當做簡單的午餐或晚餐。大蕉可用馬鈴薯替代。

聖多美普林西比

香蕉歐姆蛋
Omeleta de Banana

材料（4 人份）

大蕉…3 根、雞蛋（打散）…3 顆、麵粉…1 大匙、
橄欖油…1 小匙、番茄醬…適量

作法

1. 蛋液、麵粉倒入碗裡均勻攪拌，過篩去除顆粒。
2. 大蕉削皮切塊，下油鍋拌炒。　3. 大蕉炒至金黃色後加入 1，蓋上鍋蓋小火煮 2 分鐘。　4. 蛋熟後對折，盛盤。依個人喜好搭配番茄醬。

Omeleta de Banana

South Africa

南非
南非咖哩肉派
Bobotie

南非，非洲最南端的國家，15 世紀成為葡萄牙人香料貿易的行經路線，除了非洲原住民外還居住著荷蘭、英國、印度、馬來移民。據說，咖哩肉派 bobotie 的名稱源於馬來語，如同南非這塊土地，一道菜中融合了各式各樣的文化。

材料（4 人份）

絞肉（牛肉或羊肉）……400g
吐司……1 片
牛奶……180ml
奶油……10g
洋蔥（切絲）……1 顆

A
咖哩粉……1 又 1/2 大匙
薑黃……1 小匙
杏桃醬……2 大匙
伍斯特醬……1 大匙
檸檬汁（或醋）……1 小匙

B
大蒜（磨泥）……1 瓣
薑泥……1/2 小匙
葡萄乾……1 大匙
美國杏仁片……15g
鹽……1 ～ 1 又 1/2 小匙
胡椒……1/2 小匙

月桂葉……2 片
雞蛋（打散）……2 顆

搭配薑黃飯一起享用。

memo

作法

1. 吐司去邊後撕碎，浸泡牛奶 10 分鐘後瀝乾。牛奶留下備用。
2. A 放入容器裡均勻攪拌。
3. 在大平底鍋中放入奶油加熱，將洋蔥炒至呈焦糖色。絞肉下鍋翻炒，加入吐司、2 和 B，充分拌炒至收汁。
4. 將 3 鋪在烤盤裡，以湯匙輕壓，整平表面。放上月桂葉，稍微壓入肉餡中。
5. 將蛋液和 1 的牛奶倒入碗中拌勻，倒入 4 的烤盤裡。
6. 烤箱預熱 180℃，烤 45 分鐘左右至肉派表面微焦即可。

Bobotie

位於南非東部的港都德班有著規模龐大的印度社區，1940 年代，咖哩盒子 bunny chow 便是在此誕生。南非咖哩盒子的作法是在挖空的吐司中填入咖哩，原始版本放的是蔬菜咖哩，但如今有的咖哩盒子也有肉，是道不只印度裔居民喜愛，也擄獲許多人味蕾的料理。

南非（德班）
南非咖哩盒子
Bunny Chow

Bunny Chow

材料（4 人份）

吐司（小片）*……日規 4 斤（1 斤約 340g）
鷹嘴豆（水煮罐頭）……400g
洋蔥（切末）……1 小顆
孜然子……1 大匙
大蒜（磨泥）……2 顆
薑（磨泥）……1cm

A ┌ 番茄泥……2 杯
  │ 青辣椒（切圈）……1 根
  │ 咖哩粉……2 大匙
  └ 鹽……少許

植物油……適量

* 沒有的話也可以用圓麵包，麵包先挖空備用

作法

1. 孜然子下油鍋炒香，加入洋蔥，炒至呈焦糖色。
2. 加入蒜泥、薑泥爆香。
3. 加入 A、1 杯水拌勻，沸滾後轉小火燉煮 10 分鐘。
4. 倒入瀝乾的鷹嘴豆，繼續煮 10 分鐘。
5. 吐司中間挖空，放入 4。

也可用斑豆或蔬菜、肉類代替鷹嘴豆。

memo

Eswatini

史瓦帝尼

史瓦濟辣醬
Swazi Sauce

史瓦帝尼（原史瓦濟蘭）王國過去曾為英國殖民地，國土被南非和莫三比克環繞。史瓦濟辣醬是一款在南非烤肉「braai」中十分活躍的番茄基底麻辣醬。史瓦帝尼人十分熱愛烤肉，每年夏天甚至還會舉辦「Biggest Braai」這樣的活動。

Swazi Sauce

材料（4 人份）

〈醬料〉

洋蔥（切末）……1 顆

大蒜（切末）……1 瓣

番茄泥……2 大匙

胡椒……1 小匙

二砂糖……1 大匙

檸檬汁……1/2 顆

辣椒醬（霹靂霹靂辣醬）……1/2 小匙

鹽……1 小匙

植物油……15ml

肉、香腸、玉米、喜歡的蔬菜

作法

1. 所有醬料材料放入碗中，均勻攪拌。
2. 肉類浸泡醬料至少 1 小時。
3. 用烤爐烤肉，香腸和蔬菜烤好再蘸醬。

依個人喜好可以增加霹靂霹靂辣醬的分量或是之後再淋。

memo

1884 ～ 1918 年代，納米比亞屬於德國殖民地，其後歷經南非統治，於 1990 年獨立。直至今日，納米比亞仍因德國移民後代有著興盛的香腸、火腿和啤酒製造業，boerewors 辣香腸也是源自柏林名產「咖哩香腸（currywurst）」。當地人一般是以南非烤肉爐「braai」來燒烤。

Namibia

納米比亞

南非辣香腸
Boerewors

材料（4 人份）

牛絞肉……400g
豬絞肉……400g
洋蔥（切末）……1 顆
A
┌ 眾香子粉……1/4 小匙
│ 肉豆蔻粉……1/4 小匙
│ 丁香粉……少許
│ 香菜籽粉……1/2 小匙
│ 胡椒……1 小匙
│ 伍斯特醬……1 大匙
└ 鹽……1 大匙
羊腸衣……1 ～ 2 條
番茄罐頭……1/2 罐
鹽……少許
植物油……適量

作法

1. 牛肉、豬肉、1/2 的洋蔥和 A 放入食物處理機打泥。
2. 使用專用漏斗之類的工具將 1 灌進羊腸衣。
3. 平底鍋或烤爐倒一層薄油煎香腸，兩面分別煎 7 分鐘至全熟。
4. 取出香腸。將剩下的洋蔥、番茄罐頭、鹽倒入原鍋，製作番茄醬汁。
5. 香腸盛盤，淋上 4。

沒有羊腸衣的話，可做短版的去皮香腸。
以市售香腸蘸這款醬汁和香料也很美味。

memo

Botswana

過去曾為英國殖民地的波札那擁有被列為世界遺產的奧卡萬戈三角洲濕地，也是西瓜的原產地。樸實的seswaa是波札那慶典餐桌上不可或缺的傳統料理。

Seswaa

波札那
清燉肉絲 Seswaa

材料（4 人份）

牛腿肉塊……500g
鹽……1 大匙
燙青菜……適量
ugali 玉米糕……適量

一些地區也叫做「loswao」，除了牛肉也會使用山羊肉。

memo

作法

1. 牛肉切 4 ～ 5cm 寬。　2. 燒一鍋水，1 下鍋，煮 30 分鐘以上至牛肉變軟嫩（先開大火，肉熟後轉小火）。途中加鹽。　3. 取出肉塊，以木鏟或菜刀將肉弄碎。　4. 盛盤，淋上少許燉肉汁，搭配燙青菜或 pap（同 ugali 玉米糕，請參考 194 頁）享用。

Lesotho

巴索托族王國賴索托曾為英國保護地，於 1966 年獨立。恰卡拉卡是一道由豆類和蔬菜製成的辣菜，在南非也吃得到。

賴索托
恰卡拉卡 Chakalaka

材料（4 人份）

罐頭白腰豆…200g、番茄（切細丁）…2 顆、大蒜（切末）…1 瓣、洋蔥（切絲）…1 顆
A ┌ 青椒（切末）…1 顆、胡椒…1 小撮、
　│ 小辣椒（切末）…1 根、咖哩粉…1 小匙、
　└ 鹽…1/2 小匙、胡蘿蔔（切絲）…1 根、
植物油…2 大匙、香菜葉（切末）…少許、
白飯…適量

Chakalaka

作法

1. 平底鍋倒油，炒香蒜末，下洋蔥，將洋蔥炒至透明。倒入 A，繼續拌炒。　2. 加入番茄、白腰豆快速翻炒。　3. 盛盤，以香菜葉點綴，搭配白飯。

國際禮儀（protocol）和禮儀（etiquette）的差異

　　國際禮儀（protocol）是國際社會中公開關係、公開場合與活動、公開地位／官職的相關規定與慣例，其中也包含許多條約、法令等公共規定的事項。而禮儀（etiquette）或禮貌、習俗則是一般社會、私人生活中的約定俗成，會隨時代變遷而變化，不是白紙黑字的規則，因人而異也可能有各種不同的見解。

　　據說，etiquette 一詞原來指的是歐洲宮廷中記錄宮廷該如何執行既定日程（agenda）事項的一張紙（etiquette）。

　　國際禮儀（protocol）也好，禮儀（etiquette）也罷，目的都是為了讓國際社會活動能夠順利進行，不讓對方感到生氣或不愉快，打造井然有序、舒適的國際環境，促進國際社會和人與人之間的關係。

各地區特有的餐桌禮儀

在印度、東南亞、中東以及部分非洲，視左手為「不潔」的手，只用右手進餐。

在伊斯蘭教各國中，用餐時如果麵包掉到地上，會撿起來親吻並放到額頭上再放回盤中，以表達對食物和製作者的敬意。

在法國，會雙手持刀叉，或手持叉子／麵包，以雙手用餐。麵包是將食物放到叉子上的道具，不直接咬，而是撕下來再享用。麵包通常擺在桌子或桌巾上。

在中國和一些地區，打嗝經常代表對餐點的滿意，也被視為對廚師的讚美。此外，人們會在碗盤中稍微留一點食物，表示主人提供的餐點分量十分豐盛。另外，中國人傳統上吃熱食，不吃冷食。因此，在日本提供便當給中國人時需要提醒一聲，以免收到「逼我們吃冷飯」的抱怨。

俄羅斯請客人吃晚餐時習慣提供大量餐點，婉拒主人拿出來的食物是失禮的行為。由於俄羅斯人不太有節制飲酒的觀念，對酒量沒有自信的人請先告知對方吧。

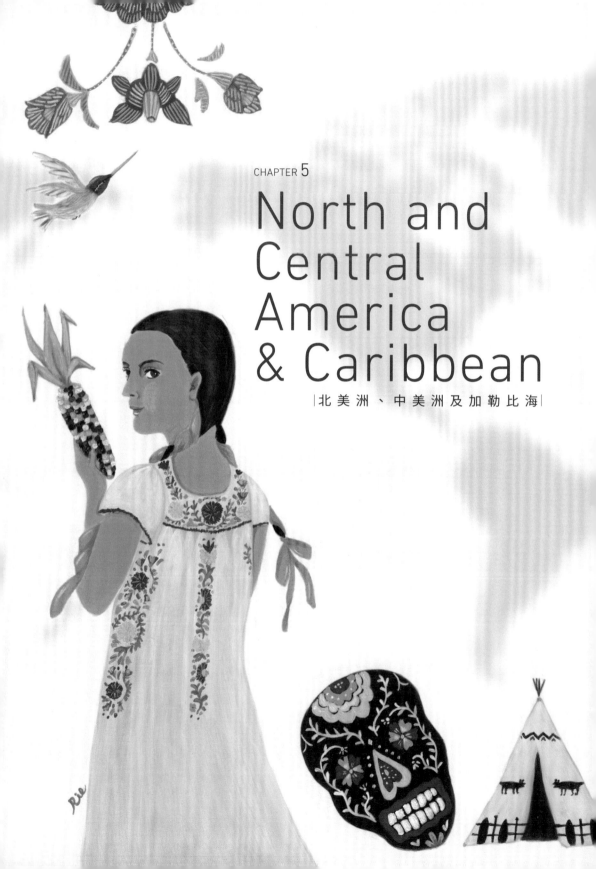

CHAPTER 5

North and Central America & Caribbean

|北 美 洲 、 中 美 洲 及 加 勒 比 海|

15 世紀，航海家哥倫布以印度為目標往西航行，偶然「發現」了美洲大陸。在歐洲移民跨海而來，征服原住民、展開殖民活動後，18 世紀後期，這塊土地出現了脫離殖民地的浪潮，許多國家紛紛獨立。

北美 北美原住民以玉米為主食，種植南瓜、四季豆。美國和加拿大在 11 月的感恩節（Thanksgiving day）會吃原生於北美的火雞，這項傳統源於 17 世紀。當時，英國清教徒為了追求宗教自由而來到新大陸，在原住民的教導下學會在荒地中栽培農作物的方法，順利收成。清教徒因此邀請原住民享用野火雞一起慶祝，表達感激之意。如今，北美洲有著來自歐洲和世界各地的移民，融合多元的飲食文化，創造出嶄新的料理。

中美 以西元前 1000 ～ 1500 年前延續至 16 世紀的馬雅文明為首，中美洲自古便是文明高度發展、興盛的地區。儘管西班牙人的征服破壞了這些文明，但傳統飲食文化如墨西哥玉米餅 tortilla 仍傳承了下來。中美洲也是辣椒、四季豆、可可、酪梨等食物的原產地，結合西班牙人傳來的天主教節慶和儀典，也發展出獨特的飲食習慣。

加勒比海 因為甘蔗種植的勞力需求，西印度群島過去輸入了大批的西非奴隸。時至今日，加勒比海地區的飲食文化依然留有濃厚的非洲色彩，加上在荒野生活，受到原住民影響的逃亡奴隸「maroon」、歐洲裔和印度勞工，這些文化相互交融，孕育出獨樹一格的克里奧爾飲食文化。此外，加勒比海群島各島擁有相同的南島氣候，享有新鮮的水果和魚類，無論是獨立國家還是海外領地，都可以看到與各個歐洲宗主國大異其趣的飲食文化。

北美洲、
中美洲及加勒比海
經常使用的
食材、調味料

大鳳螺（Queen Conch）
加勒比海特有的美麗大海螺，可用日本或台灣買得到的海螺或貝類替代。

麵包樹（Breadfruit）
麵包樹原產於玻里尼西亞，為桑科波羅蜜屬常綠喬木，英國人、法國人將其移植到加勒比海群島做為奴隸的糧食，因烤過後的口感類似麵包而得名。麵包樹的風味類似馬鈴薯，可以馬鈴薯替代。

墨西哥玉米粉（Masa）
玉米餅 tortilla 這類主食所使用的玉米粉叫做「masa」，由於經過石灰水處理，因此玉米餅皮會帶有黏性。改用普通的玉米粉（corn flour）或粗玉米粉（cornmeal）時，要加麵粉補充麩質

Canada

加拿大

龍蝦起司肉醬薯條
Lobster Poutine

自 1867 年建國以來，加拿大便接納來自世界各地的移民。其中，擁有許多法國移民的魁北克省既是楓糖特產地，也是加拿大飲食文化最發達的區域。起司肉醬薯條「poutine」正是發源於魁北克的加拿大國民美食，搭配龍蝦，豪華升級。

材料（4 人份）

龍蝦*……1 尾
馬鈴薯……3 顆
A ┌ 奶油……1 人匙
  │ 鹽……1 小匙
  └ 胡椒……1/2 小匙
炸油……適量
橄欖油……適量
可融化的起司……200g
B ┌ 洋蔥（切末）……1/2 顆
  │ 胡蘿蔔（切末）……1/2 根
  │ 芹菜（切末）……2 大匙
  └ 大蒜（切薄片）……1 瓣
C ┌ 新鮮迷迭香……4cm
  │ 新鮮百里香……少許
  └ 番茄醬……少許
鹽……適量

* 沒有的話改用草蝦或其他帶殼的甲殼類

作法

1. 炸薯條：馬鈴薯切條，以 150℃的油低溫油炸。
2. 深湯鍋燒 1L 的熱水，加鹽，放入整隻龍蝦煮 2 ～ 3 分鐘。龍蝦煮好後浸冷水去殼，蝦肉放冰箱保存，蝦殼留下備用。
3. 製作湯汁：留下 1/2 的煮蝦水，加入 A。
4. 平底鍋倒油，放入 B，洋蔥炒至透明。
5. 加入龍蝦殼、C、3 的湯汁，小火燉煮 1 個半小時。濾過湯汁，放涼。
6. 炸薯條盛盤，放上龍蝦肉，淋上加熱融化後的起司。

Lobster Poutine

一般的起司肉醬薯條是在薯條上面淋肉汁和起司醬。

memo

218

United States

美國

漢堡的名稱由德國城市漢堡（Hamburg）而來，是美國國民美食之一。據説，是 19 世紀後期美國人以德國烤肉餅 frikadelle 為靈感所發明。如今，漢堡不只限於美國，已普及至全世界，發展出各式各樣的版本，這裡介紹最基本的作法。

漢堡

Hamberger

Humberger

材料（4 人份）

〈漢堡排〉
牛絞肉……400g
洋蔥（切末）……1/2 杯
麵包粉……1/4 杯
大蒜（磨泥）……1 瓣
雞蛋（打散）……1 顆
伍斯特醬……1 大匙
鹽……1/2 小匙
胡椒……1/4 小匙

〈配料〉
萵苣……4 片
起司片……4 片
酸黃瓜……4 片
番茄（切圓片）……1 顆
紅洋蔥（切圈）……1/2 顆

漢堡麵包……4 塊
番茄醬、芥末醬……各適量

起司片建議選用風味濃郁的切達起司。

memo

作法

1. 所有漢堡排材料放入碗中，均勻揉捏後分成 4 等分，塑成圓餅狀（由於漢堡排煎過後會縮小，所以生肉排要比漢堡麵包大）。以平底鍋或烤爐將兩面煎熟，約 8 ～ 10 分鐘。

2. 漢堡麵包切半，小烤箱稍微烤 30 秒～ 1 分鐘。

3. 漢堡麵包上下兩片抹上芥末醬，在一片麵包上依序疊上萵苣、漢堡排、起司片、酸黃瓜、紅洋蔥、番茄，淋上番茄醬和胡椒，蓋上另一片麵包。

United States
美國（麻薩諸塞州波士頓）

新英格蘭蛤蜊巧達湯
New England Clam Chowder

巧達湯最晚是 250 年前由歐洲傳至北美的湯品，正宗蛤蜊巧達湯裡用的櫻桃寶石簾蛤（牛奶貝）原產於大西洋，近來在台灣也買得到。關於蛤蜊巧達湯，全美有各式各樣的作法，其中，這道歷史悠久、以新英格蘭為名的波士頓名產最廣為人知。

New England
Clam Chowder

材料（4 人份）

櫻桃寶石簾蛤……7 ～ 8 顆
（若用文蛤等貝類則量再多一點）
馬鈴薯……2 顆
培根……80g
洋蔥（切塊）……1 顆
牛奶……2 又 1/2 杯
白酒……2 小匙

鮮奶油（有的話再加）……1 大匙
百里香（新鮮或乾燥皆可）……少許
鹽、胡椒……各少許
麵粉……1 大匙
奶油……1/2 小匙
巴西里（切末）……少許
蘇打餅乾……適量

也可以用多一點的文蛤來製作。

memo

作法

1. 讓貝類吐沙，鍋裡燒少許水，放入貝類煮 3 分鐘至開殼。取出貝類，湯汁留下備用。
2. 馬鈴薯削皮煮熟後切塊，培根切 1cm 寬。
3. 鍋裡放奶油加熱，拌炒洋蔥和培根。洋蔥炒至透明後加入馬鈴薯塊、百里香，繼續拌炒。

4. 加入麵粉，慢慢倒入 1 的湯汁化開麵粉，再倒入牛奶和白酒。湯汁沸滾後轉小火，加入 1 的貝類、鮮奶油、鹽、胡椒，繼續煮 5 分鐘。
5. 盛盤，以巴西里點綴，搭配蘇打餅乾。

曾為西班牙、法國殖民地的路易斯安那州擁有融匯歐洲、非洲和加勒比海文化的獨特料理。美式什錦燉飯 jambalaya 就是受到西班牙海鮮鍋飯和塞內加爾番茄魚肉燉飯影響的一道菜。jambalaya 有克里奧爾和肯瓊（Cajun）兩種流派，這裡介紹的是克里奧爾版本。

美國（路易斯安那州）

美式什錦燉飯
Jambalaya

材料（4 人份）

豬肉（切塊）……200g
克里奧爾綜合調味料
（creole seasoning）*……1 大匙
香腸……200g
蝦仁……200g
洋蔥（切末）……1 小顆
青椒（切末）……1 顆
芹菜（切末）……1/2 根
大蒜（切末）……1 瓣
青蔥（切花）……少許

A ┌ 切塊番茄罐頭……300g
　├ 伍斯特醬……2 小匙
　├ 克里奧爾綜合調味料……1/2 大匙
　├ 卡宴辣椒粉……1/2 小匙
　├ 鹽……1 小匙
　└ 胡椒……1/2 小匙
雞湯粉……1 大匙
月桂葉……2 片
米……1 杯
植物油……6 大匙

煙燻味是美味的關鍵，因此推薦大家用煙燻香腸製作。

memo

* 也可用煙燻紅椒粉、市售 jambalaya 調味料或肯瓊香料粉（cajun seasoning）替代

作法

1. 豬肉抹上克里奧爾綜合調味料後備用。
2. 在大平底鍋（也可用西班牙飯鍋）倒一層薄油加熱，將豬肉、香腸煎至金黃酥脆後取出備用。
3. 加油，洋蔥、青椒、芹菜下鍋拌炒，加入蒜末繼續炒。加入 A 拌勻後煮 10 分鐘，倒入米拌炒。將 2 放回鍋裡繼續翻炒。
4. 加入 1/3 杯水、雞湯粉、月桂葉、蝦仁拌勻，轉小火燉煮 25 ～ 30 分鐘，直至收汁。
5. 盛盤，撒上蔥花。

Jambalaya

United States

美國（德克薩斯州）
鐵板法士達
Fajita

德州與墨西哥國境接壤，融合了美國與墨西哥、西班牙、加那利群島上柏柏爾（Berbers）裔原住民的飲食文化，是正宗美式墨西哥菜（Tex-Mex）的所在地。牛排和青椒炙烤後再由墨西哥薄餅皮捲起來吃的 fajita 與辣肉醬 chili con carne 都是美式墨西哥菜的代表。

材料（4 人份）

牛肉（牛排用）……500g
〈醃料〉
柳橙汁……1/4 杯
萊姆汁……2 大匙
大蒜（磨泥）……1 瓣
伍斯特醬……1 小匙
卡宴辣椒粉……1/2 小匙
孜然粉……1/2 小匙
鹽……1 小匙
胡椒……1/2 小匙
植物油……6 大匙

洋蔥（切絲）……1/2 顆
紅甜椒（切薄片）……1 顆
青椒（切薄片）……2 顆
鹽、胡椒……各少許
植物油……少許
墨西哥薄餅皮……8 張
〈配料〉
萵苣、酸奶油、披薩用起司、香菜葉……各適量
tabasco 辣椒醬……依個人喜好

柳橙汁的酸味也可用鳳梨汁取代。

memo

作法

1. 醃料倒入料理方盤裡拌勻，放入牛肉醃漬，靜置冰箱至少 3 小時。料理前 20 分鐘將牛肉從冰箱裡拿出來，待恢復常溫後切成方便食用的大小。
2. 平底鍋以大火加熱，鋪一層薄油，牛肉下鍋兩面各煎 4 分鐘，以鋁箔紙包起來保溫。
3. 原鍋繼續煎洋蔥、甜椒、青椒，加鹽、胡椒調味，牛肉放回鍋中翻炒。
4. 加熱墨西哥薄餅皮，配上 3。配料和肉一起捲起來吃。

Fajita

美國（喬治亞州）

南方玉米麵包
Southern Cornbread

玉米麵包雖是北美原住民的料理，但改良後尤其受到喬治亞州這些南部城市的喜愛。南方風格就是要以鑄鐵鍋製作。

材料（4 人份）

A ┌ 粗玉米粉（cornmeal）…1 杯、麵粉…1 杯、
  └ 泡打粉…1 大匙
B ┌ 雞蛋（打散）…1 顆、鹽…1/4 小匙、
  └ 砂糖…2 大匙、玉米油…1/4 杯
白脫牛奶*…1 又 1/4 杯、奶油…2 大匙
* 可用 1/4 杯牛奶 +1 杯優格替代

作法

1. A 放入碗中拌勻。　2. B 放入另外一個碗中拌勻。
3. 混合 1 和 2，加入白脫牛奶拌勻。　4. 平底鍋或鑄鐵平底鍋塗一層奶油，以畫圈的方式倒入 3，整平。
5. 蓋上鋁箔紙，放入 190℃ 的烤箱烤 25 分鐘。

美國（伊利諾州芝加哥）

芝加哥熱狗
Chicago-Style Hoy Dog

材料（4 人份）

熱狗麵包……4 條、粗香腸*……4 根
〈配料〉
　番茄（切片）…8 顆、洋蔥（切末）…2～3 大匙、
　青龍辣椒（依個人喜好）…1 根、醃黃瓜…適量、
　碎甜黃瓜（sweet relish）…4 大匙
黃芥末醬……適量
鹽、胡椒……各少許

* 盡量選 100% 純牛肉香腸

熱狗是受到德國香腸影響，於 19 世紀末誕生的美國國民小吃。芝加哥熱狗用的是牛肉，不加番茄醬。

作法

1. 燒一鍋水，香腸煮 5 分鐘。　2. 在 1 的鍋子上擺蒸盤（或網架），蒸熱狗麵包 2 分鐘。　3. 麵包夾入香腸、配料，撒上鹽、胡椒，淋黃芥末醬。

〈碎甜黃瓜的作法〉
小黃瓜切末，以蘋果醋和蜂蜜（或砂糖）醃漬，靜置冰箱一晚。

223

United States

美國（夏威夷州）

涼拌鮭魚
Lomi Lomi Salmon

在 1898 年併入美國前，夏威夷本為南太平洋上的一個王國，直到今天也仍保有玻里尼西亞和亞洲移民的飲食文化。lomi lomi 是夏威夷語「揉捏」的意思，涼拌鮭魚搭配萊姆汁享用，味道清爽，和生鮪魚（ahi puke）、芋頭菜包肉（laulau）都是夏威夷料理中的傳統配菜。

材料（4 人份）

鮭魚（生魚片等級）……250g
鹽……少許
A
┌ 紅洋蔥（切丁）……1/2 顆
│ 番茄（切丁）……1 顆
│ 萊姆汁……1 顆
│ 鹽……少許
└ 辣椒粉……1 小撮
青蔥（裝飾用）……少許

作法

1. 鮭魚撒鹽，蓋上保鮮膜，靜置冰箱一晚，切塊。
2. 鮭魚塊、A 放入碗裡拌揉。
3. 將 2 放入玻璃杯，以青蔥點綴，大功告成。

稍微靜置讓調味料入味更好吃。

memo

Lomi lomi Salmon

1810 年脫離西班牙獨立的墨西哥是西班牙語圈人口最多的國家。在這塊奧爾梅克、馬雅、阿茲特克文明曾經繁榮的土地上，人們用石灰水處理玉米糊再製成餅（tortilla 玉米餅）以增加餅的黏稠度，並以此為主食。玉米餅放上肉類、青菜等餡料後就是 tacos 塔可餅。

Mexico

墨西哥

塔可餅
Tacos

材料（4 人份）

〈Tortilla 玉米餅〉
玉米粉*……200g
麵粉……200g
鹽……少許
〈配料〉
豬後腿肉（切薄片）……200g
萵苣（撕開）……適量
番茄（切片）……1 顆
洋蔥（切末）……1 顆
可融化的起司……適量
切塊鳳梨……適量
酪梨（切片）……1 顆
酸奶油……適量
萊姆……1 顆
莎莎醬（也可用 tabasco 辣椒醬）
……依個人喜好

* 如果不是石灰水處理過的墨西哥玉米粉（masa harina），玉米糊容易散掉，需要混麵粉。若有墨西哥玉米粉就不用麵粉

作法

1. 玉米餅材料過篩到碗中，慢慢倒入溫水，邊倒邊揉捏至約耳垂硬度。將玉米糊搓成高爾夫球大小，擀成直經 12cm 左右的薄餅，平底鍋兩面煎至微焦。
2. 豬肉以鹽水汆燙，切絲。準備配料。1 的餅皮放上喜歡的配料，擠一點萊姆汁搭配享用。

Tacos

以萵苣、番茄、酸奶油做出美麗的墨西哥國旗色。

memo

Mexico

墨西哥（瓦哈卡州）

玉米餅披薩
Tlayuda

位於墨西哥南部的瓦哈卡州（Oaxaca）依山傍海，是世界文化遺產名錄上的歷史地區，也是墨西哥首屈一指的美食天堂、巧克力的發祥地。Tlayuda 作法類似披薩，將一張巨大的玉米餅皮烤過後擺上餡料，並搭配可以撕開的瓦哈卡起司（queso oaxaca），是瓦哈卡的傳統料理。

材料（4 人份）

tortilla 玉米餅（大張）*……4 張
水煮斑豆……70g
〈配料〉
西班牙辣味香腸……60g、可撕起司……50g、酪梨（切片）……1 顆、
番茄（切薄片）……1 顆、紅洋蔥（切薄片）……1/4 顆、香菜葉（撕開）……適量、
莎莎醬……適量，依個人喜好

* 也可參考前頁墨西哥塔可餅的作法

當地人會使用綠
莎莎醬。

作法

1. 平底鍋加熱玉米餅備用。
2. 斑豆放入食物處理機，加少許水打成泥。
3. 西班牙辣味香腸煎熟後切末。
4. 玉米餅表面塗 2，放上配料。依個人喜好沾莎莎醬。

memo

Tlayuda

瀕臨墨西哥灣的維拉克魯斯州（Veracruz）是西班牙人最早定居墨西哥的所在，也是全墨西哥飲食文化受西班牙影響最深遠的區域，這道白肉魚加上番茄、橄欖、酸豆、奧勒岡燉煮而成的料理便是其中代表。當地人經常以一種類似嘉鱲魚的西大西洋笛鯛（huachinango）烹煮。

墨西哥（維拉克魯斯州）
維拉克魯斯辣魚
Pescado a la Veracruzana

材料（4 人份）

白肉魚（魚片）*……4 片
洋蔥（切絲）……1 顆
大蒜（切末）……2 瓣
番茄（切細丁）……1 顆
紅椒（縱切）……1 顆
青辣椒（切圈）……1 根

A
番茄泥……1 大匙
酸豆……10g
綠橄欖（切圈）……25g
奧勒岡……1 大匙
鹽、胡椒……各少許
橄欖油……3 大匙

香菜葉……少許
萊姆（切薄片）……適量

* 鱈魚、鱸魚、鯛魚等，去皮

紅椒也可以用彩椒替代。

作法

1. 平底鍋熱油，拌炒洋蔥、大蒜。洋蔥炒至透明後加入番茄、紅椒、青辣椒繼續拌炒。加入 A、1 杯水。
2. 魚肉下鍋，蓋上鍋蓋中火燜煮 5 分鐘。
3. 魚肉盛盤，淋上湯汁，佐以香菜葉和萊姆片。

memo

Mexico

墨西哥（猶加敦州）

萊姆雞肉湯
Sopa de Lima

位於墨西哥灣沿岸的猶加敦半島是馬雅文明曾經繁盛之處，萊姆雞肉湯 sopa de lima 放了墨西哥玉米片，散發迷人的玉米香。除了雞肉，有些人也會以豬肉或牛肉製作。萊姆雞肉湯出現於 1940 年代，是一道相對年輕的菜色。

Sopa de Lima

材料（4 人份）

雞胸肉……300g

A
┌ 洋蔥（切末）……1/2 顆
│ 大蒜（壓扁）……2 瓣
│ 番茄（切細丁）……1 顆
└ 青辣椒（切末）……1 根

B
┌ 八角……1 個
│ 肉桂棒……1 根
└ 奧勒岡……1 小匙

胡椒……1/2 小匙
鹽……少許

植物油……2 大匙
墨西哥玉米片……12 片
萊姆（切圓片）……1 顆

墨西哥玉米片可用多力多滋或其他玉米片代替。

作法

memo

1. 製作湯頭：鍋裡放 1L 的水和雞肉，煮 30 分鐘。取出雞肉剝絲。
2. 平底鍋倒油，加入 A 拌炒。
3. 在另一個鍋子內放入 B 以中火乾炒，待香料釋放香氣後加入 1 的湯汁和 2，小火燉煮 15 分鐘。
4. 取出八角和肉桂棒，放入 1 的雞肉，加鹽、胡椒調味。
5. 盛盤，放入墨西哥玉米片，以萊姆點綴。

Guatemala

瓜地馬拉

冷肉拼盤
Fiambre

瓜地馬拉以馬雅文明遺址和咖啡產地為眾人所知。11 月 1 日，在天主教諸聖節也是墨西哥亡靈節的這天，瓜地馬拉人會像日本人過盂蘭盆節一樣和家人親戚團聚，並有在墓園施放巨型風箏的過節習俗，fiambre 則是慶祝亡靈節的餐桌上不可或缺的一道冷肉蔬菜豪華拼盤。

材料（4 人份）

雞肉……200g
喜歡的火腿……200g
胡蘿蔔……1 根
花椰菜……1/2 顆
紅洋蔥（切絲）……1 顆
罐頭玉米粒……1/2 杯
紅腰豆（水煮）……1/2 杯（裝飾用）
萵苣……4 片
水煮蝦……4 尾
蘆筍……6 根
櫻桃蘿蔔（裝飾切花）……6 顆
水煮蛋（切片）……2 顆
甜菜根（切圓片）……200g

起司片（切條）……2 片
綠橄欖……6 顆
〈醬料〉
橄欖油…1/2 杯、
白酒醋…1/2 杯、
芥末醬…1 大匙、
巴西里（切末）…1 把、
青蔥（切末）…2 ～ 3 根、
大蒜（磨泥）…1 瓣、
薑泥…少許、
鹽…1/2 小匙、
胡椒…1/4 小匙

可以加入其他任何肉類和蔬菜。

memo

作法

1. 雞肉煮熟剝絲。蘆筍、胡蘿蔔、花椰菜切成方便食用的大小，汆燙、冷卻。
2. 所有醬料材料倒入碗裡拌勻。
3. 將裝飾用以外的材料放入另一個碗中，加入一半的 2，輕輕拌勻。
4. 食器先鋪上萵苣，擺上 3，疊上裝飾點綴的食材，食用前淋上剩餘的醬料。

Fiambre

Honduras

宏都拉斯

宏式安吉拉達餅
Enchiladas Hondureñas

宏都拉斯，境內的科潘（Copan）馬雅遺跡和雷奧普拉塔諾生物圈保留區皆在聯合國教科文組織的世界遺產名錄上。安吉拉達捲（enchiladas）是一種將 tortilla 玉米餅下鍋油炸的料理，雖然在墨西哥和其他中美各地都看得到，但宏都拉斯的安吉拉達捲比較像塔可餅，做成小型的開放式三明治。

材料（4 人份）

tortilla 玉米餅……4 張
炸油……適量
萊姆汁……1 顆
A ┌ 鹽、胡椒……各少許
  │ tabasco 辣椒醬……適量
  └ 酸奶油……適量

〈配料〉
高麗菜（切絲）……1/4 顆
酪梨（切薄片）　　1 顆
紅洋蔥（切末）……1/2 顆
番茄（切圓片）……1 顆
水煮蛋（切片）……1 顆
披薩用起司（切絲）……適量
帕瑪森起司……適量

Enchiladas Hondureñas

作法

1. 玉米餅油炸至金黃色。
2. 餅上擺配料。
3. 淋上萊姆汁，搭配 A，依個人喜好調味。

tortilla 玉米餅的作法請參考 225 頁的塔可餅。

memo

貝里斯位於猶加敦半島與大陸連結之處，1981年脫離英國獨立，是中美洲唯一的英語國家。炸傑克是貝里斯的經典早餐。

Belize

Fry Jacks

貝里斯
炸傑克 Fry Jack

材料（4 人份）

A ┌ A 低筋麵粉（過篩）…200g、泡打粉…2 小匙、鹽…1/2 小匙
牛奶…1/2 杯、炸油…適量、奶油…適量
〈配菜〉
萵苣、小番茄、炒蛋等……適量

作法

1. A 倒入碗中拌勻，加入牛奶揉捏成團，靜置 20 分鐘。　2. 將 1 分成 4 等分揉成團，擀成直徑約 14cm 的圓餅皮。將餅皮切一半，在每片半圓形餅皮中間劃一刀。　3. 炸油加熱至 180 ～ 190℃，將 2 炸至金黃色。　4. 搭配配菜，吃的時候抹上一層厚厚的奶油。

2005 年，薩爾瓦多政府宣布普普薩玉米餅為國民料理。這個在世界文化遺產霍亞・德塞倫考古遺址中也留有痕跡的 pupusa 玉米餅，不但被定為國菜，還設有專屬的紀念日。

El Salvador

薩爾瓦多
普普薩玉米餅 Pupusa

Pupusas

材料（4 人份）

A ─ 玉米粉、麵粉*…各 140g、鹽…1 小匙
B ┌ 紅腰豆（水煮）…80g、洋蔥絲的醃泡菜）…適量
　└ 起司…40g（盡量用莫札瑞拉起司）
　　植物油…適量、辣椒醬…適量、curtido（高麗菜絲、胡蘿蔔絲、洋蔥絲的醃泡菜）……適量

* 如果有石灰水處理過的墨西哥玉米粉就不必用麵粉，玉米粉用雙倍分量

作法

1. A 倒入碗中，慢慢加水，邊倒邊揉至約耳垂硬度。
2. B 倒入另一個碗中壓碎。　3. 將 1 分成 4 等分，搓成團後中間壓一個洞，填入 2 後包起來揉圓，擀成直徑 11 ～ 12cm 的圓餅。　4. 平底鍋倒一層薄油，3 下鍋兩面煎。搭配辣椒醬、curtido 享用。

Nicaragua

尼加拉瓜

蕉葉蒸肉 Vaho

尼加拉瓜幾乎位於中美洲正中央，以萊昂古城遺址而聞名，那是美洲最古老的西班牙殖民城市之一，也是登記在冊的世界文化遺產。vaho 是西班牙語「蒸」的意思，以蕉葉包覆醃牛肉、香蕉、地瓜再予以蒸煮，是尼加拉瓜人傳統的星期天料理。

材料（4 人份）

牛腿肉（切塊）⋯⋯400g

A
- 番茄（切細丁）⋯⋯3/4 顆
  （剩餘 1/4 用來製作 repollo 高麗菜沙拉）
- 洋蔥（切絲）⋯⋯1 顆
- 大蒜（切末）⋯⋯2 瓣
- 青辣椒（切薄片）⋯⋯1 根
- 柳橙汁⋯⋯1/4 杯
- 萊姆汁⋯⋯1 顆
- 鹽⋯⋯1 小匙

大蕉⋯⋯2 小根
地瓜⋯⋯1 條
熟香蕉⋯⋯1～2 根
香蕉葉⋯⋯數片

作法

1. 牛肉、A 放入碗裡拌勻，蓋上保鮮膜，靜置冰箱一晚。
2. 大蕉、地瓜削皮後切斜片。熟香蕉洗淨，不去皮直接使用。
3. 蒸鍋鋪香蕉葉，擺入熟香蕉，依序疊上大蕉、地瓜、1 的牛肉，淋上牛肉醃汁。覆蓋蕉葉，中火蒸 1 小時。
4. 餐盤鋪上新的香蕉葉，盛入 3。依個人喜好搭配「repollo 高麗菜沙拉」。

〈Repollo 高麗菜沙拉的材料與作法〉
高麗菜 1/4 顆，胡蘿蔔 1/2 根，切絲，番茄 1/4 顆切圓片，和醋 1 大匙、辣椒粉 1 小撮拌勻，醃漬至少 2 小時。

Vaho

哥斯大黎加是擁有豐富自然資源的野生動物寶庫。黑豆飯 gallo pinto 原本的意思是「斑點公雞」，利用原住民的傳統食材——豆子和西班牙人帶來的米烹調而成，是哥斯大黎加人的經典早餐。

Costa Rica

哥斯大黎加

黑豆飯 Gallo Pinto

Gallo Pinto

當地人用的是黑豆而不是紅豆。

memo

搭配大量萊姆、胡椒以消除腥味。

材料（4 人份）

白飯…400g、紅洋蔥（切末）…1/2 顆、
紅甜椒（切末）…1/2 顆、紅豆（罐頭）…1 杯
A ┌ 伍斯特醬…1 又 1/2 小匙、芥末醬…1/4 小匙、
  └ 鹽…1/2 小匙、胡椒…少許
香菜葉（切末）…1/3 杯、橄欖油…1 大匙
〈配菜〉煎蛋、酸奶油、炸香蕉等……依個人喜好

作法

1. 平底鍋熱油，洋蔥下鍋炒至透明後加入甜椒、紅豆、少許罐頭汁、白飯，以中火拌炒 1 分鐘。 2. 加入拌勻的 A 調味，拌入香菜葉。 3. 裝進飯碗塑形，盛盤，搭配配菜。

巴拿馬位於分隔南北美的地峽之上。豬腳版的 ceviche（醃漬沙拉）「sao」是巴拿馬獨有的菜餚，富含滿滿的膠原蛋白。

Panama

巴拿馬

涼拌豬腳 Sao

Sao

材料（4 人份）

豬腳……500g、鹽……1 大匙
A ┌ 洋蔥（切絲）……1 顆、
  │ 小黃瓜（削皮切圓片）……1 根、
  │ 青辣椒（切末）……1 根、白酒醋……1/4 杯、
  │ 萊姆汁……2 顆、鹽……1 小匙、
  └ 胡椒……1/2 小匙

作法

1. 鍋裡加水、1 大匙鹽，放入豬腳煮 10 分鐘後換水，小火煮 1 小時至豬腳變軟爛。豬腳瀝乾，包上保鮮膜避免流失水分，冷卻。 2. A 倒入碗中拌勻，放入 1 的豬腳，醃漬至少 3 小時。

Cuba

古巴

古巴黑豆飯
Arroz Congri

古巴，有著加勒比海珍珠的美譽，同時也是融合西班牙和非洲等地文化的拉丁音樂發源地。1959 年，古巴人民發動革命，確立了社會主義政權。古巴黑豆飯 arroz congri 正是代表古巴特色的料理，由於使用黑豆和白飯，也被叫做「摩爾人和基督徒」。

材料（4 人份）

米……2 杯（洗淨後瀝乾備用）
黑豆……160g（浸泡一晚後煮熟，也可用罐頭，黑豆水留下備用）
豬肉（切薄片）……200g
洋蔥（切末）……1/2 顆
大蒜（切末）……2 瓣
紅椒（切末）……1 顆
植物油……適量

A ┌ 月桂葉……2 片
　├ 乾燥奧勒岡……1 小撮
　├ 鹽……1 小匙
　└ 胡椒……1/2 小匙

Arroz Congri

作法

1. 黑豆浸泡一晚後煮熟，黑豆水留下備用。米洗淨瀝乾。
2. 洋蔥、大蒜、紅椒、豬肉下油鍋拌炒。
3. 加入 1、1/2 杯水、A，蓋上鍋蓋燜煮 15 ～ 20 分鐘。
4. 盛盤。

用紅腰豆代替黑豆，味道更溫和。

memo

Bahamas

巴哈馬屬西印度群島島群之一，於 1973 年脫
離英國獨立。以在地特產大鳳螺製成的熱帶沙
拉是巴哈馬名產之一，製作時可改用台灣也買
得到的海螺。

巴哈馬

大鳳螺沙拉　Conch Salad

材料（4 人份）

大鳳螺（海螺，生食等級）*…200g、洋蔥（切
丁）…1/2 顆、小黃瓜（切丁）…1 根、番茄（切
丁）…1 顆、萊姆汁…1 顆、柳橙汁…5 大匙、
鹽…1/2 小匙、胡椒…1/4 小匙、tabasco 辣
椒醬…1/4 小匙

* 可改用角蠑螺、海螺，或是文蛤和其他貝類。
分量不夠時，也可搭配水煮蝦或蟹肉

作法

1. 貝類仔細清洗後取出貝肉，切塊。對生食
有疑慮的話可煮熟。　2. 所有材料放入碗中均
勻攪拌。

Conch Salad

Cayman Islands

屬於英國海外領地的開曼群島是眾
多海龜的棲息地，國旗上也繪有海
龜圖像。奶油煎魚 fry fish 以當地
特產的笛鯛或鬼頭刀製作。

英屬開曼群島

奶油煎魚　Fry Fish

材料（4 人份）

白肉魚（魚片）*……400g
A — 萊姆汁…1 顆、鹽、胡椒…各少許
B ┌ 洋蔥（切絲）…1/2 顆、青椒（切絲）…1 顆、
　 └ 大蒜（磨泥）…1 瓣
小番茄（切半）……10 顆
C ┌ 萊姆汁…1 大匙、伍斯特醬…1 小匙、
　 └ 番茄醬…1 小匙、tabasco 辣椒醬…少許
奶油……1 又 1/2 大匙
* 可用鯛魚、石斑魚、鱈魚等

Fry Fish

作法

1. 魚肉抹上 A，靜置 15 分鐘。　2. 平底鍋放入 1 大匙奶油加熱，魚肉下
鍋，兩面各稍微煎 1 分鐘後取出。　3. 加入 1/2 大匙奶油，放入 B 炒熟。
4. 倒入小番茄、C，加熱 1 分鐘。　5. 將 2 的魚肉盛盤，淋上 4。

Jamaica

牙買加

香辣煙燻烤雞
Jerk Chicken

牙買加昔為英國殖民地，也是孕育出巴布馬利（Bob Marley）的雷鬼音樂之島。jerk 是一種牙買加特有的辣醬，由過去在荒地中自給自足的非裔逃亡奴隸「maroon」所發明，原本是烤雞或烤豬時用的調味料，但如今牙買加人在烤魚蝦、香腸和蔬菜時也會用到。

Jerk Chicken

材料（4 人份）

帶骨雞肉……500g

A
- 紅洋蔥……1/2 顆
- 橄欖油……適量
- 百里香粉……1/2 小匙
- 眾香子粉……1/2 小匙
- 肉桂粉、肉豆蔻粉……各 1/2 小匙
- 薑泥……1/2 小匙
- 黑糖蜜、蘭姆酒……各 1/2 大匙
- 醋……2 大匙
- 小辣椒（切末）……1 根
- 胡椒……1 小撮
- 鹽……1 小匙

萊姆汁……2 大匙

作法

1. A 倒入食物處理機打泥。
2. 雞肉放入料理方盤，加入 1、萊姆汁，均勻抹在雞肉上。蓋上保鮮膜，靜置冰箱一晚。
3. 取出雞肉，烤箱預熱 180℃，烤 45 ～ 60 分鐘。
4. 醃汁放入鍋裡加熱約 10 分鐘。
5. 烤雞盛盤，淋上 4。

> 若是用市售牙買加煙燻綜合香料的話就更簡單了。
>
> memo

Haiti

海地松露飯
Riz Djon Djon

位於伊斯帕紐拉島（Hispaniola）西側的海地於
1804 年脫離法國獨立，是由非裔居民組成的共和
國家，以咖啡和蘭姆酒聞名。海地承襲了法國的美
食文化，海地松露飯 riz djon djon 以黑蘑菇「djon
djon」烹調而成，這種蘑菇香氣迷人，有著加勒比
松露的美譽。

Riz Djon Djon

材料（4 人份）

乾燥牛肝菌菇（泡水軟化）……100g
褐色蘑菇……100g
洋蔥（切末）……1 顆
大蒜（切末）……2 瓣
豌豆（從豆莢中取出）……200g
米（有長米用長米）……2 杯
A
┌ 青辣椒（切末）……1 根
│ 新鮮百里香……4 ～ 5cm
│ （有百里香粉的話用 1/2 小匙）
└ 鹽……2 小匙
橄欖油……2 大匙
起司粉……1 小匙
香菜葉……少許

作法

1. 牛肝菌菇泡水軟化後煮 10 分鐘，和蘑菇一起剁
   碎。

2. 另起一個油鍋炒洋蔥和大蒜，洋蔥變透明後加
   米拌炒。

3. 加入 1、A、豌豆，倒入 4 杯水，蓋上鍋蓋煮
   12 分鐘，把飯煮熟。如果用罐頭豌豆或冷凍豌
   豆的話，則最後再加。

4. 盛盤，撒上起司粉，以香菜葉點綴，也可搭配
   其他肉類或蔬菜。

以褐色蘑菇、乾燥牛肝菌菇代替 djon djon。

memo

Dominica

多米尼克

蟹殼烤麵包
Crab Backs

多米尼克過去是英國殖民地，位於法屬瓜地洛普島和馬丁尼克島之間，因哥倫布登岸時是神聖的星期天（santo domingo）而有此國名。多米尼克的料理帶著英國的影子，蟹殼烤麵包 crab backs 使用當地的濕地陸蟹，將食材填入蟹殼裡。

材料（4 人份）

螃蟹……4 隻
吐司……2 片（去邊泡水，瀝乾後備用）
洋蔥（切末）……1 顆
大蒜（磨泥）……2 瓣
　　辣椒（切末）……1 根
　┌ 巴西里（切末）……1/4 杯
　│ 芹菜（切末）……1/4 杯
A │ 雞湯粉……1/2 小匙
　└ 鹽……1/2 小匙
植物油……1/4 杯
麵包粉……適量
香菜葉……少許

作法

1. 螃蟹水煮或蒸熟後分開蟹殼與蟹肉。
2. 平底鍋倒油，洋蔥、大蒜下鍋拌炒。洋蔥透明後，加入 A 繼續拌炒。
3. 將 2 倒入碗裡，加入瀝乾的吐司、1 的蟹肉拌勻。
4. 將 3 填入蟹殼，撒上麵包粉，放進 180℃ 的烤箱烤 15 分鐘。以香菜葉點綴。

螃蟹以梭子蟹或其他容易買到的小型蟹替代。

memo

Crab Backs

Puerto Rico

波多黎各（美國聯邦自治區）

磨豐果
Mofongo

波多黎各是美國聯邦下的自治區，以騷莎（salsa）音樂聞名。直到 19 世紀末以前，波多黎各一直是西班牙的殖民地，因此國民至今仍是説西班牙語。磨豐果是波多黎各的傳統菜餚，以大蕉、豬皮（chicharron）等拉丁美洲常見的食材烹調而成。

材料（4 人份）

大蕉……1 大根（3〜4 小根）
大蒜（壓扁）……1 瓣
豬肥肉（或培根）*……100g
橄欖油……1 小匙
鹽、胡椒……少許
〈蘸醬〉
等量的美乃滋、番茄醬和少許大蒜粉混合攪拌。

* 以豬肥肉（培根）代替 chicharron

作法

1. 大蕉大根切圓片，小根則不切，以橄欖油煎炸。
2. 取出大蕉，原鍋放入豬肥肉（或培根）煎至金黃酥脆後，加入大蒜拌炒。
3. 大蕉、豬肥肉、大蒜放入碗中，加入鹽、黑胡椒。壓碎大蕉，均勻攪拌。
4. 將 3 放入碗中輕壓，倒扣盛盤。搭配蘸醬。

Mofongo

磨豐果常和烤肉、雞肉湯一起享用。

memo

Virgin Islands of the United States

位於西印度群島中的美屬維京群島為美國領地，當地人以維京群島的蝦子製作椰子炸蝦。佛羅里達和其他瀕臨加勒比海的地區也經常可以見到這道料理。

美屬維京群島
椰子蝦 Coconut Shrimp

材料（4 人份）

蝦子（草蝦或其他蝦子，帶殼）…300g、椰肉片…1 杯、麵包粉…1/2 杯、雞蛋（打散）…1 顆、無糖煉乳…1/2 杯、鹽…少許、炸油…適量、蔬菜（小黃瓜之類的蔬菜）…適量

作法

1. 蝦子洗淨、撒鹽，靜置 2 小時。　2. 椰肉片、麵包粉倒入碗中拌勻。　3. 1 的蝦子依序裹上煉乳、蛋液，再抹上 2。　4. 炸油加熱至 180 ～ 190℃，將 3 炸至金黃酥脆。　5. 瀝油，盛盤，搭配蔬菜。

Coconut Shrimp

British Virgin Islands

度假勝地英屬維京群島從 17 世紀便是英國的海外領地，擁有新鮮豐富的海鮮與水果。這道龍蝦沙拉用的是當地特產龍蝦，洋溢熱帶風情。

英屬維京群島
龍蝦沙拉 Lobster Salad

材料（4 人份）

龍蝦（美國龍蝦）*……1 尾
A ┌ 小黃瓜（切丁）…1 根、洋蔥（切末）…1/2 顆、
  └ 芹菜（切末）…1/2 根、青辣椒（切末）…1 根
B — 萊姆汁…1/2 顆、美乃滋…60g、鹽、胡椒…各少許
萊姆（切薄片）…適量 　* 也可用其他種蝦子、螃蟹

作法

1. 龍蝦煮熟，剝除蝦肉。蝦殼留下備用。　2. 龍蝦肉、A 放入碗中。　3. 將 B 拌勻後倒入 2 裡均勻攪拌，放入冰箱冷藏。　4. 將 3 裝入 1 的龍蝦殼，以萊姆片點綴。依個人喜好也可加 tabasco 辣椒醬。

Lobster Salad

Aruba

荷屬阿魯巴

焗烤起司盅
Keshi Yena

阿魯巴位於西印度群島南端、南美洲北方的海洋上，與古拉索同為享有高度自治權的荷蘭組成國。keshi yena 是阿魯巴和古拉索的在地美食，以荷蘭特產的高達起司或艾登起司製成，傳統作法是用香蕉葉包裹或是放在空香腸罐裡燒烤。

Keshi Yena

材料（4 人份）

雞肉（切絲）……160g
洋蔥（切丁）……1 顆
青椒（切丁）……2 顆
紅椒（切丁）……2 顆

A ┌ 綠橄欖……20 顆
  │ 酸豆……2 大匙
  │ 葡萄乾……30g
  └ 腰果……30g

B ┌ 番茄醬……2 大匙
  │ 伍斯特醬……1 大匙
  └ 胡椒……少許

高達起司片……8 片
植物油……適量
鹽……少許

作法

1. 平底鍋倒油，雞肉下鍋翻炒，繼續加入洋蔥、青椒、紅椒拌炒。
2. 加入 A 拌勻，倒入 B 拌炒。試味道後加鹽調味。
3. 小烤盅鋪上高達起司，倒入 2，配料上面再蓋一層起司。
4. 烤箱預熱 180℃，烤 12 ～ 15 分鐘。

也可用起司絲或披薩用起司製作，請選擇會融化的種類。

memo

Saint Christopher and Nevis

聖克里斯多福及尼維斯

炸大鳳螺
Conch Fritter

聖克里斯多福及尼維斯由聖克里斯多福（聖啟茨）和尼維斯兩座島嶼組成，於 1983 年脫離英國獨立。聖國料理雖然多少受到印度移民的影響，但大部分都是以島上能取得的物產烹調，風格簡單。這道炸物用的就是有著美麗粉紅色外觀的當地特產——大鳳螺，請用台灣也能買到的海螺嘗試做做看吧。

Conch Fritter

在加勒比海其他島嶼也吃得到這道美味。

memo

材料（4 人份）

大鳳螺肉 *……400g

A ┌ 洋蔥……1/2 顆
  │ 青辣椒……1 根
  └ 芹菜……1 根

雞蛋（打散）……1 顆

鹽……1 小匙

B ┌ 玉米粉 **……1/3 杯
  │ 麵粉……1/3 杯
  └ 泡打粉……1 小匙

C ┌ 優格……30g
  └ 水……20ml

tabasco 辣椒醬……少許

炸油……適量

萊姆（切瓣）……適量

美乃滋……適量

* 可以用角蠑螺、海螺或是以文蛤和其他貝類替代
** 沒有玉米粉的話，就改成雙倍分量的麵粉

作法

1. 螺肉放入食物處理機打碎。A 切成合適大小後也放入食物處理機，和螺肉一起打成泥。
2. 將 1 放到碗中，加入蛋液、鹽巴均勻攪拌。
3. B 過篩到 2 裡，均勻攪拌。
4. C 放入另一個碗中攪拌均勻後倒入 3 的碗拌勻。
5. 炸油加熱至 180～190℃，用大湯匙將 4 舀入油鍋中，炸至金黃酥脆。
6. 盛盤，搭配萊姆瓣和美乃滋。

Antigua and Barbuda

安地卡及巴布達位處加勒比海東側的小安地列斯群島，是個曾經遭英國殖民的島國。這款麵包布丁加了椰奶，洋溢熱帶風情。

安地卡及巴布達

安地卡麵包布丁
Antiguan Bread Pudding

材料（4 人份）

吐司……3 片（約 160g，也可用長棍麵包）
融化奶油……2 大匙
A ┌ 椰奶（或牛奶）…1 杯、二砂糖…1 小匙、
  └ 香草精…數滴、檸檬皮（刨絲）…1 小匙
蛋液……2 顆、蘭姆酒漬葡萄乾 *……2 大匙
楓糖……適量
* 2 大匙葡萄乾放入 2 大匙蘭姆酒中醃漬 30 分鐘

作法

1. 吐司保留吐司邊，直接切丁。　2. 烤盤塗上一半的融化奶油，放入 1，將剩下的奶油均勻淋在吐司丁上。　3. A 放入碗中拌勻，加入蛋液均勻攪拌，倒入 2 的烤盤，浸泡吐司丁。拌入蘭姆酒漬葡萄乾。
4. 烤箱預熱 180℃，放入 3 烤 35～40 分鐘至表面呈金黃色。　5. 分切，淋上楓糖。

Martinique

馬丁尼克為法國海外省。可倫坡咖哩最初由來自南印度的勞工引進，受加勒比和歐洲的影響後成為馬丁尼克的名產。

Colombo

馬丁尼克（法國海外省）

可倫坡咖哩　Colombo

材料（4 人份）

豬肉（切塊）…400g、馬鈴薯…2 顆、洋蔥（切末）…1 顆、
大蒜（磨泥）…1 瓣
A ─ 胡蘿蔔（磨泥）……1/2 根、蘋果（磨泥）……1/2 顆
月桂葉……1 片、百里香（有的話再加）…1 枝
B ─ 咖哩粉…2 小匙、辣椒粉…1/2 小匙、鹽…1 小匙、胡椒…少許
植物油、奶油…各 1 大匙、白飯…適量、
萊姆（萊姆汁和裝飾用）…1/2 顆

作法

1. 鍋子倒油和奶油加熱，豬肉煎至略呈焦褐色後取出。　2. 接著炒洋蔥，洋蔥呈焦糖色後加入大蒜炒香。　3. 馬鈴薯切成方便食用的大小，和 A、1 加入鍋中攪拌。倒入 1/2 杯水、月桂葉、百里香煮滾，撈除浮渣。加入 B，小火燉煮 45 分鐘。　4. 盛盤，淋上萊姆汁，以萊姆做為點綴。搭配白飯食用。

Dominican Republic

多明尼加

國旗飯
La Bandera Dominicana

多明尼加共和國位於伊斯帕紐拉島東側，官方語言為西班牙語，以梅倫格舞曲（Merengue）而聞名。梅倫格這個名字，是從打蛋白霜（meringue）時發出的金屬聲而來。la bandera（旗子）是多明尼加午餐的經典菜色，用一道菜呈現紅、藍、白三種多明尼加國旗的顏色以及當地文化的構成要素——非洲、西班牙、原住民泰諾族（Taíno）的味道。

材料（4 人份）

牛肉（切塊）……500g
洋蔥（切末）……1 顆（分 3 次使用）
A
┌ 萊姆汁……1 大匙
│ 橄欖油……1/2 杯
│ 乾燥奧勒岡……1 小撮
│ 鹽……1 小匙
└ 胡椒……1/2 小匙
大蕉……2 根（切斜片）
紅腰豆（水煮）……1 杯
大蒜（切末）……1 瓣（分 2 次使用）

香菜籽……1/2 小匙（分 2 次使用，一次用一半）
B
┌ 番茄泥……1 大匙
│ 雞湯……1 杯
└ （雞湯粉加水溶解）
鹽、胡椒……各少許
番茄（切細丁）……2 顆
青椒（切丁）……1 顆
橄欖油……適量
白飯……適量

作法

1. 牛肉、1/3 的洋蔥、A 倒入碗裡拌勻，靜置冰箱一晚。
2. 大蕉切斜片，下油鍋煎，過程中撒鹽，撈起後瀝油。
3. 原鍋加油，放入紅腰豆、剩餘洋蔥的一半、1/2 的蒜末、1/2 的香菜籽拌炒，加入 B 煮至沸滾。
4. 熄火，以研磨棒或馬鈴薯壓泥器壓碎 3。
5. 平底鍋倒油，放入 1、最後剩餘的洋蔥、蒜末、香菜籽加熱。加入少許水、番茄、青椒燉煮 30 分鐘。
6. 白飯盛盤，放上 2、4、5。

當地人也會用斑豆、有斑點的蔓越莓豆（cranberry bean）或黑豆製作。

memo

La Bandera Dominicana

Saint Lucia

聖露西亞

肉汁湯 Bouillon

聖露西亞的國名是由於哥倫布登陸那天為聖露西亞節而來，英法兩國也曾為了此地的所有權展開爭奪。聖露西亞多數國民為非洲裔，料理中也可以看到融合法國文化後濃濃的克里奧爾色彩。肉汁湯 bouillon 的名字即是由法文而來。

Bouillon

材料（4 人份）

豬肩肉（帶骨肉塊）……400g
水……8 杯
月桂葉……1 片
扁豆……1 杯
A ┌ 馬鈴薯……2 大顆
  │ 地瓜……1 條
  └ 大蕉……2 小根

B ┌ 胡蘿蔔（切塊）……2 根
  │ 洋蔥（切塊）……1 顆
  │ 大蒜（壓扁）……2 瓣
  └ 植物油……1/4 杯
菠菜（切段）……1 把
鹽、胡椒……各少許
tabasco 辣椒醬……適量

扁豆可以不用泡水，直接料理。

memo

作法

1. 鍋裡放入水、月桂葉、豬肉煮 30 分鐘。加入扁豆，蓋上鍋蓋繼續燜煮 30 分鐘。
2. A 削皮，切成一口大小。
3. 將豬肉從 1 裡拿出來，切塊後放回鍋中。
4. 原鍋加入 2、B，小火煮 30 分鐘。
5. 放入汆燙後的菠菜，加鹽、胡椒調味。依個人喜好也可加 tabasco 辣椒醬。

Barbados

巴貝多

庫庫 Cou-Cou

位於西印度群島東邊的巴貝多昔日為英國殖民地，有90%的國民為非洲裔。庫庫是一種搭配燉菜的秋葵玉米粥，充滿西非風情。巴貝多島嶼附近有大量飛魚棲息，庫庫配炸飛魚是當地的標準吃法。

Cou-Cou

材料（4人份）

魚（例如竹筴魚）……1 條

A ┌ 鹽……1 小匙
  └ 咖哩粉……1/2 小匙

玉米粉……300g

秋葵（切薄片）……8 根

洋蔥（切末）……1 顆

大蒜（切末）……1 瓣

百里香（盡量用新鮮的）……1 小匙

青蔥（切末）……1 小匙
（有蝦夷蔥用蝦夷蔥）

番茄泥……100g

鹽……1 小匙

奶油……20g

植物油……適量

作法

1. 以三片切法處理魚，切成魚片，撒上 A 後捲起來以牙籤固定。魚片捲下油鍋煎。

2. 鍋裡放適量的水、1 小匙鹽燒滾，放入秋葵煮10 分鐘。

3. 製作玉米粥：玉米粉和 300ml 的水加入碗中以木鏟拌勻，倒入 2，繼續均勻攪拌。

4. 在另一個鍋子裡放入奶油加熱，將洋蔥、大蒜炒至焦糖色，加入百里香、青蔥繼續拌炒。倒入番茄泥和 1 杯水煮 10 分鐘。

5. 玉米粥盛盤，淋上 4，搭配 1 的炸魚。

當地人用飛魚做這道菜。不用竹筴魚的話，也以鯖魚替代。

memo

Saint Vincent and the Grenadines

聖文森及格瑞那丁於 1979 年脫離英國獨立，
盛產葛根。這道傳統菜原本烤的是一種大型
鰺類（竹筴魚的近親），搭配麵包果食用。

Baked Jack Fish

聖文森及格瑞那丁
烤鰺魚　Baked Jack Fish

材料（4 人份）

竹筴魚（去內臟）…4 條、萊姆汁…2 顆
A ┌ 乾燥百里香粉…1/2 小匙、
　└ 大蒜粉…1/2 小匙、鹽…1 小匙
麵粉…適量、植物油…適量
〈配菜〉馬鈴薯或地瓜煮熟後再烘烤
〈醬汁〉洋蔥（切末）1/2 顆、番茄泥 1 小匙、
奶油 1 大匙、鹽、胡椒…各 1 小撮

作法

1. 竹筴魚浸萊姆汁醃漬 15 分鐘。　**2.** A 倒入
碗中拌勻。擦乾 1，放入碗中塗抹。　**3.** 魚肉
抹一層薄薄的麵粉，蘸少許油，放入 230℃的
烤箱烤 15 分鐘。　**4.** 醬汁的材料放入平底鍋
加熱。　**5.** 竹筴魚盛盤，搭配配菜和醬汁。

Grenada

格瑞那達於 1974 年脫離英國獨立，盛產肉豆蔻，國旗上
也繪有肉豆蔻的圖像。油燉菜 oil down 原本是以麵包果製
作，這裡改用地瓜。

格瑞那達
油燉菜　Oil Down

材料（4 人份）

材料（4 人份）
鹹魚（例如鱈魚）……400g
洋蔥（切末）……1 小顆
A ─ 椰奶……1 杯、薑黃……1/2 小匙
　┌ 地瓜（切塊）…1 條、菠菜（切段）…1/4 把、
　│ 芹菜（切末）…1 根、新鮮百里香…1 枝、
B │ 蝦夷蔥（切末）…1 根 * 可用青蔥替代、
　└ 小辣椒…1 根
鹽…1/2 小匙、植物油…適量

Oil Down

作法

1. 鹹魚除鹽，切成一口大小（鹹魚作法可參考 207 頁）。　**2.** 平底鍋倒油，
炒洋蔥。洋蔥炒至透明後加入 A 拌勻。　**3.** 加入 B、1 的魚、1 杯水拌勻，
蓋上鍋蓋小火燜煮 45 分鐘。視情況補充適當的水分，加鹽調味。

Trinidad and Tobago

千里達及托巴哥

蔬菜燉湯
Callaloo

千里達及托巴哥昔為英國殖民地，以嘉年華和鋼鼓聞名。蔬菜燉湯 callaloo 以類似菠菜的莧菜和芋頭葉烹煮而成，鄰近國家也都能吃到。

Callaloo

材料（4 人份）

豬肉（切塊）……200g
洋蔥（切塊）……1/2 顆
大蒜（切末）……2 瓣
A ┌ 秋葵（切末）……125g
  │ 菠菜（切末）……1 把
  │ 新鮮百里香……4 ～ 5cm
  │ （沒有的話以少許乾燥百里香粉替代）
  └ 椰奶……1 杯
小辣椒……4 根
蟹肉罐頭……200g
鹽……1/2 小匙
奶油……2 小匙

作法

1. 鍋子放入奶油加熱，炒香大蒜，加入洋蔥炒至透明。加入豬肉。
2. 豬肉變色後，加入 A、2 杯水，蓋上鍋蓋中火燜煮 15 分鐘。加入小辣椒，繼續煮 15 分鐘。
3. 撈起豬肉和小辣椒，其餘食材以食物處理機打泥後放回鍋中。
4. 豬肉放回鍋裡，加鹽調味。加入蟹肉輕拌，再稍微加熱。
5. 盛盤。可以小辣椒或蟹螯點綴。

以菠菜或瑞士甜菜代替莧菜和芋頭葉。

memo

昔日，許多印度勞工跨海來到英國殖民下的加勒比海諸國，發展出母國也沒有的印度式料理，這道千里達及托巴哥版的羅提包乾咖哩便是其中之一。將尺寸小一點的餅皮油炸後淋上沒有馬鈴薯的豆子咖哩，則又變成另一種小點心「doubles」。

千里達及托巴哥（印度裔）

加勒比式羅提
Roti

材料（4人份）

鷹嘴豆（水煮罐頭）……400g（1罐）
馬鈴薯……1顆
洋蔥（切末）……1顆
大蒜（切末）……2瓣
咖哩粉……2大匙
孜然粉……1小匙
植物油……適量
鹽、胡椒……各少許
tabasco辣椒醬……適量
芒果甜酸醬（mango chutney）……適量
羅提*……4～8片（依餅的大小調整）

* 也可用恰巴提、墨西哥薄餅皮替代，
加熱後備用

作法

1. 馬鈴薯削皮，切成一口大小。鷹嘴豆瀝乾。
2. 洋蔥、大蒜下油鍋炒至焦糖色，加入咖哩粉、孜然粉繼續拌炒。加入1，邊攪拌邊加熱5分鐘。
3. 加入1杯水、鹽、胡椒，蓋上鍋蓋煮至收汁、馬鈴薯軟爛。視情況加水、鹽。
4. 在熱羅提上擺上3、辣椒醬，依個人喜好搭配芒果甜酸醬，包起來。

羅提在印度指的是以全麥粉製作的無酵餅。

memo

Bermuda

百慕達群島（英屬領地）

百慕達巧達濃湯
Bermuda Fish Chowder

百慕達群島是英國位於北大西洋的海外領地，以粉紅沙灘和避稅天堂而聞名。這道百慕達巧達濃湯據說是 17 世紀起移居此處的英國人所發明，以歐式手法烹調當地魚種，再以特產的黑蘭姆酒和 sherry pepper sauce 做為提味祕方。

Bermuda Fish Chowder

材料（4 人份）

白肉魚（鱈魚、鱸魚）……400g
洋蔥（切末）……1 顆
大蒜（切末）……1 瓣
奶油……2 大匙
芹菜（切末）……1 根（芹菜葉也要用）
青辣椒（切末）……1 根
A ┌ 切塊番茄罐頭……1 罐（400g）
  │ 新鮮百里香……1 枝
  │ （或少許乾燥百里香粉）
  │ 白酒……1/2 杯
  │ 月桂葉……1 片
  │ 伍斯特醬……1 小匙（也可用醬油）
  │ 牛肉高湯粉……1 小匙
  │ 鹽……1 小匙
  └ 胡椒……1/2 小匙
蘭姆酒……1 小匙
sherry pepper sauce……少許
巴西里……少許

作法

1. 鍋子放入奶油加熱，大蒜炒香後加入洋蔥，炒至透明。
2. 芹菜、青辣椒下鍋炒熟，接著加入 A、1L 的水拌勻，小火煮 15 分鐘。
3. 加入魚、蘭姆酒、sherry pepper sauce 繼續燉煮 30 分鐘。
4. 盛盤，以巴西里點綴。

請用 tabasco 之類的辣椒醬代替 sherry pepper sauce。

memo

素食（Vegetarian）與純素（Vegan）

這世上有一群人不吃肉不是因為宗教信仰，而是基於哲學、健康、美容、地球環境、倫理、動物保護、食品安全等理由，我們也必須顧慮這些人的需求。英文 vegetarian 是各種「素食主義者」的統稱，vegan 指的則是包含乳製品和蛋在內，不吃任何動物性食品的「純素主義者」。

供餐給素食主義者時要注意什麼？

嚴格的素食者忌諱使用烹調過肉類的廚具。此外，完全不吃海鮮的素食者也不碰「柴魚高湯」。由於日本的齋菜（精進料理）有時會使用柴魚高湯，因此需要特別留意。

「高湯」「吉利丁」「肉精粉」都有用到雞、牛、豬、魚的肉或骨頭。另外，遇到蛋奶素食者（不吃肉，可吃蛋奶製品）時，不能提供以動物性「凝乳酶」（由胃提煉的混合酵素）這種傳統工法製造的起司。

在「蛋」的部分，也有極少數人因宗教因素會避開受精蛋，只吃未受精蛋。

以下列舉幾種與素食相似的飲食類別：

Semi-Vegetarian：半素。減少肉類攝取。

Pollotarian（pollo 為西班牙語的「雞」）：禽素。不吃紅肉和魚，但吃雞肉。

Pesce-Pollotarian：白肉素。不吃紅肉，但吃魚和雞肉。

Pescetarian：海鮮素。不吃陸地動物，但吃海鮮、奶蛋製品。

日益增加的 Vegan

素食的歷史可追溯至古印度河文明時期，「vegan」一詞則是在 1944 年由沃森（Donald Watson）和夥伴一起創立英國純素食協會（The Vegan Society）時誕生。由於 vegan 飲食符合猶太教或伊斯蘭教的飲食規定以及基督教徒大齋期實施的戒肉飲食，大家都能享用，因此在聚集各式飲食習慣和信仰的國際接待場合中成為受到矚目的菜色。

純素主義大致分為以下幾種：

Dietary Vegan：純素食主義者。純素食主義者認為人類的生活不應該剝削其他動物，因此除了紅肉、雞肉、海鮮外，奶、蛋、起司、豬油、蜂蜜等一切從動物身上獲取的食品也都不食用。

Fruitarian：果實主義者。純素主義的一個流派，只吃樹木或樹枝上的果實，如水果、番茄、茄子等蔬菜或堅果類。

Ethical Vegan：純素生活實踐者。基於道德觀點，除了飲食外，反對因任何目的而將動物變成產品，如羊毛或皮革等等。

環境純素者：以畜牧業有害環境，無法永續發展為前提，拒絕動物製品。

雖然純素主義在醫學和營養學上有所爭議，但基於消費倫理，希望商品能對近來的環境與社會問題有所貢獻、關注 SDGs（永續發展目標）以及肥胖和健康問題等因素，全球實踐純素主義的人正以歐美為中心逐年增加。國際航班和國際會議上也會準備純素的特別餐點。

CHAPTER 6

South
America

|南 美 洲|

南美洲自然資源豐富，擁有圭亞那高地和世界最大的熱帶雨林——亞馬遜雨林。這裡的人們也曾經建立起繁榮興盛的安地斯文明，直到 1533 年遭西班牙征服者毀滅前，印加帝國綿延了 200 年之久。

沿大陸西側貫穿南北的安地斯山脈中央高原是南美州的文化中心。如今普及全世界的馬鈴薯、番茄、木薯皆原產於南美洲，南美洲同時也與墨西哥一樣是玉米、辣椒等作物的原產地。其中，能在寒冷貧瘠的土地中生長的馬鈴薯引進歐洲後拯救了飢荒。另外，即使歷經西班牙殖民，安地斯原住民的飲食文化如玉米粽也都完整傳承了下來。

昔日，南美洲除了葡萄牙屬地巴西、荷蘭屬地蘇利南、英國屬地蓋亞那、法國屬地圭亞那以外，其餘皆為西班牙殖民地，因此南美洲人普遍使用西班牙語，也有許多天主教徒。飲食文化方面，西班牙人帶來的牛肉、米、大蒜、橄欖等食材也在這塊土地上普及開來。

16 世紀西班牙人引進的牛隻在肥沃的彭巴草原繁衍生息，由流浪民族高卓人（Gaucho）展開畜牧，於阿根廷、烏拉圭、巴西南部特別發達。如今，這三國與巴拉圭在全球牛肉年均消費排行中皆名列前茅，人們經常以名為「asado」（巴西稱 churrasco）的烤肉方式，大啖牛肉。

另一方面，因三角貿易被迫來到此處的非洲奴隸、來自歐洲、中東、亞洲等地尋求新天地的移民與南美原住民、殖民母國的飲食文化相互交融，創造出許多獨樹一幟的南美料理。本章也舉了一些例子，像是由葡萄牙中部豆類料理發展出來的巴西黑豆燉肉「feijoada」，還有秘魯式中菜的炒牛肉「lomo saltado」等等。

南美
經常使用的
食材、調味料

木薯（Cassava）

原產於南美，木薯屬熱帶灌木，又稱樹薯，外文則有 cassaca、manioc、yuca 等稱呼。木薯粉溶於熱水捏成丸子除了可以當做主食，也是粉圓的原料，隨著貿易也拓展到加勒比海和非洲一帶。雖然烹調樹薯前需要清除毒素，但樹薯葉也能食用。可用馬鈴薯替代。

胭脂樹紅（Annatto）

天然的紅色染料，可以紅椒粉替代。

棕櫚油（Dendê Oil）

棕櫚果實提煉而成的植物油，請參考 169 頁的非洲棕櫚油。

Colombia

哥倫比亞

玉米燉湯　Sancocho

哥倫比亞，以黃金國（El Dorado）傳說和世界級翡翠山咖啡的產地而聞名。玉米燉湯 sancocho 融合了原住民泰諾族（Taíno）料理的「ajiaco」和西班牙的燉菜元素，常被視為哥倫比亞國菜，雖然作法因地區而異，但都會放入玉米塊。

Sancocho

材料（4 人份）

白肉魚（例如鱈魚）……500g
玉米……1 根
馬鈴薯……2 顆
大蕉……1 根
A ┌ 洋蔥（切末）……1 顆
　│ 大蒜（磨泥）……1 瓣
　└ 紅蔥頭（切末）……1 大匙
番紅花（有的話再加）……1/4 小匙
（稍微泡水溶出顏色後備用）
孜然粉……1/2 小匙
橄欖油……1/2 大匙
鹽……1 小匙
胡椒……1 小撮
香菜葉……1 大匙
萊姆（切圓片）……適量

作法

1. 魚肉切 8 等分。
2. 玉米切 4 等分，馬鈴薯削皮後切成方便食用的大小。大蕉削皮後切圓片。
3. 鍋內倒橄欖油，輕輕拌炒 A 直至釋放出香氣。
4. 加入 1L 的水、番紅花汁、孜然粉煮滾。加入 2、鹽、胡椒燉煮 30 分鐘。
5. 加入 1 再煮 10 分鐘。
6. 盛盤，佐以香菜葉、萊姆片。

沒有大蕉時可省略。

memo

Ecuador

厄瓜多

厄瓜多位於赤道正下方，以加拉巴哥群島和全球第一的香蕉出口量為豪。洋蔥燉魚湯 encebollado 以厄瓜多的經典食材洋蔥（cebolla）和魚（常用鮪魚）烹調而成，搭配 chifle 香蕉脆片一起食用，據説是當地人緩解宿醉的良方。

材料（4 人份）

鮪魚（切塊）……300g
冷凍木薯……150g
紅洋蔥（切絲）……1/2 顆

A
├ 番茄（切塊）……1 顆
├ 辣椒粉……1/3 小匙
├ 孜然粉……1 小匙
└ 鹽……1 小匙

香菜葉（切末）……4 大匙
葵花油……1 大匙
香蕉脆片（選不甜的品種）……適量
萊姆（切圓片）……適量

作法

1. 紅洋蔥留少許裝飾備用，其餘下油鍋以中火拌炒至透明。加入 A，繼續拌炒。
2. 加入 5 杯水、香菜葉，沸滾後放入鮪魚塊。鮪魚煮熟後取出備用。
3. 加入事先退冰切塊的木薯小火燉煮 30 分鐘，放回鮪魚塊。
4. 盛盤，以香蕉脆片、紅洋蔥、萊姆片點綴。

memo

木薯可用馬鈴薯替代。

Encebollado

Peru

秘魯

酸漬生魚沙拉
Ceviche

秘魯曾是印加帝國繁華的中心，近年來則以馬鈴薯、番茄、辣椒、玉米等原產地的身分成為備受矚目的美食王國。秘魯政府不僅正式宣布將酸漬生魚沙拉 ceviche 列為國家文化遺產，並訂定 6 月 28 日為 ceviche 紀念日。據說，這道菜餚的起源可追溯至 2000 年前秘魯的北海岸。

材料（4 人份）

白肉魚（生魚片）……400g
小辣椒……1 根

A
┌ 紅洋蔥（切絲）……1/2 顆
│ 甜椒（切末）……1/4 顆
│ 香菜葉（切末）……適量
│ 大蒜（切末）……1/2 瓣
│ 鹽……1/2 小匙
└ 胡椒……少許

萊姆汁……1 顆
萵苣……適量
〈配菜〉
玉米粒（冷凍或罐頭皆可）、
水煮地瓜、
玉米果（下酒點心）、
萊姆片……各適量

選擇鱈魚、比目魚、鱸魚等肉片製作。

memo

作法

1. 魚肉切成方便食用的大小。小辣椒對半縱切，半根切末，半根留做裝飾備用。
2. 將魚肉、小辣椒末、A 放入碗中拌勻，倒入萊姆汁均勻攪拌，靜置 5 分鐘。
3. 萵苣和 2 盛盤，搭配個人喜愛的配菜。

Ceviche

所謂的「chifa」，指的是生活在秘魯與周邊一帶國家的中國移民製作的中式料理。誕生於 19 世紀的 lomo saltado 是秘魯的人氣菜餚，saltado 是西班牙語「炒」的意思，結合牛肉、炸馬鈴薯、番茄、洋蔥等西班牙與秘魯的在地傳統食材，以粵菜手法和調味料烹調而成。

秘魯（沿岸）
秘魯炒牛肉
Lomo Saltado

材料（4 人份）

牛菲力……400g
馬鈴薯……3 顆
紅洋蔥（切絲）……1 顆
大蒜（切末）……2 瓣
小辣椒（切圈）……1 根
番茄（切瓣）……2 顆
紅甜椒（切薄片）……1/2 顆

A
醋……2 大匙
醬油……1 又 1/2 大匙
紅酒……3 大匙
孜然粉……少許
鹽、胡椒……少許
植物油……1 大匙

香菜葉（切末）……少許
鹽、植物油……各適量
白飯……適量
香菜葉……少許

作法

1. 牛肉切 1cm 寬，馬鈴薯削皮切條。
2. 以充分的炸油裸炸馬鈴薯，起鍋瀝油。
3. A 倒入碗裡拌勻，放入牛肉醃漬 30 分鐘（醃汁留下備用）。
4. 炒鍋熱油，以大火煎 3，牛肉表皮呈焦褐色後，加少許油炒洋蔥。洋蔥軟爛後，加入大蒜、小辣椒繼續拌炒。
5. 加入番茄、甜椒煮熟。
6. 倒入 3 的醃汁，視情況加鹽調味。放入香菜葉和 2 翻炒，加熱。
7. 盛盤，搭配白飯，以香菜葉點綴。

Lomo Saltado

炸馬鈴薯也可以不和牛肉一起炒，另外搭配享用。

memo

Venezuela

委內瑞拉
阿瑞巴玉米餅
Arepa

委內瑞拉境內的卡奈馬國家公園有著全世界落差最高、同時也是聯合國教科文組織列為世界遺產的瀑布──天使瀑布（Angel Falls）。阿瑞巴玉米餅在西班牙人征服此地前便已存在，以玉米粉製成的餅皮夾入肉類、起司、蔬菜等餡料，不但是委內瑞拉的國民美食，也深受鄰國哥倫比亞人的喜愛。

Arepas

當地人是以加工過的 arepa 專用玉米粉製作。

memo

材料（4 人份）

A ┌ 玉米粉……200g
　├ 麵粉……200g
　├ 鹽……1/2 小匙
　└ 融化奶油……1 大匙
植物油……適量
〈餡料〉
雞肉……200g
B ┌ 酪梨（切末）……1 顆
　├ 紅洋蔥（切末）……1/4 顆
　├ 美乃滋……適量
　├ 鹽……1/2 小匙
　├ 胡椒……1/4 小匙
　└ 萊姆汁……適量

作法

1. A 放入碗裡，慢慢倒入 2 杯溫水拌勻，揉至約耳垂硬度。玉米麵團分 4 等分，塑成直徑 8 ～ 9cm，厚約 1cm 的餅皮。
2. 平底鍋或電烤盤塗一層薄油，以中火煎 1，兩面各煎 5 ～ 6 分鐘，至餅皮表面金黃酥脆，內部全熟。
3. 餅皮由側邊中間橫切一刀（不要切到底，上下餅皮保持稍微相連）。
4. 雞肉燙熟後剝絲放入碗中，加入 B 拌勻。
5. 在 3 中間夾入適量的雞肉絲。

蓋亞那

雞蛋球
Egg Ball

蓋亞那昔為英國殖民地，擁有一部分的圭亞那高地祕境。這道料理堪稱蓋亞那版的蘇格蘭炸蛋，雖然當地人以木薯製作，但用馬鈴薯也無妨。

Guyana

材料（4 人份）

馬鈴薯……2 大顆

A ┌ 青蔥（切花）…1～2 根、奶油…2 大匙、
　└ 鹽、胡椒…各少許

水煮蛋…2 顆、麵粉…適量、炸油…適量
〈配菜〉
芒果甜酸醬*
*或可以果醬（柑橘類、杏桃、芒果等）混少許
　辣椒粉

作法

1. 馬鈴薯削皮煮熟後壓碎，加入 A 拌勻。薯泥分成 2 等分，包住水煮蛋。　2. 將 1 裹一層薄薄的麵粉，以180～190℃的炸油炸至金黃色，起鍋瀝油。
3. 雞蛋球切半，盛盤，搭配芒果甜酸醬享用。

Egg Ball

Guyane

圭亞那為法國海外省，卡宴辣椒的原產地，人口含括了南美洲原住民、歐洲裔和非洲裔居民。圭亞那魚湯 blaff 善用了各種文化的烹調手法製成。

Blaff

法屬圭亞那
圭亞那魚湯　Blaff

材料（4 人份）

魚片*……500g、萊姆汁…2 顆

A ┌ 大蒜（切末）…3 瓣、洋蔥（切末）…1 顆、
　└ 青蔥（切末）…3 根、巴西里（切末）…1/2 把

B ┌ 芹菜（切方便食用的大小）…1 根、月桂葉…2 片、
　│ 鹽…1 大匙、胡椒…1 小匙、植物油…2 大匙、
　└ 辣椒…1 根或是卡宴辣椒 1/2～1 小匙

白飯……適量
*青甘魚、鯛魚、鮪魚、鱈魚等

作法

1. 魚片淋上萊姆汁，抹上 A。　2. 鍋裡倒入 1L 的水和 B 煮滾，加入 1，蓋上鍋蓋將魚煮熟。搭配白飯。

Suriname

蘇利南

芋泥烤雞

Pom

蘇利南過去曾是尚蘭殖民地,於 1975 年獨立,國土夾在蓋亞那(原英屬圭亞那)和法屬圭亞那之間。相傳,從前種植園的猶太經營者以南美當地的芋頭製作焗烤馬鈴薯雞做為猶太潔食,因而創造出芋泥烤雞這道菜。如今,芋泥烤雞 pom 已成為蘇利南人的節慶佳餚。

材料(4 人份)

雞肉(切塊)……300g

A ┌ 柳橙汁……3/4 杯
  │ 肉豆蔻粉……1 小匙
  └ 鹽、胡椒……各 1/2 小匙

芋頭(磨泥)……600g

B ┌ 萊姆汁……1 顆
  │ 蘭姆酒……1 大匙
  └ 砂糖……1 小匙

洋蔥(切絲)……1 顆

大蒜(磨泥)……1 瓣

芹菜葉(切末)……1 根

C ┌ 番茄泥……1 大匙
  │ 醬油……1 大匙
  │ 雞湯塊……1 塊
  └ 水……2 杯

奶油……1 又 1/2 大匙

植物油……2 大匙

以日本里芋、八頭芋或台灣小芋頭、紅梗芋代替美洲芋頭。

memo

作法

1. A 倒入碗中拌勻,取一半為醃料醃漬雞肉至少 30 分鐘。

2. 剩餘的 A 移到另一個碗中,加入 B、芋泥拌勻。

3. 平底鍋熱油,大蒜下油鍋炒香後加入洋蔥拌炒。雞肉下鍋煎至金黃色。

4. 加入芹菜葉繼續炒 5 分鐘,倒入 C,小火燉煮 30 分鐘,取出雞肉。

5. 取一半 4 的湯汁加入 2 的芋泥裡拌勻。

6. 烤盤塗奶油(食譜配方分量外),鋪上 1/2 的芋泥,擺上雞肉,再鋪上剩餘的芋泥,淋上 4 的湯汁,最後撒上奶油。

7. 烤箱預熱 200℃,烤 45 ～ 60 分鐘至表皮呈現漂亮的焦褐色。

Pom

Brazil

巴西

巴西，國土為日本的 22.5 倍，以亞馬遜河的自然資源和足球王國之名享譽全球。黑豆燉肉 feijoada 便是巴西的國菜。據說，feijoada 源自羅馬時期葡萄牙北部 Minho 一帶的豆類料理，之後才演變成由奴隸食物──黑豆、豬牛內臟製成的燉菜，各地的作法都略有不同。

材料（4 人份）

黑豆 *……300g
豬後腿肉……100g
洋蔥（切末）……1 顆
大蒜（壓扁）……2 瓣
奶油……2 大匙
粗香腸……4 ～ 5 根
培根……100g
月桂葉……1 ～ 2 片
鹽……適量
胡椒……1/2 小匙

> 黑豆燉肉是巴西當地家庭星期六下午或星期天午餐的固定菜色。
>
> memo

* 也可用水煮罐頭，黑豆混合紅腰豆，味道更溫和美味

作法

1. 黑豆泡 4 杯水靜置一晚。豬肉撒鹽靜置一晚，切成方便食用的大小。
2. 鍋子放入奶油加熱，小火炒大蒜，洋蔥下鍋，中火炒至透明。加入 1 的豬肉拌炒。
3. 豬肉變色後，黑豆連同黑豆水一起下鍋，加入月桂葉。
4. 不蓋鍋蓋燉煮 30 ～ 60 分鐘至黑豆變軟、變稠。
5. 培根、香腸切成方便食用的大小下鍋，繼續煮 15 ～ 20 分鐘。加鹽、胡椒調味。
6. 盛盤，搭配配菜。

〈經典配料〉

Arroz Simples：以油拌炒的白飯。也可用普通白飯。

Farofa：木薯粉和洋蔥末下油鍋拌炒，加鹽調味。可用炒麵包粉替代。

Couve（羽衣甘藍葉）：羽衣甘藍切段，和洋蔥絲一起下油鍋拌炒，加鹽調味。可用小松菜替代。

Molho：青蔥 1 大匙、香菜葉 2 大匙、小辣椒 1 根、洋蔥 2 大匙全部切末，與檸檬汁（或醋）2 大匙拌勻。

柳橙：清新口腔。

Brazil

巴西（巴伊亞州）

海鮮燉湯 Moqueca

曾是奴隸貿易重鎮的巴伊亞州（Bahia）如今仍是非裔文化的棲息地，也是森巴舞的故鄉。巴伊亞的海鮮燉湯 moqueca 受非洲影響，使用西非棕櫚油「dendê oil」。

材料（4 人份）

蝦子……400g

A
├ 萊姆汁……1 顆
├ 大蒜（切末）……1 瓣
└ 鹽、胡椒……各少許

洋蔥（切末）……1/2 顆

紅、黃甜椒（切塊）……各 1/4 顆

B
├ 辣椒粉……1 小撮
├ 胭脂樹紅……1 小匙
└ （可用紅椒粉替代）

鹽、胡椒……各少許

番茄（切細丁）……1 顆

C
├ 青蔥（切花）……1 根或
└ 香菜葉（切末）……少許

椰奶……250ml

橄欖油……適量

dendê oil（棕櫚油）……2 ～ 3 大匙

〈配菜〉

洋蔥大蒜炒飯……適量

除了蝦子，加入螃蟹或白肉魚也很美味。

memo

作法

1. 蝦子、A 倒入碗裡拌勻，靜置冰箱 30 分鐘。
2. 洋蔥下油鍋中火炒至透明。如果有 dendê oil 的話，加一些調味。
3. 接著加入甜椒、B 拌炒。C 留少許裝飾備用，其餘和番茄一起下鍋煮 5 分鐘。
4. 將 1 的蝦子塞在蔬菜之間，倒入椰奶，蓋上鍋蓋小火燉煮 15 分鐘。試味道後加鹽或萊姆汁。
5. 盛盤，以剩餘的 C 點綴，搭配配菜。

Moqueca

Bolivia

玻利維亞

烤餡餅　Salteña

坡利維亞屬印加帝國义明圈，人口組成有很高的比例為原住民。salteña 算是一種西班牙加利西亞餡餅（empanada），加了吉利丁宛如燉菜般的濃稠內餡是其最大特色。相傳，烤餡餅是 19 世紀初由胡安娜（Juana Manuela Gorriti）這位來自阿根廷 Salta 的總統夫人所發明。

材料（4 人份）

雞肉（切丁）……180g
馬鈴薯……1 大顆
洋蔥（切末）……1/2 顆
奶油……1 大匙
薑黃……1 小匙
A ┌ 孜然粉……1 小匙
　└ 鹽、胡椒……各 1/2 小匙
豌豆……50g
（也可用冷凍或罐頭豌豆）
巴西里（切末）……2 大匙
砂糖……1 小匙

雞湯粉……1 小匙
吉利丁粉……1 大匙
〈餅皮〉
B ┌ 麵粉……500g
　├ 砂糖、鹽……各 1 大匙
　└ 薑黃……1 小匙
奶油（放室溫軟化）……140g
雞蛋（打散）……2 顆
溫水……1/2 ～ 1 杯
蛋黃（打散）……1 顆

烤餡餅是首都拉巴斯（La Paz）和其他城市的基本款早餐。

memo

Salteñas

作法

1. 製作內餡：雞肉切 1cm 的丁。馬鈴薯煮熟，剝皮切丁。
2. 平底鍋放入奶油加熱，倒入洋蔥、薑黃拌勻，加入馬鈴薯和 A。
3. 雞肉、豌豆、巴西里下鍋拌炒，加入砂糖。倒入 250ml 的水和雞湯粉，沸滾後熄火，加入吉利丁粉拌勻。
4. 內餡放涼後移至冰箱冷藏，讓餡料凝固。

5. 製作餅皮：B 放入碗裡拌勻，中間挖一個洞，放入奶油和蛋液，慢慢倒入 1/2 ～ 1 杯溫水，邊倒邊揉麵。
6. 將麵團擀成 2.5mm 厚的麵皮，用碗或其他工具壓出直徑 10 ～ 12 公分的圓形。
7. 每張圓餅皮包入 30g 的餡料 4，邊緣稍微蘸濕黏緊，手指輕輕拉餡餅邊緣往內摺，摺出邊紋。餡餅表皮刷蛋黃液。
8. 烤箱預熱 200℃，烤 15 ～ 18 分鐘。

Bolivia

玻利維亞（安地斯山脈）

烏米塔玉米粽
Humita

烏米塔玉米粽是南美安地斯山脈原住民流傳下來的料理，以玉米葉包裹食材蒸煮，烹調手法類似中美洲的粽子「tamal（tamales）」，常見於阿根廷、智利和南美其他地區。玻利維亞烏米塔土米粽的特色是在餡料裡加起司。

Humitas

材料（4 人份）

玉米……2 根
（玉米葉也會用到）
A ┌ 牛奶……1 大匙
  └ 鹽……少許
洋蔥（切末）……1/2 顆
奶油……1 大匙
B ┌ 辣椒粉……1/2 大匙
  │ 孜然粉……1/4 小匙
  └ 鹽、胡椒……各少許
奶油乳酪……30g

作法

1. 用刀子削下玉米粒，和 A 放入食物處理機打成滑順的玉米泥（稍微保留一點顆粒口感更好）。
2. 鍋子放入奶油加熱，洋蔥炒至透明後加入 B 繼續拌炒。
3. 加入 1 的玉米泥均勻攪拌，加熱 2 ～ 3 分鐘。
4. 起鍋放涼，加入奶油乳酪攪拌，放入冰箱冷藏 2 小時。
5. 玉米葉以熱水燙過後擺上 4 包起來，以牙籤固定。
6. 玉米粽放入蒸鍋蒸 30 分鐘，放涼後食用。

有些人也會把玉米葉包成三角錐的樣子。另外，有些地方也會在內餡裡加葡萄乾或八角等不同的食材。

memo

Chile

玉米牛肉派
Pastel de Choclo

智利地形狹長,國土沿太平洋和安地斯山脈延伸,境內有復活島以及巴塔哥尼亞高原(Patagonia),也是海鮮與知名葡萄酒的產地。玉米牛肉派 pastel de choclo 是智利名菜,絞肉、水煮蛋、橄欖組成的餡料淋上奶油玉米再送進烤箱燒烤,也有人會拿來做成加利西亞餡餅的內餡。

材料(4 人份)

牛絞肉……300g
洋蔥(切末)……1 中顆
大蒜(切末)……1 瓣
A
┌ 孜然粉……1 小匙
│ 紅椒粉……1 小匙
│ 鹽……1 小匙
└ 胡椒……1 又 1/2 小匙
葡萄乾……適量

水煮蛋(切片)……1 顆
黑橄欖……6 顆
B
┌ 玉米醬罐頭……約 400g
│ 玉米粉(或麵粉)……1 大匙
└ 羅勒葉(切末)……10 片
橄欖油……1 大匙
細砂糖……適量
融化奶油……1 大匙

以陶鍋或陶器燒烤更美味。

memo

作法

1. 平底鍋熱油,洋蔥、大蒜炒至透明。牛肉下鍋翻炒,加入 A 繼續拌炒。
2. 將 1 鋪在耐熱容器中,擺上葡萄乾、水煮蛋、切半的橄欖。
3. B 倒入碗中均勻攪拌,淋在 2 上。
4. 最上層撒上細砂糖,淋一圈融化奶油。
5. 烤箱預熱 180℃,烤 30 分鐘至表面金黃酥脆。

Pastel de Choclo

Paraguay

當年，巴拉圭的原住民瓜拉尼族人（Guaraní）想以玉米粉和傳教士帶來的牛奶、雞蛋煮湯，結果卻不小心變固體了。如今，這道「湯」成為備受喜愛的國民料理。

巴拉圭

巴拉圭湯 Sopa Paraguaya

材料（磅蛋糕模1個）

罐頭玉米粒…100g、洋蔥（切末）…1顆、奶油…少許、雞蛋…2顆

A ┌ 帕瑪森起司…50g、
  └ 奶油（放室溫軟化）…25g、鹽…1小匙

玉米粉…100g、牛奶…1/4杯、平葉巴西里…少許

作法

1. 玉米粒放入食物處理機打至剩些許顆粒感。 2. 平底鍋放入奶油加熱，洋蔥炒軟。 3. 將蛋打入碗中，放入1、2、A拌勻，加入玉米粉，慢慢倒入牛奶，邊倒邊攪拌，避免結塊。 4. 烤模鋪烘焙紙，倒入3，輕震模具均勻分散玉米糊。 5. 烤箱預熱180℃，烤45分鐘左右。

Sopa Paraguaya

Argentine

阿根廷是世界上數一數二的牛肉消費國。阿根廷青醬chimichurri以巴西里和奧勒岡製成，帶有酸味，是阿根廷烤肉「asado」不可或缺的萬能蘸醬。

阿根廷

阿根廷青醬 Chimichurri

材料（方便製作的分量）

A ─ 巴西里…1/4杯、大蒜…4瓣、小辣椒…1根

B ┌ 紅酒醋…3大匙、初榨橄欖油…1/2杯、
  │ 乾燥奧勒岡…2大匙、紅椒粉…1/2小匙、
  └ 鹽…適量、胡椒…1/2小匙

作法

1. A放入食物處理機打成碎末狀（也可各自分別切末）。
2. B放入碗中拌勻，加入1均勻攪拌。 3. 靜置冰箱一晚，讓味道沉澱。淋在烤肉或其他食物上享用。

沒有紅酒醋時可以蘋果醋替代。

memo

Chimichurri

烏拉圭，因阿根廷的支持贏得獨立戰爭，國旗因此以阿根廷國旗為範本。不僅如此，兩國在牛隻畜牧、葡萄酒生產等文化上也有相似之處。chivito（原意為小山羊）誕生於 1940 年代，在麵包中夾入鮮嫩的牛排、番茄、莫札瑞拉起司、雞蛋等食材，是相對年輕的一道烏拉圭菜。

Uruguay

烏拉圭

牛排三明治　Chivito

Chivito

材料（4 人份）

牛肉（牛排用）……2 片
火腿……4 片
雞蛋……2 顆
莫札瑞拉起司（切薄片）……1 塊
萵苣（撕開）……4 片
番茄（切薄片）……1/2 顆
洋蔥（切絲）……1/2 顆
美乃滋……適量
鹽、胡椒……適量
麵包（長棍麵包或其他麵包）……2 塊
植物油……適量
〈配菜〉
炸薯條（也可用冷凍薯條）……適量

作法

1. 牛肉撒鹽、胡椒。平底鍋倒油，煎牛肉。煎荷包蛋。

2. 麵包對半縱切，兩片麵包都抹上美乃滋。一片麵包依序疊上萵苣、番茄、1 的牛肉、莫札瑞拉起司、火腿、荷包蛋、洋蔥，蓋上另一片麵包。相同方法再做一份。

3. 三明治疊好後從中對半切開，搭配炸薯條享用。

也可以加橄欖、生火腿，或是用雞肉代替牛肉。

memo

CHAPTER 7

Oceania

｜大洋洲｜

大洋洲包含了密克羅尼西亞、美拉尼西亞、玻里尼西亞和澳洲，全區幾乎都是海洋，陸地面積只有約 6%，光是澳洲就占了陸地面積的 86%，大部分大洋洲國家都是散布在太平洋上的小島群。

澳洲原住民（Aboriginal）以野生袋鼠、鱷魚、鴯鶓（澳洲鴕鳥）和其他五花八門的陸地植物與昆蟲為食。18 世紀來到這塊土地的英國移民稱這種飲食方式為「叢林飲食（bush tucker）」，並對其興致缺缺。然而，叢林飲食現在卻因天然和豐富的營養價值獲得好評。

英國人還帶來了牛隻與釀酒用的葡萄，在澳洲的土地上繁衍，兩者都成為澳洲今日的一大產業。另一方面，居住在這裡的人們也接納了他國的移民，共同孕育出豐富多元的飲食文化。

移居紐西蘭的英國人也一樣開始牧養羊群和乳牛，種植葡萄釀酒。這些英國人希望能與玻里尼西亞的原住民毛利人（Māori）和平共處，相當尊重當地的飲食文化，例如挖土坑窯烤肉類和蔬菜的「hāngī」（在其他島嶼也叫做 lovo、mumu）與其他南太平洋的傳統料理方式。

生活在大洋洲群島的原住民傳統上一直以魚、椰子、芋頭、麵包果為食。在海洋探險家詹姆士．庫克（James Cook）的功勞下，許多大洋洲群島當年都成了英國的殖民地，也有國家跟斐濟一樣，住有許多工人出身的印度移民。法屬玻里尼西亞保留了法國精緻的美食文化，當時的殖民者為了確保足夠的廉價糧食給奴隸吃，將玻里尼西亞的麵包果樹運至加勒比西印度群島種植，這些貨船的出發地便是地處中心的大溪地島。

密克羅尼西亞的帛琉、馬紹爾群島、密克羅尼西亞聯邦曾經是「南洋諸島」，經歷日本的委任統治。時值今日，這些地方仍留有些許日本語言和文化的痕跡。

大洋洲經常使用的食材、調味料

芋頭與芋頭葉

天南星科多年生草本植物，原產於東南亞，被廣泛種植於玻里尼西亞、南太平洋群島。可以日本里芋、八頭芋、海老芋、赤芽芋、台灣小芋頭、紅梗芋等有黏性的芋頭品種替代。芋頭葉則可以瑞士甜菜（牛皮菜）、菠菜、小松菜替代。

香蕉葉

不是食材，而是用來將食材包起來燜烤。蕉葉能為食物提香，沒有的話可以鋁箔紙替代。

Australia

澳洲
澳洲肉派
Aussie Meat Pie

身為大英國協成員國的澳洲,文化由原住民 Aboriginal 和移民融合而成,卻也深受英國影響。使用當地特產牛肉製成的迷你肉派,是澳洲人觀看橄欖球和其他運動賽事時不可或缺的存在,與烤肉並列國民美食。在派上擠番茄醬是澳洲獨門吃法。

Aussie Meat Pie

加入澳洲風味「維吉麥醬」提味更好吃。

memo

材料(4 人份)

冷凍派皮(20*20cm)……2 片
牛絞肉……400g
洋蔥(切末)……1 顆
胡蘿蔔(切末)……1/2 根

A ┌ 雞湯塊……1 塊
　├ 伍斯特醬……1 小匙
　├ 維吉麥醬(vegemite)*
　│ (有的話再加)……1/2 小匙
　└ 肉豆蔻粉……1 小撮

麵粉……1 大匙
鹽……1/4 小匙
胡椒……1 小撮
植物油……1 大匙
奶油……適量
蛋黃……1 顆
番茄泥(或番茄醬)……適量

* 澳洲的發酵調味料

作法

1. 冷凍派皮退冰,1 片切成 4 等分。8 片派皮分別揉成團,擀成圓形備用。
2. 平底鍋倒油,拌炒牛絞肉、洋蔥、胡蘿蔔。牛肉變色後加鹽、胡椒調味,加入 2/3 杯水、A,蓋上鍋蓋小火燉煮 30 分鐘。
3. 麵粉以 1/3 杯水化開後,倒入 2 的鍋子裡拌勻,靜置冷卻。
4. 準備 4 個馬芬大小的烤杯,內側塗奶油,分別鋪上 1 的派皮,放入 3,覆蓋另一半派皮。
5. 派皮表面刷一層蛋黃液。以叉子固定派皮邊緣,順便壓花紋。
6. 烤箱預熱 180℃,烤 25～30 分鐘至肉派表皮呈焦褐色,
7. 點上番茄泥。

紐西蘭坐擁豐富的自然資源，來自英國和歐洲其他國家的居民與原住民毛利人和平共處。這款毛利語叫「rewena paraoa」的麵包以馬鈴薯為麵種，是十分天然的毛利料理。由於需要幾天時間才能讓麵種發酵，趕時間時也可以用商用酵母。

New Zealand

紐西蘭

毛利麵包　Maori Bread

沒有全麥麵粉時以普通的精製麵粉替代。搭配麥盧卡蜂蜜享用。

memo

Maori Bread

材料（4 人份）

馬鈴薯……2 顆

A
- 麵粉（過篩）……50g
- 砂糖……1 大匙

B
- 麵粉（過篩）……400g
- 全麥麵粉（過篩）……100g
- 泡打粉……1 又 1/2 大匙
- 鹽……1 大匙

植物油……適量

作法

1. 馬鈴薯削皮切薄片後煮軟。
2. 將 1 放到碗中壓碎，加入 A 均勻攪拌，放入有蓋子的乾淨玻璃瓶，室溫發酵 1 天以上至稍微冒泡程度。
3. 在另一個碗中塗一層薄油，放入 2 和 B 拌勻，慢慢倒入 1 杯溫水，揉至耳垂硬度。蓋上乾淨的濕布，室溫靜置 4 小時。
4. 將 3 分成 2 等分，塑成橢圓形，表面塗一層薄油，用刀子劃一道割痕，上方透過篩網撒一些麵粉（食譜配方分量外）。
5. 烤盤鋪烘焙紙，擺上 4。烤箱預熱 180℃，烤 35 ～ 45 分鐘，觀察麵包表皮呈焦褐色即可出爐。

Guam

關島（美國領地）

涼拌雞肉
Kelaguen

關島，位於密克羅尼西亞馬利安納群島中，屬於美國的非合併建制領土，受美國影響的同時，也保有根深柢固的原住民查莫洛（Chamorro）文化。kelaguen 是查莫洛的代表菜餚，烤雞肉混合椰子肉與檸檬汁，搭配以胭脂樹紅染色、節慶時吃的紅米飯一起享用。

材料（4 人份）

雞肉⋯⋯400g

　　┌ 椰肉片⋯⋯1/3 杯
A　├ 檸檬汁⋯⋯1/4 杯
　　└ 青辣椒（切圈）⋯⋯1 根

鹽⋯⋯1 小匙

巴西里⋯⋯適量

〔配菜：紅米飯〕

2 杯米加上 1/2 小匙胭脂樹紅（沒有的話用紅椒粉），以平常的方式煮飯。

作法

1. 雞肉撒鹽，以平底鍋或烤爐煎熟後剝細絲。
2. 雞絲、A 倒入碗裡拌勻，放入冰箱冷藏 1 小時。盛盤，搭配紅米飯，佐以巴西里。

當地人是用新鮮椰子製作，沒有的話改用椰肉片。

memo

Kelaguen

曾為日本領地的帛琉至今仍留有日本文化與日文影響的痕跡。帛琉人將日本的可樂餅換成了當地的主食——芋頭，這裡我們以里芋製作。

Palau

帛琉

芋泥可樂餅　Taro Croquette

材料（4 人份）

里芋…450g、豬絞肉…200g、
洋蔥（切末）…1 顆、麵粉、麵包粉…各適量、
蛋液…1～2 顆、鹽…1 小匙、胡椒…1/2 小匙、
植物油…適量

作法

1. 里芋削皮煮熟。　**2.** 平底鍋倒植物油，洋蔥和豬絞肉下鍋拌炒。　**3.** 將 1、2、鹽巴、胡椒倒入碗中拌勻，捏成圓柱狀，抹一層薄薄的麵粉，裹上蛋液、麵包粉。　**4.** 炸油加熱至 180℃，將芋泥可樂餅炸至金黃色。

除了里芋，也可用八頭芋替代。　memo

Taro Croquett

索羅門群島，1978 年脫離英國獨立，是 WHO 世界衛生組織認定「世界上空氣最乾淨的國家」。poi 是讓芋泥發酵的食物，為索羅門群島人的傳統主食。

Solomon Islands

搭配烤海鮮或
烤肉享用。

memo

Poi

索羅門群島

芋泥漿　Poi

材料（4 人份）

赤芽芋…400g（洗淨備用）
（可以里芋、八頭芋、海老芋等有黏性的品種替代）
水……400ml

作法

1. 赤芽芋洗淨、煮軟後削皮。　**2.** 將 1 放入食物處理機，加少量水打成泥狀。　**3.** 芋泥放入保存容器裡，靜置發酵 2、3 天以上，稍微變褐色後即完成（夏天時請放入冰箱以免腐壞）。

Papua New Guinea

巴紐控窯餐　Mumu

巴布亞紐幾內亞，位於美拉尼西亞，由新幾內亞島東半部和鄰近島嶼組成。巴紐控窯餐是南太平洋的傳統料理，在烤出高溫的石頭上擺上香蕉葉、根莖類、肉類和蔬菜，淋上椰奶，再以蕉葉包覆，放在土中燜燒。在台灣，使用荷蘭鍋或琺瑯鍋也能複製這道菜餚。

材料（4 人份）

豬肉⋯⋯300g
雞肉⋯⋯300g
赤芽芋⋯⋯1 顆
（也可用地瓜、里芋）
茼蒿⋯⋯1 把
（也可用菠菜或小松菜）
椰奶⋯⋯1 杯
香蕉葉（有的話再加）⋯⋯適量
鹽⋯⋯適量

作法

1. 豬肉、雞肉切成方便食用的大小。赤芽芋削皮切圓片，茼蒿切段。
2. 琺瑯鍋鋪香蕉葉，依序疊上 1/2 的茼蒿、赤芽芋片、豬肉、雞肉。
3. 淋上椰奶，放剩餘的茼蒿，包起香蕉葉。
4. 蓋上鍋蓋中火加熱 15 分鐘。轉小火繼續燜煮 45 分鐘（也可用烤箱加熱）。吃的時候撒鹽巴。

巴紐控窯餐只以鹽巴和椰奶調味，讓食材本身的味道相互交融。

memo

Mumu

Federated States of Micronesia

Micronesian Chicken

密克羅尼西亞聯邦歷經西班牙和日本的殖民，於 1979 年脫離美國獨立。烤雞裡混合醬油、啤酒和檸檬的醬汁融合了各式各樣的文化。

密克羅尼西亞聯邦

密克羅尼西亞烤雞
Micronesian Chicken

以帶骨大雞腿肉或豬肋排製作也很美味。

材料（4～5 人份）

雞肉（雞翅）……10 支
檸檬汁……2 顆
A ［ 洋蔥（切末）…1 顆、大蒜（切末）…1 瓣、
啤酒…350ml、醬油…120ml

memo

作法

1. 雞肉以檸檬汁醃漬 30 分鐘。　**2.** A 倒入碗中拌勻，加入 1 的雞肉，放入冰箱靜置至少 3 小時。　**3.** 烤箱預熱 180℃，烤雞翅 40 分鐘，每 10 鐘翻一次面。

Marshall Islands

馬紹爾群島歷經西班牙、英國、日本和美國託管後，於 1979 年獨立建國。chukuchuk 就是飯糰抹上椰肉碎片，為馬紹爾群島人的主食。

馬紹爾群島

椰子飯糰 Chukuchuk

Chukuchuk

材料（4 人份）

白飯……300g
椰肉片……適量

以製作點心的乾燥椰肉片代替新鮮椰子。

memo

作法

1. 一次取 40g 的白飯，表面蘸水，捏成圓圓的飯糰，抹上椰肉片。

Fiji

斐濟

豆泥菜捲 Saheena

位於玻里尼西亞的斐濟昔為英國殖民地，來自南印度的勞工在此落地生根後令斐濟大約有 40% 的國民為印度裔。近年，據說有越來越多斐濟人和印度裔通婚，增添了許多混血國民。以玻里尼西亞和印度食材製成的豆泥菜捲 saheena 便是深具這種斐濟風格的融合料理。

材料（4 人份）

去皮黃豌豆*……200g

A
├ 大蒜……4 瓣
├ 薑……1cm
└ 辣椒粉……1/2 小匙

B
├ 麵粉……200g
├ 孜然粉……1 小匙
├ 瑪莎拉香料……1 小匙
├ 羅望子醬**……1 大匙
└ 鹽……少許

瑞士甜菜（牛皮菜）……10 片
炸油……適量

* 也叫「toor dal」，可用去皮扁豆替代

** 可用蜂蜜醃漬的酸梅替代。去籽加水後打成糊狀備用

作法

1. 去皮黃豌豆泡溫水至少 2 小時。
2. 將 1 和 A 放入食物處理機打泥。豆泥裝到碗裡，加入 B 拌勻。
3. 砧板上鋪 2 片瑞士甜菜，整面甜菜抹上 2 的豆泥，再疊一層瑞士甜菜，抹豆泥。反覆這個步驟。
4. 用捲壽司的方法將 3 牢牢捲起。包上保鮮膜，進一步壓緊菜捲。像糖果包裝那樣旋轉、扭緊保鮮膜兩端。
5. 菜捲放入蒸鍋蒸 30 分鐘。
6. 放入冰箱冷藏至少 2 小時，解開保鮮膜，切成 3cm 厚的圓片。
7. 將 6 放入 180 ～ 190℃的油裡油炸。

當地人是用芋頭葉包豆泥。除了瑞士甜菜，也可用菠菜替代。

memo

Sehna

諾魯是繼梵蒂岡、摩納哥之後，世界第三小的國家，於 1968 年
脫離英國獨立。這道炸魚以島上難得的特產——椰子製成。

Nauru

諾魯
香酥椰子魚 Coconut Crusted Fish

材料（4 人份）

白肉魚（魚片）……2 片（300g）
A ┌ 椰肉片……100g
　└ 麵包粉（細粒）……100g
蛋液……1 顆
椰子油……50ml（或其他植物油）
鹽…1 小匙、胡椒…1/2 小匙、萊姆…1 顆

作法

1. 魚片撒鹽、胡椒。　2. 1 裹上蛋液，蘸上事先拌
勻的 A。　3. 平底鍋倒入椰子油加熱，將 2 炸得金
黃酥脆。　4. 盛盤，以萊姆點綴。

椰肉片選椰子絲這種較細的種類。　　memo

Coconut Crusted Fish

1970 年脫離英國獨立的東加大約由 170 個島嶼所組成。這道結合章
魚和椰奶的料理充滿玻里尼西牙風情，單純樸實。

Tonga

Lo'i Feke

東加
椰奶章魚 Lo'i Feke

材料（4 人份）

椰奶……1 杯、洋蔥（切絲）……1/2 顆、
章魚（切塊，也可用水煮章魚）……250g、
鹽……1/2 小匙

作法

1. 鍋裡倒入椰奶加熱，沸滾後加入章魚、洋蔥、
鹽巴煮 5 分鐘。

模仿西班牙小菜 pinchos 插在竹籤上也很
漂亮。

memo

American Samoa

美屬薩摩亞
薩式雜碎
Sapa Sui

美屬薩摩亞位於玻里尼西亞的薩摩亞群島中，為美國的非建制領土，與薩摩亞獨立國為鄰。sapa sui 類似八寶菜，是美式中餐「chop suey 雜碎」的薩摩亞版，使用的調味料受鄰近各國（如印尼）影響，以冬粉和其他簡單的材料製成。

Sapa Sui

材料（2 人份）

冬粉……100g
絞肉（豬或雞）……150g
洋蔥（切丁）……1 顆
大蒜（磨泥）……2 瓣
薑泥……1 小匙

A ┌ 醬油……1/2 大匙
　└ 雞湯粉……1 小匙
玉米（罐頭或冷凍皆可）……2 大匙
蠔油……1/2 大匙
植物油……2 大匙
白飯……適量

當地用的調味料是印尼的 kecap manis（請參考 41 頁）。

作法

memo

1. 冬粉泡水（冷熱皆可），切成方便食用的長度。
2. 平底鍋熱油，洋蔥炒至透明。加入大蒜、薑泥拌炒，絞肉下鍋，繼續翻炒。
3. 絞肉變色後加入 A、1 杯水、1 的冬粉、玉米。
4. 倒入蠔油拌勻後加熱 1 分鐘。試味道，視情況加醬油。
5. 和白飯一起盛盤。

吐瓦魯曾以「艾利斯群島」之名與吉里巴斯一起成為英國保護地，於 1978 年獨立。這道炸椰子香蕉洋溢南太平洋風情，滋味誘人。

Tuvalu

吐瓦魯

炸椰子香蕉 Coconut Banana Fritters

材料（4 人份）

A ┌ 麵粉…100g、玉米澱粉…25g、
  │ 泡打粉…1/2 小匙、椰肉片…25g、
  │ 椰奶…1/4 杯、雞蛋（打散）…1 顆、
  └ 細砂糖…1 大匙、鹽…1 小撮
香蕉……2 根
炸油……適量

作法

1. A 倒入碗裡拌勻。 2. 香蕉切丁，加到 1 裡簡單翻拌。 3. 炸油加熱至 180℃，用湯匙將 2 舀到油鍋中，炸至金黃酥脆。 4. 起鍋瀝油，撒上細砂糖（食譜配方分量外）。

簡單的滋味令人上癮。　　　　memo

Coconut Banana Fritters

Samoa

薩摩亞於 1962 年獨立建國，為大英國協成員國。國內基督教徒眾多，fa'apapa 也是用在地食材來製作信徒重要的麵包。

薩摩亞

椰子麵包 Fa'apapa

材料（4～5 人份）

A ┌ 椰肉片…120g、麵粉（過篩）…300g、
  │ 細砂糖…50g、椰奶…1 杯
  └ 椰子油……適量
（沒有的話以其他植物油替代）

作法

1. A 倒入碗裡拌勻，充分揉捏。麵糊分成 2 等份，稍微壓成扁平狀，表面全部刷一層椰子油。
2. 以烘焙紙將 1 包起來，放進 200℃的烤箱，烤30 分鐘至表皮呈焦褐色。

椰肉片選椰子絲這種較細的種類。　　memo

Fa'apapa

Palusami

Kiribati

吉里巴斯

芋頭葉蒸椰奶　Palusami

吉里巴斯是「全世界每天最快迎接第一道曙光的國家」。芋頭葉蒸椰奶 palusami 充滿南太平洋風格，咖哩粉是整道菜的亮點。

材料（4 人份）

A ┌ 洋蔥（切絲）…1 顆、椰奶…150ml、
　├ 咖哩粉…1/2 小匙、檸檬汁…1/2 顆、
　└ 鹽…1/2 小匙
瑞士甜菜（牛皮菜）……6 ～ 8 片（也可用菠菜）

作法

1. A 倒入碗中拌勻。　2. 將 1 ～ 2 片瑞士甜菜並排，放上 1 包起來。外面包一層鋁箔紙避免裡面的葉子散開。
3. 烤箱預熱 180℃，烤 30 分鐘。

以瑞士甜菜或菠菜代替芋頭葉或黃蜀葵葉。

memo

Vanuatu

萬那杜

椰奶燉蜀葵葉捲　Simboro

萬那杜是高空彈跳的發源地，simboro 的外觀與中東或希臘的葡萄葉鑲飯「dolma」十分相似，作法是利用黃蜀葵葉將餡料包起來烹煮，這種葉子是秋葵的同屬近親，帶有黏性。

材料（4 人份）

瑞士甜菜（牛皮菜）…8 片、大蕉…1 大根、番茄…2 顆
A ┌ 洋蔥（切末）…1/4 顆、青蔥（切花）…1 根、
　└ 鹽、胡椒…各少許
椰奶……1 杯

作法

1. 大蕉放入食物處理機打泥。番茄 1 顆切細丁，1 顆切薄片。　2. 大蕉泥和番茄丁放入碗中，加入 A 拌勻。　3. 瑞士甜菜鋪平，放上 1 大匙的 2，用做高麗菜捲的方式捲起來。　4. 將菜捲擺進鍋裡，加入番茄薄片、椰奶，小火燉煮 15 分鐘。

Simboro

Ika Mata

Cook Islands

庫克群島

椰漿生魚沙拉 Ika Mata

庫克群島，以英國海洋探險家庫克為名的國家。椰漿生魚沙拉 ika mata 結合了生魚片與椰奶，充滿玻里尼西亞風情，非常適合當前菜。

材料（4 人份）

白肉魚（生魚片）…300g、萊姆汁…1/2 顆、鹽…1/2 小匙、椰奶…1 杯、番茄（切細丁）…1/2 顆、小黃瓜（切薄片）…1/2 根、胡蘿蔔（切絲）…1/2 根、洋蔥（切末）…1/2 顆

作法

1. 生魚片切 1.5cm 的丁放入碗裡，撒鹽、淋上萊姆汁，接著倒入椰奶。　2. 蔬菜放到另一個碗中拌勻後，倒入 1 的碗裡拌開。

請務必使用生食等級的白肉魚生魚片。　memo

Niue

紐埃是人口約 1500 人的小國家，日本也於 2015 年承認其獨立地位。紐埃國菜為香燜芋頭木瓜 takihi，道地作法是將木瓜和芋頭放進土坑裡加熱燜燒。

紐埃

香燜芋頭木瓜 Takihi

材料（4 人份）

木瓜（切薄片）*…1 顆、芋頭（切薄片）…2 大顆、地瓜（切薄片）…1 條、椰奶…1 罐（400g）、香蕉葉或鋁箔紙…適量
* 也可用芒果代替木瓜

作法

1. 將木瓜片擺在香蕉葉或鋁箔紙上，淋上椰奶。　2. 1 的上面擺芋頭片，淋上椰奶。　3. 2 的上面擺地瓜片，淋上椰奶，再擺木瓜片，淋上椰奶。　4. 香蕉葉包起來以繩子綁好（若是用鋁箔紙則直接包起來就好）。烤箱預熱 180℃，烤 45 分鐘。

Takihi

Tahiti

大溪地（法屬玻里尼西亞）

大溪地生魚沙拉
Poisson Cru

大溪地是法國的海外國土，以大溪地島為中心。法國在南太平洋還有新喀里多尼亞和其他領地。poisson cru和庫克群島與鄰近地區的椰漿生魚沙拉 ika mata（請參考 281 頁）幾乎是相同的菜色，但近年受到日裔廚師帶來日式生魚片的影響，又更接近秘魯的酸漬生魚沙拉（ceviche），手法講究細緻。

材料（4 人份）

生魚片（鮪魚、鯛魚等）……250g
萊姆汁……1 顆
（切 1 片圓片當裝飾，其餘擠汁）

A
　番茄（切丁）……1 顆
　小黃瓜（切丁）……1 根
　洋蔥（切末）……1 顆
　大蒜（切末）……2 瓣

鹽、胡椒……各少許
椰奶……1 杯
萊姆（裝飾用）……少許

作法

1. 生魚片切丁，泡鹽水放進冰箱冷藏片刻。
2. 擦乾 1 的水氣放入碗中，淋上萊姆汁拌勻，靜置 1 分鐘。
3. 倒掉萊姆汁，加入 A，撒上鹽巴、胡椒。
4. 倒入椰奶輕拌後盛盤，佐以萊姆。

生魚片浸鹽水放冰箱冷藏是製作關鍵。

memo

Poisson Cru

宗教飲食規定

世界上有 80% 以上的人擁有某種信仰，想了解地方傳統料理就必須先了解傳統宗教。今日，在國際交流、商業往來和國民外交的場合裡，理解一種信仰和其飲食規定的背景也成為重要的元素。

宗教飲食規定

在與外國人一起用餐時，事先了解每個宗教的教義、飲食規定以及為什麼會有這樣的規定是很重要的元素。

國際航班的飛機餐點和國際會議接待上，一定會準備對應伊斯蘭教（halal）或猶太教（kosher）飲食規定的特別餐點。

以下介紹世界五大宗教和其他各種傳統宗教的教義和飲食規定。

猶太教（如：以色列）

猶太人的宗教，創立於西元前1280年，以摩西律法為基礎，信奉唯一的神耶和華（Yahweh）。猶太聖經由成文律法《妥拉》和口述律法《塔木德》所構成。自紀元70年耶路撒冷聖殿毀滅至1948年以色列建國為止，亡國的猶太人雖散落在世界各地，卻以會堂（synagogue）為中心，始終恪守傳統。如今，猶太教大約有1500萬名的宗教人口，主要分布在以色列和美國。

猶太教的飲食規定

猶太潔食「kosher」是猶太聖經中寫下的飲食規定，是猶太教徒可以吃的潔淨食物，也叫做 kashrut（希伯來文）。

潔食也有醫學上的涵義，像是禁止吃脂肪過多的食物。不僅如此，早期的猶太人對環境和自然的關係已具備相當豐富的知識，向世人證明他們是如何在中東狹小、乾涸的土地上生活，與自然和諧共處。

此外，潔食的觀點也符合現代的環境問題和動物福利（animal welfare），吸引了購物時會意識社會和環境等「消費倫理」的非猶太教徒目光。

〈主要的猶太潔食〉
● 蔬菜、水果、穀物、豆類、海藻（但不可以有蟲在裡面）。
● 牛、綿羊、山羊、鹿等分蹄、反芻的動物肉。
● 雞、野鴨、家鴨、鵝、火雞、鵪鶉、鴿子等（鷹、鵰、烏鴉等24種指定的鳥類以外）擁有潔食屠宰資格者檢查、屠宰的肉。
● 擁有鱗片、能輕易切片的魚（甲殼類、章魚、花枝貝類都非潔食）。
● 蛋（自然帶血的蛋不行）、乳製品。
● 符合潔食規定的酒精飲料。
● 活體生魚片這類從活體動物身上取下的食物因為「給予動物不必要的痛苦」而受到禁止。動物在食用前一定要宰殺。

〈主要的非猶太潔食〉
● 豬、山豬、兔子、馬、熊等沒有分蹄的動物肉。
● 無潔食屠宰資格者宰殺的肉。血。
● 昆蟲（蜜蜂生產的蜂蜜可以吃。此外，幾種自古在以色列沙漠中即為珍貴食物的蝗蟲、蚱蜢也可以吃，以色列甚至還有潔食蚱蜢農場）。
● 肉和奶一起製作的食物（例如：起司漢堡），肉和奶要間隔6小時以上才能吃。
● 含有非猶太潔食添加物的調味料。
● 不符潔食規定的廚房、廚具烹調的食物。

青花菜或花椰菜這類蔬菜雖然是可以吃的食物，但由於縫隙中可能藏有菜蟲，一些謹慎的猶太人會避開。同樣的，藍莓和覆盆子等果實因為很難充分清洗乾淨，有些猶太教徒也不會吃。

猶太教徒特別重視 7 種農作物，分別是小麥、大麥、葡萄、無花果、石榴、橄欖（油）、椰棗（蜂蜜）。這 7 種在聖經中登場的作物在猶太教中扮演了重要的角色，另外，「7」也是猶太教徒心目中的神聖數字。

猶太教節慶與特殊料理

安息日 Shabbat（每週五日落至週六日落）

安息日是個暫時停止工作和日常活動，享受與家人、朋友用餐的機會。這一天禁止一切伴隨勞動的活動，甚至不能用手機和按電梯。星期五晚上，「challah」辮子麵包、鷹嘴豆泥「hummus」、猶太布丁「kugel」是餐桌上的固定班底，也能飲用葡萄酒。虔誠的猶太教徒在安息日不能下廚，猶太人因此發展出將肉、豆子和蔬菜丟在鍋裡細火慢燉的猶太料理「cholent（hamin）」，以便在安息日吃到熱騰騰的食物。

猶太新年 Rosh Hashanah（9 月左右）

猶太曆新年。如同日本的年節料理，猶太人也會吃討好彩頭的年菜，象徵性年菜有 7 道（7 是吉祥數字）：蘋果蘸蜂蜜、「tzimmes」糖煮胡蘿蔔黑棗、蜂蜜蛋糕祈願新的一年甜甜美美；石榴象徵上天豐盛的恩賜；魚頭或羊頭則代表出人頭地。

贖罪日 Yom Kippur（9 月左右）

從贖罪日前一天日落後算起，禁食一天。

住棚節 Sukkot（10 月左右）

住棚節從贖罪日四天後開始，為期 8 天，用以紀念以色列人過去在沙漠中徘徊 40 年，暫居帳棚避難的日子。住棚節時，人們會搭建簡單的臨時棚屋，以水果、葫蘆等蔬菜裝飾，在屋裡享用秋天的收成，是很愉快的節日。

歡慶妥拉節 Simchat Torah

住棚節結束的隔一天，人們會研讀猶太教律法《妥拉》，慶祝一年遞嬗的完結與開始。東歐的阿什肯納茲猶太人（Ashkenazi jews）有個傳統，會在這天吃「kreplach」餃子，這種餃子還有個別名，叫做「猶太餛飩」。

光明節 Hanukkah（12 月左右）

猶太教的大節日。西元前 165 年，猶太人在馬家比家族的帶領下收復遭異教徒占領的耶路撒冷神殿時（Maccabean revolt），點燃蠟燭的橄欖油只剩下一天的量，但蠟燭卻持續燃燒了 8 天。為了慶祝、紀念這項「油的奇蹟」，猶太人會在光明節吃油炸料理。馬鈴薯絲餅「latkes」（馬鈴薯從新大陸引進前是用扁豆製作）和甜甜圈「sufganiyah」都是有名的光明節料理。

普珥節 Purim（3 月左右）

《希伯來聖經》中記載了一段故事：古波斯有位美麗又聰明的以斯帖王后，她和叔叔末底改揭露了朝臣哈曼企圖屠殺猶太

人的陰謀，拯救了猶太人。普珥節便是為了紀念這段過去的節日。這一天，人們會吃一種外型模仿哈曼的帽子（或耳朵）、內餡包著果醬或罌粟子的三角形點心「hamantaschen」。

逾越節 Pesach（4 月左右）

《聖經》〈出埃及記〉第 12 章，記載了在埃及淪為奴隸的以色列人在摩西的帶領下逃離巴勒斯坦的故事。逾越節即紀念這段故事的重要節日。逾越節的特別食物如下：

無酵餅（Matzo）：必須在製作後的 18 分鐘內烘烤以免發酵。

羔羊脛骨（Zeroa）：象徵古時逾越口的羔羊祭品。

苦菜（Maror）：象徵祖先在埃及為奴時的苦難。

水煮蛋（Beitza）：象徵神殿的犧牲和人生的輪迴。

尚苣或芹菜等蔬菜（Karpas）：代表春天的青菜。

甜泥醬（Charoset）：象徵先祖在埃及建造法老王金字塔時的泥土。

另外還會準備象徵奴隸眼淚的一碗鹽水和紅酒。

五旬節 Shavuot（5 月左右）

五旬節於逾越節第二日的 49 天（七週）後開始，為期約 3 天，和逾越節、住棚節並列猶太教三大節期，也是人們感謝春收的農節。猶太人習慣在五旬節吃穀物和新鮮的水果、酪農製品，不吃肉。類似可麗餅的「blintz」和起司蛋糕最受人們歡迎。

伊斯蘭教

伊斯蘭教始於 7 世紀初的阿拉伯半島，由穆罕默德所創，以《古蘭經》為經典，信奉唯一真神（阿拉）。伊斯蘭教徒稱為穆斯林，全世界約有 16 億人。伊斯蘭教教派眾多，主要分為遜尼派與什葉派，遜尼派為最大教派，占穆斯林總數的 80%，什葉派則占 10 ～ 20% 左右，另外也有德魯茲派（Druze）、阿拉維派（Alawite）、蘇菲派等少數教派。

伊斯蘭教的飲食規定

伊斯蘭教將神允許的事物稱為「清真（halal）」，禁止的事物稱為「非清真（haram）」，虔誠的穆斯林嚴格奉行這些規定。不過，根據遜尼、什葉等不同教派，以及地方或伊瑪目（imam，宗教指導者、教長）的見解不同，解釋也會有所不同。

〈主要的清真食物〉

蔬菜、水果、穀類（米、小麥等）、豆類、海鮮、海藻、牛奶、蛋、遵循伊斯蘭教法宰殺的動物肉及其衍生物。

※ 自然情況下摻有少量鮮血的蛋（有不同觀點）、魚雖然為清真食物，但活體烹調的魚、吃非清真飼料長大的養殖魚都不符教法。由於也有人認為貝類為非清真，這部分就交由當事人判斷。此外，有毒的河豚一般是非清真，唯有在日本屬於清真食物。

〈主要的非清真食物〉

● 豬肉、以及包含豬身上任何部位衍生物（吉利丁、酥油等）的食品。

● 酒精飲料、含有酒精成分的調味料等。

● 未遵循伊斯蘭教法宰殺的動物肉、血液、宰殺前已死亡的動物肉以及包含上述物品衍生物的食品。

● 以其他動物為獵物、擁有爪子的動物。

● 鱷魚、烏龜、青蛙等兩棲類動物。

● 昆蟲（但蝗蟲、蚱蜢過去即為沙漠地帶的珍貴食物，所以可以吃）。

● 非清真的廚房、廚具所烹調的食物。

伊斯蘭教節慶與特殊料理

開齋節 Eid al-Fitr

開齋節是慶祝齋戒月（Ramadan）結束的重大節日，eid 是阿拉伯文中「宴會」的意思，fitr 是「禁食結束」。馬來西亞或東南亞地區稱開齋節為「Hari Raya Puasa」，土耳其則叫「Ramazan Bayramı」。人們在開齋節感謝真神讓自己完成禁食、前往清真寺禮拜，拜訪親朋好友，一起享受大餐，慶祝開齋。有些國家還會準備食物，舉辦任何人都可以享用餐點招待的「open house」活動。

宰牲節 Eid al-Adha

宰牲節是慶祝開齋的節慶之一，人們在這一天紀念易卜拉欣打算將最寵愛的兒子伊斯瑪儀獻祭給阿拉的故事。宰牲節又叫「犧牲節」「大節」，馬來西亞和其他東南亞地區稱為「Hari Raya Haji」，土耳其叫「Kurban Bayramı（古爾邦節）」，西非人則稱「Tabaski」。

宰牲節是麥加朝聖活動的最後一天，不論有沒有參加朝聖，穆斯林都會宰殺羊隻或其他牲口獻祭以慶祝這個節日。穆斯林會以烤肉的方式料理這些祭品，分送給窮人。

阿舒拉節 Ashura

阿舒拉節是慶祝伊斯蘭曆 1 月 10 日 的日子，對什葉派的人尤為神聖。由於諾亞在大洪水後的第 10 天以現有的食材做飯，人們便衍生出在這一天食用點心「阿舒拉」的傳統。這種點心以穀物或鷹嘴豆、果乾、堅果等材料製成，又叫「諾亞的布丁」。

基督教

基督教為相信耶穌基督為救世主的宗教。耶穌講述神國的福音，自願釘上十字架以拯救人類的罪行並復活，是基督教信仰的中心。基督教興於 1 世紀中葉的巴勒斯坦，由猶太教發展而來。

基督教的主要教派

〈東正教〉

東正教源於希臘，於世界各地形成組織，除了少數例外，所有組織皆冠有國名或地區名，如希臘正教、俄羅斯正教、保加利亞正教、日本正教等等。

〈天主教〉

以羅馬教宗為中心，又叫羅馬教會、羅馬公教，1054 年，因東西方教會分裂，與東正教分道揚鑣。天主教徒主要分布在歐洲和南美，約有 12 億人。

〈基督新教〉

16 世紀，馬丁路德和喀爾文發起宗教

改革後，反抗羅馬公教信仰的人從公教分離出來成立基督新教。基督新教的英文「Protestant」意即「反抗者、抗議的人」。基督新教還能再細分為路德派、英國國教聖公會等，派別眾多。

〈阿米許教（Amish）〉

阿米許教起源於瑞士，為逃離迫害移居美國已有 200 年的歷史。在阿米許教的觀念裡，食物幾乎都要親手製作，並且不使用基因改造產品和農藥，但阿米許教並不等於有機。

基督教的飲食規定

耶穌對潔淨與不潔淨食物的定義基本上和猶太教傳統的飲食規定大同小異，但耶穌向眾人表示，唯有偽善和惡念這些從人的內在所產生的罪惡會汙染人心，人心不會因不潔的食物而汙穢。比起飲食規定，耶穌更重視的是「互相分享食物」。因此，基督教幾乎沒有飲食規定，但近幾年興起的教派則有一些食物禁忌。

酒精：大部分的基督教派如天主教、東正教、路德派、英國國教聖公會等都允許適度的飲酒，但救世軍（Salvation Army）、後期聖徒（摩門教）、基督復臨安息日會、浸信會、五旬節會等派別則禁酒。

豬肉：衣索比亞正教、部分將腓尼基人（不吃豬肉）視為祖先的黎巴嫩基督徒不吃豬肉。此外，基督復臨安息日會受猶太教影響，也禁止信徒吃豬肉。

馬肉：歐洲雖然很多國家吃馬肉，但部分基督教派是禁吃馬肉的。英國、愛爾蘭、美國、澳洲這些地方有很多人將馬肉視為禁忌。

其他：有些基督教派也不吃活體料理的動物（如活體生魚片）。此外，一些修會，如嚴規熙篤會的修士則吃素。

基督徒重視的食物是「麵包」，《聖經》中，「麵包」自古便是食物的代名詞。這是因為耶穌在最後的晚餐祝福麵包，向眾人表示那是自己的身體，並要求門徒食用。此外，耶穌也說葡萄酒是自己的血。

基督教的禁食

基督教承繼猶太教，一直都有禁食（Lent）的習慣，但禁食並非什麼都不吃，而是拒食動物肉、魚、蛋、奶油和其他乳製品。基督徒將復活節前的 40 天左右稱為「四旬期（大齋期）」，用以紀念基督所受的苦難，直到 9 世紀左右，基督徒會在四旬期間禁食，一日一餐，只在傍晚進食。此外，除了節日，每週五的飲食也會以魚肉代替陸地動物的肉。謝肉祭（狂歡節、嘉年華）的意義便是在開始守小齋、不吃肉的前三天至一週裡大肆慶祝。

基督教的重要節慶與特殊料理

聖誕節（12 月 25 日）

聖誕節「Christmas」的意思就是「基督彌撒（Christ's Mass）」。聖誕節雖然是慶祝耶穌誕生的節日卻不是基督的生日。在俄羅斯和東歐各國等使用儒略曆的國家裡，聖誕節大約是西曆的 1 月 7 日。
傳統上基督徒會在平安夜守小齋，吃魚類料理。在歐洲內陸國家如捷克和匈牙利，鯉魚是非常受歡迎的菜餚。到了聖誕節當天則會吃大餐，各式各樣的聖誕節期間限定蛋糕、麵包、餅乾，各地都不一樣。

復活節 Easter ╱ Pascha（3 月～4 月）

復活節是為了紀念、銘記耶穌遭釘死在十

字架上三天後復活的節日，地位更勝於聖誕節，是基督教最重要的日子，落在春分第一個滿月後的第一個星期日。

有些教派會定立復活節前約 40 天為大齋期（四旬期），於這段期間避免吃魚、肉、蛋、乳製品和油膩的食物，然後在解禁的復活節當天使用大量的肉、蛋和奶油製作點心。俄羅斯正教有名為「paskha」的點心，俄羅斯、塞爾維亞、烏克蘭等東正教國家則有「kulich」麵包。此外，人們還習慣製作象徵復活與生命的「復活節蛋」。

聖靈降臨節 Pentecost（5 月～6 月）

《新約聖經》中，在耶穌復活、升天後，聖靈降臨在 120 名齊聚一堂祈禱的門徒身上，聖靈降臨節即為紀念這件事的日子，落在復活節後 50 天的星期日。這一天，人們會以象徵三位一體的聖靈形象——白鴿、火焰、風製作點心，其中以鴿子蛋糕（法國人稱「colombier」）最為出名。

其他與基督教有關的食物

希臘：關於「果仁蜜餅（baklava）」的起源，有一說是有人將羅馬時代發明的薄餅「placenta（胎盤）」層層堆疊而成。在希臘，果仁蜜餅要做 33 層，這是基督享年的歲數。

厄瓜多：厄瓜多人會在復活節前的聖週期間享用「fanesca」聖週湯。聖週湯裡放了扁豆、豌豆、玉米等 12 種豆、穀類代表 12 門徒和象徵耶穌的鱈魚乾（bacalao）。

瑞典：瑞典人在 12 月 13 日聖露西亞節時會吃一種加了番紅花與葡萄乾的甜麵包「lussekatter」。

法國、義大利、德國：相傳，pretzel 蝴蝶餅的起源是模仿南法或北義大利修士祈禱時雙手交叉的姿勢所烤出來的麵包，經由德國移民也傳到了美國。據說，日本點心「PRETZ」的靈感也是來自蝴蝶餅。

盧森堡：四旬節的第四個星期天為「蝴蝶餅星期天」，男性習慣在這天贈送蝴蝶餅造型的甜派給心儀的女性，女生如果喜歡對方的話，則在復活節的星期天回送男方復活節蛋巧克力。

亞美尼亞：中東人或東歐人會在 1 月下旬至 2 月下旬間的聖三一主日吃類似牛軋糖的「哈爾瓦酥糖（halva）」，象徵聖人帶來的祝福。

德國：12 月，在等待聖誕節的將臨期間，德國人會吃加有杏仁糖膏（marzipan）的水果麵包——「史多倫（stollen）」。據說，史多倫的造型是象徵襁褓中的耶穌。

佛教

佛教，西元前 5 世紀由佛陀（狹義而言指釋迦牟尼）所創立、宣揚的宗教。佛陀是「覺者、悟道者」的意思。佛教徒遵循佛陀教誨，出家僧侶和在家信徒根據各自的立場修行、實踐，以求悟道與解脫（入涅槃）。

佛教各派的飲食規定

〈大乘佛教〉

大乘佛教始於 1 世紀左右，為佛教帶來了新的觀點。所謂大乘（Mahayana），意為「大的乘載工具」或「大法」，廣泛傳於中國、朝鮮半島、日本等東亞圈。

大乘佛教中，慈悲與不殺生的思想十分普及，在日本，發展出以素食為基礎的「精進料理」及「普茶料理」。

在大乘佛教的影響下，日本自佛教傳來至明治時期為止，也在形式上遵守不食野生獸肉的戒律。明治政府鬆綁規定後，除了禪宗和少數吃素的宗派外，皆允許僧侶吃肉。今日的在家信徒則無類似的飲食規定。

〈上座部佛教〉

上座部佛教留有早期佛教的影響，屬於保守派佛教，以斯里蘭卡、泰國、緬甸、柬埔寨、寮國等國為主。即使在現代，上座部佛教的出家僧侶也遵守「食三淨肉，禁十種不淨肉」的戒律，因此在日本招待上座部佛教僧侶時必須小心，避開馬肉或其他不淨肉（在家信徒則無特殊飲食規定）。

此外，印度佛教因視吃肉為奢侈的行為，加上印度教社會的影響，無論是出家還是在家信徒，從禁慾和禁忌的立場都不吃肉。

※ 三淨肉（沒有看見、沒有聽可信人說、不懷疑為自己而殺的動物肉）以外的動物肉和10種不淨肉（人類、象、馬、狗、蛇、獅子、老虎、豹、熊、鬣狗）不食。

〈藏傳佛教〉

佛教與印度教、耆那教、苯教皆源於印度文化圈，8世紀後期正式傳入西藏後以西藏為中心發展出藏傳佛教。藏傳佛教四大派中，格魯派擁有七成的信徒，其最高領袖達賴喇嘛法王被視為觀音菩薩轉世。密教教義傳到了今日的印度佛教、藏傳佛教和日本的真言宗、天台宗。

由於佛教主張包含人類在內，眾生平等，加上輪迴轉世的概念，認為遭奪去性命的生物可能曾經是自己的父母而重視吃素。然而，在西藏這樣一個自然條件嚴苛的環境中，靠素食維持健康也有難處，因此今日的藏傳佛教除了宗教節日或特定期間外，並沒有強制信徒茹素。當代的達賴喇嘛14世雖然也曾經茹素，但在醫生的建議下開始攝取肉類。

〈苯教（雍仲苯教）〉

西藏自古流傳的傳統宗教，教義與藏傳佛教相似。

〈禪宗（日本曹洞宗永平寺）〉

日本曹洞宗始祖道元禪師闡揚「三德六味」的飲食規則。三德指的是柔軟甘和而不粗澀、清潔而無有葷穢、隨時措辦，製造得宜；六味則是酸、甜、苦、辣、鹹五味加上「淡味」（重視食材本身的味道）。道元禪師也說，使用四季食材為餐飲添加變化，令他人喜悅是很重要的事。

其他飲食規定

佛教中的乳製品

相傳，釋迦牟尼佛苦行6年，身形枯槁，受一位名叫蘇珈達的女子以乳糜粥供養才得以復原。因此，佛教並不禁止牛乳或乳製品，但對於乳製品和蛋的規範仍有地區和宗派上的差異。例如。有些宗派將乳製品視為營養補給品，是給身體狀況不佳的人吃的食物，日本曹洞宗的精進料理則不使用牛奶和乳製品。

什麼是五葷？

即使是素食的齋菜，有些僧侶也忌吃「五葷」這類蔥亞科的植物（蔥、蒜、韭、蕗蕎、洋蔥）。由於強烈的味道會刺激煩惱，在某些地方，山椒、薑和香菜也屬於五葷的範疇。此外，也有僧侶不吃菌菇類。

佛教節慶與特殊料理

灌佛會

灌佛會，日本又稱「花祭」。每年釋迦牟尼佛生日（日本是4月8日，但各國灌佛會日期不一），人們會為釋迦牟尼的佛像澆灌甘茶，喝甘茶以保無災無疾，是日本獨有的慶祝習慣。甘茶原料是繡球花科的落葉灌木「甘茶」，其嫩葉經過蒸煮、揉捻、乾燥後再沖泡成茶飲。

在上座部佛教國家，「衛塞節」相當於灌佛會，各國信徒會在這天吃清淡的素菜。

報恩講

每逢日本淨土真宗祖師——親鸞聖人的忌日時，淨土真宗弟子習慣齊聚一堂用餐。尤其是信徒眾多的北陸，每年都會舉辦盛大的報恩講，將餐點稱為「報恩講料理」，像是福井縣信徒以八頭芋莖醋漬的「suko」，便是當地報恩講精進料理中的必備菜色。

印度教

印度教為多神信仰，為西元前1500年來到北印度的雅利安人宗教吸收當地各式各樣的宗教元素後發展而來，沒有歷史紀錄的創始人，也沒有統一的信仰體系、中央權威。

印度教在印度國內的信徒有10億人，尼泊爾、斯里蘭卡、印尼峇里島等海外信徒合起來大約有1億人以上，是繼基督教、伊斯蘭教全世界信眾第三多的宗教。

印度教徒相信萬物有靈和轉世的概念，不喜殺生，基本上不吃肉。這是因為梵文書寫的經典《吠陀經》中提到「不殺生為接近救贖之道」，認為吃肉是殺害動物，應該避免。此外，也因為自己下輩子也可能會變成動物、魚或昆蟲，所以不殺生。

印度教名稱「Hindu」一詞本來是波斯語「印度河流域」的意思，之後漸漸轉為指稱「印度人」。不過，必須注意的是，印度人不等於印度教徒。儘管印度約有80%的人口為印度教徒，但還居住著將近2億人的伊斯蘭教徒、佛教徒、基督教徒等等，是個宗教多元的國家，當然，不同宗教的飲食戒律也有所不同。

印度教的飲食規定

印度教雖然沒有禁止信徒吃肉，但牛在印度教中是神聖的動物，所以印度教徒不吃牛。此外，印度教徒也傾向不吃豬肉、雞肉、鴨肉、蝸牛、螃蟹、駱駝。

雖然大部分印度教徒為了避免殺生而吃素，不吃肉、豬油與其他來自動物的脂肪和蛋，卻沒有禁止乳製品。他們認為牛奶、優格、奶油等牛的其他產品本質上是潔淨的。

某些地方的印度教徒會吃羔羊、雞肉和魚，也有些人不吃酥油（高純度的奶油）、牛奶、洋蔥、蛋、椰子、大蒜、菌菇類。一般而言，印度教徒傾向不喝酒精飲料。

種姓制度中位於頂端的祭司——婆羅門通常不吃肉、魚、蛋，但孟加拉邦的婆羅門會吃魚，稱魚是「大海的水果」，此外查摩與喀什米爾邦的婆羅門也以吃肉聞名（但只吃羊肉、野豬和野鳥）。

虔誠的印度教徒會在印度教節日、生日

和結婚紀念日等日子裡禁食。

印度教的代表節慶與特殊料理

桑格拉堤節 Makar Sankranti（1月14日）
向印度神話裡太陽神蘇利耶（Surya）獻祭的日子。在冬天最冷的日子裡慶祝從這一天起直到夏至為止，白天將越來越長的太陽週期。桑格拉堤節在印北叫「Lohri」，南部則稱「Pongal」，也有豐收節的意思。節日期間，人們會吃用 jaggery 粗糖將芝麻和花生凝固在一起的點心「gajak」、象徵繁榮的甜奶粥「pongal（payasam）」和黃色檸檬片。

濕婆節 Maha Shivaratri（2月或3月）
印度教最高神祇之一的破壞神濕婆（Shiva）的節日，日期以農曆計算。虔誠的濕婆信徒會從濕婆節早晨至隔日早晨禁食一天。由於濕婆是周身纏繞火焰的神祇，因此向其供奉牛奶、水、蜂蜜等能冷卻身體的食物。

灑紅節 Holi（3月中旬）
印度北部的灑紅節為印度三大節慶之一，是宣告春天開始的節日，人們會互相塗抹彩色粉末、潑灑五顏六色的顏料來慶祝，據說，這是模仿濕婆的結婚隊伍。人們在這一天會吃「蜜甜餅」（malpua，將剛起鍋的薄餅浸泡在糖漿中）、「豆餡甜餅」（puran poli，內餡是豆泥與 jaggery 粗糖的煎餅）、「甜角」（gujiya，外形宛如煎餃，內餡由牛奶、砂糖、杏仁和其他堅果組成的油炸點心）等食物。

歐南節 Onam（8～9月）
喀拉拉邦的傳統豐收節，人們在這一天讚頌印度神話中的瑪哈巴里王（Mahabali），享用「薩迪亞（onam sadhya）」。薩迪亞是一種在巨大的香蕉葉上擺放米飯和多種素食配菜的特殊料理，豐盛又豪華。

象神節 Ganesh Chaturthi（8月～9月）
印度象神甘尼許（Ganesha）以象頭人身、商業之神等特色為人所知，印度每年以西部的馬哈拉施特拉邦為中心，舉辦象神節慶典。慶典期間，人們會獻上象神喜愛的「椰子甜餃」（modak，以麵皮包覆椰子和 jaggery 粗糖餡燒烤的點心）。這道點心後來成為歡喜聖天的供品——唐菓子「清淨歡喜團」，和佛教一起傳到了日本，京都的和菓子老舖「龜屋清永」現在仍有販售。

十勝節 Dussehra（9月～10月）
十勝節與灑紅節、排燈節並列印度三大節。這一天，人們根據印度史詩《羅摩衍那》中的故事，慶祝羅摩王（Rama）戰勝魔王羅波那（Ravana）。許多印度教徒會在十勝節的前9天禁食，或一天一餐。到了十勝節當天，則用西米、馬鈴薯絲、椰子、砂糖等食材製作容易消化的西米飯「sabudana khichdi」。

排燈節 Diwali（10月～11月）
排燈節的時間在十勝節的21天後，人們施放煙火，燃放鞭炮，熱鬧慶祝，是印度最大的節日。排燈節也叫「光明節」，相當於印度的新年，祭拜財富與幸運女神拉克希米（Lakshmi）。十勝節和排燈節期間，許多印度人會返鄉，吃著「玫瑰蜜炸奶球（gulab jamun）」「胡蘿蔔布丁（gajar halwa）」「ladoo」等諸多各地獨有的排燈節甜點。

其他宗教

〈耆那教〉

耆那教為尊者大雄（Mahavira）於西元前6世紀左右創立的印度宗教。耆那教認為世上沒有神和創造者，提倡實踐「不殺生、非暴力（ahimsa）」與其他戒律和苦行。耆那教與印度教同時發展，也受到佛教的影響，佛教中的業力、輪迴、倫理和禁欲主義概念都成為其信仰的一部分。耆那教現在的信徒以印度古吉拉特邦、馬哈拉施特拉邦、拉賈斯坦邦為主，約600萬人。由於不能從事可能會傷害到生物的農業，耆那教徒多為商人或工匠（尤其是寶石或貴重金屬商人），因其信仰虔誠與為人誠懇，在印度社會備受信賴。

耆那教徒奉行嚴格的素食主義，不只不吃肉、魚、蛋和蜂蜜，也禁止吃馬鈴薯、胡蘿蔔、洋蔥等根莖類作物，因為食用根莖可能會傷害到小昆蟲或微生物，加上根莖也是植物生命的所在。此外，耆那教徒不吃菌菇類，不吃發酵麵包、不喝酒，因為認為發酵過程中會犧牲眾多微生物。

乳製品方面，由於是「接收動物孩子喝剩的奶」所以不在禁忌之列，但嚴格的耆那教徒只吃新鮮的優格。

〈錫克教〉

錫克教興起於16世紀印度西北部的旁遮普邦，由那納克（Guru Nanak）創立。錫克的意思是「信徒」，guru則是「上師」的意思。錫克教徒認為眾人在神的面前皆平等，力行一日三原則：「勤懇工作、與貧窮的人分享、一言一行心中皆要有神」。錫克教沒有聖職人員，錫克廟宇

（gurdwara，謁師所）不論信仰、不問男女老少，寬容地接納所有人，錫克教徒還會提供免費的「langar」聖餐。langar聖餐提供素食（包含乳製品），好讓印度信仰任何宗教的人都能食用。據說，錫克教創始者那納克本身是素食主義者，鼓勵信徒茹素，但根據不同宗派，也有吃肉的信徒。葷食錫克教徒吃的是「jhatka」肉，這種肉的取得方式是瞬間宰殺，不讓動物經歷恐懼。錫克教也禁止動物獻祭。錫克教徒雖應節制飲酒，卻沒有禁酒。

〈瑣羅亞斯德教〉

大約在西元前12世紀～7世紀間，查拉圖斯特拉（瑣羅亞斯德）以古波斯原有的伊朗多神信仰為基礎，創立了瑣羅亞斯德教，是世界上最古老的一神教之一。瑣羅亞斯德教是善惡二元論的宗教，信奉唯一的神阿胡拉・瑪茲達（Ahura Mazda），以《阿維斯陀（Avesta）》為聖典。瑣羅亞斯德教又稱拜火教，在他們的儀式中，火象徵了光明與智慧，是很重要的元素。全世界現在的瑣羅亞斯德教信徒約有11～19萬人。當波斯變成伊斯蘭教國家後，瑣羅亞斯德教信徒出逃到印度，被稱為「帕西」（Parsi，意即「波斯人」）。這些帕西人以孟買為基地，從創立「塔塔集團」開始漸漸融入社會，對印度的商業和產業產生莫大的影響力。著名的瑣羅亞斯德教徒有已逝搖滾樂團「QUEEN」的主唱佛萊迪・墨裘瑞（Freddie Mercury）、古典樂指揮家祖賓・梅塔（Zubin Mehta）等人。

雖然有人認為瑣羅亞斯德教沒有飲食規定，但根據聖典《阿維斯陀》記載，始祖瑣羅亞斯德提倡「動物有靈魂與意識」，嚴禁貪婪的肉食。瑣羅亞斯德教沒有禁止

將牛做為家畜使喚，允許信徒食用牛奶、優格、起司、奶油、酥油等牛奶製品。

〈巫毒教（非裔天主教人民信仰）〉

19 世紀時，法國人統治了西非的達荷美王國（今貝南），巫毒教（Vodou）即是天主教與西非豐族（Fon）人的傳統、信仰融合後的宗教。巫毒教信徒多分布在非洲以及當年奴隸被運往的加勒比海地區，如海地、美國南部路易斯安那州等地，加上同類型的巴西坎東伯雷教（Candomblé）、西非尤魯巴人的聖得利亞（Santeria），也合稱為「非裔天主教人民信仰」，據說信徒現在高達 5 千萬人。

巫毒教強調生者與死者（包括祖先、神靈）的關係，配合占卜、附身、動物獻祭、音樂、舞蹈，也相信活死人「殭屍」的存在。

在西非，若是在 70 歲以上的高齡去世的話，常有喪家會在喪禮上請親戚和鄰居吃「炸黑眼豆泥球（Binch Akara）」，這道菜到了巴西被稱做「阿卡拉介豆球（Acarajé）」，獲得青睞，成為宗教儀式上的貢品。一般認為，炸黑眼豆泥球的起源是中東的炸鷹嘴豆泥球，7 ～ 19 世紀間阿拉伯人來到西非後帶來了這種烹調方式。

〈巴哈伊信仰〉

巴哈伊信仰（Baha'i Faith）是 19 世紀中葉由巴哈歐拉於伊朗創立的一神教，在伊朗受到迫害，如今總部位於以色列海法（Haifa）的迦密山，信徒據說有 600 萬人，日本也有分會。

巴哈伊信仰認為飲食是個人的選擇，沒有嚴格的戒律，但信徒會在巴哈伊曆一年的最後一個月（西曆 3 月）於日出到日落之間禁食，為期 19 天，目的是為了重新調整生命，為精神注入活力。

〈道教與儒教〉

道教、儒教、佛教合稱中國三教。道教是漢人傳統宗教，以中國古代民間信仰為基礎，為回應人們追求長生不老、現世利益的願望而誕生。儒教以孔子為始祖，以其提倡的道德、教理打造完整的體系，研究儒教的學問稱為儒學。

道教注重飲食與健康、精神之間的關係，例如倡導人的食量要隨著年紀漸長慢慢減少、避免加工食品等。道教基本上推崇吃素，這可從中文中與食物和料理有關的詞彙中多有「菜」這個字可見端倪，如菜譜、菜單。相傳，豆腐的發明也要歸功於道家。

另一方面，中國的飲食文化也深深反映出孔子的哲學。孔子視「食」為大事，教導人們合適的烹調方法（例如肉類要切末、考慮與其他食物烹煮時的和諧、使用當季食材、所有食物講究色、香、味、口感俱全），為日後成為世界三大菜系之一的中華料理帶來深遠的影響。

〈拉斯塔法里運動（拉斯塔法里主義）〉

拉斯塔法里運動（Rastafari）為 1930 年代興起的宗教思想運動，以牙買加的勞動階級與農民為中心，帶有「返回非洲」的元素。拉斯塔法里信徒奉《聖經》為經典，雖沒有特定的教祖，但視衣索比亞末代皇帝海爾·塞拉西 1 世（Haile Selassie I）為耶和華（Jah）的化身或是崇拜塞拉西 1 世本人。

拉斯塔法里信徒吃的東西稱為「ital food」（牙買加方言對「vital food」的念法），基本為天然、乾淨、單純的素食，

也包含豆腐或其他亞洲食材，避免飲用非天然的飲料，如罐裝或含人工色素的飲料。除了小型魚外，拉斯塔法里信徒禁止吃海鮮，很少吃肉（禁止吃豬肉）也盡可能減少鹽、酒精、牛奶、咖啡的攝取，在聖日遵守特別嚴格的素食規定。另外，拉斯塔法里運動往往和雷鬼音樂有深厚的關連。

其他民族宗教

〈亞茲迪教〉

2018 年亞茲迪女孩娜迪雅．穆拉德（Nadia Murad）榮獲諾貝爾和平獎後，亞茲迪教成為人們討論的話題。亞茲迪教（Yazidism）於 12 世紀左右興起，信徒以庫德人為主，受瑣羅亞斯德教、猶太教、伊斯蘭教、基督教等宗教的影響，崇拜孔雀天使 Melek Taus、敬奉太陽，聖地位於伊拉克北部庫德自治區山區的拉利什（Lalish），亞茲迪信徒認為這裡是地球的中心。亞茲迪教信徒大約有 70 萬 ~100 萬人，除了伊拉克和土耳其這些鄰國，在德國、俄羅斯、美國內布拉斯加州林肯等各個國家都擁有 1 萬人以上的社群。

亞茲迪教飲食上的禁忌是萵苣。庫德語中的萵苣有「力量」的意思，用於形容聖人，因此不吃萵苣。亞茲迪教和猶太教、伊斯蘭教一樣不吃豬肉，也有類似猶太教規定不能混吃的食物。此外，亞茲迪教跟古羅馬的密特拉教一樣，有宰殺公牛食用的宗教儀式。

〈曼達安教〉

曼達安教（Mandaeism）形成於西元 1～2 世紀，是古代一神教信仰，也有人認為曼達安教是從猶太教、早期基督教發展而來。伊拉克南部現在仍有曼達安信徒，美國與澳洲也各自有其社群。

曼達安信徒預估有 6～7 萬人，奉行素食主義，視宰殺和流血為罪行，幾乎不吃肉。此外，就連蔬菜也只吃由種子發芽長大的類型，不吃菇類這種沒有種子的蔬菜。

〈神道教〉

日本民族宗教。神道教在祭儀後有個名為「直會」的傳統，神職人員和參與儀典的人會一起享用向神明供奉的御饌、御酒，象徵人神一體。神道教十分注重日本的人主食──米，日本酒則被視為神酒，地位崇高。

西元 675 年，天武天皇為了推廣水稻種植，擔心肉食成為稻米生長的阻礙，頒布了日本歷史上第一道肉食禁止令。佛教於西元 538 年傳來日本，據說，這道禁令也是受到佛教教義中禁止殺生的影響。

如今的神道教基本上沒有禁止吃肉的飲食規定，但神社內會避免吃四足動物，不過還是有些例外。像是長野縣諏訪市的諏訪大社，即使在禁肉的時代裡也賜與信徒「鹿食免」這樣的免罪符，允許人們吃鹿或四足動物，每年 4 月舉行的御頭祭上，也都會供奉鹿頭和其他鳥獸魚類做為神饌。另外，還有以磐鹿六雁命為主神的高椅神社（栃木縣小山市），身為「日本一社禁鯉宮」，當地信徒則不吃鯉魚。

索引 | 本索引只以料理的主要食材為準，基本上个包含配菜（除了必要配菜）。

＊ 烹調方式 ＊

主食

【參考文獻】
《プロトコールとは何か 世界に通用する公式マナー》寺西千代子著（文春文庫）、《プロトコール 国際儀礼の基礎知識》寺西千代子著（全国官報販売協同組合）、《はじめての国際交流学 プロトコール流》佐藤薫子著（優しい食卓）、《国際交流のための現代プロトコール》阿曽村智子著（東信堂）、《シク教》 グリンダル・シン・マン著 保坂俊司訳（春秋社）、《ジャイナ教とは何か ブックレット＜アジアを学ぼう49＞》上田真啓著（風響社）、《危ない食卓 十九世紀イギリス文学にみる食と毒》横山茂雄著（新人物往来社）、《4行でわかる世界の文明》橋爪大三郎（角川新書）、《宗教と食 食の文化フォーラム》南直人編（ドメス出版）、《「国民料理」の形成 食の文化フォーラム37》西澤治彦編（ドメス出版）、《世界の食に学ぶ 国際化の比較食文化論》河合利光編著（時潮社）、《饗宴外交 ワインと料理で世界はまわる》西川恵（世界文化社）、《世界の国旗図鑑》吹浦忠正著（主婦の友社）、《世界の国旗の「えっ！」》吹浦忠正著（主婦の友社）、《そんなわけで国旗つくっちゃいました！図鑑》吹浦忠正著（主婦の友社）、《オリンピックでよく見るよく聞く国旗と国歌》吹浦忠正・新藤昌子著（三修社）、《ドア208の国と地域がわかる国際理解地図》（帝国書院）、《世界史年表・地図《亀井高孝・三上次男・林健太郎・堀米庸三編（吉川弘文館）、《世界の料理 全20巻》（タイムライフブックス）、《家庭でつくる朝鮮料理》甲 小南、チョ甲連著（評伝社）、《ファラオのレシピ》（大英博物館・ミュージアム図書）《Cuisine of Portuguese Encounters》by Cherie Y. Hamilton（Hippocrene Books）、《La cocina en la vita del Quijote》（Susaeta）、《Traditional Maltese Cooking》（Miller）、《Cookbook for Festivals of India》by Nita Mehta（SNAB）、《Kitchen of Kerala》by Salim Pushpanath, Nimmy Paul、《Kerala Kitchen》（Roli & Janssen BV）、《Gujarati Recipes》（Star）、《Authentic Bhutanese Cookbook》by Punap Ugyen Wangchuk（JOMO Publications）、《Tibetan Cooking》by Elizabeth Esther Kelly（Snow Lion）、《The Lhasa Moon Tibetan Cookbook》by Tsering Wangmo, Zara Houshmand（Snow Lion）、The Algarve Cataplana（Turismo de Portugal Algarve）、《アゼルバイジャンの料理》（Golden Book）、《黃金滷肉飯》柚子著（邦聯文化）。

世界の郷土料理事典

世界地方特色料理圖鑑

集結**300**個國家、地區，藉著食譜認識各地歷史、文化、宗教飲食規則

			日本工作人員	
作　　者	青木百合子		料理製作・攝影／青木ゆり子	
譯　　者	洪于琇		設計／渡辺　稔	
裝幀設計	黃昀嘉		插圖／柏木リエ	
責任編輯	王辰元		編輯協力／菅野和子	

		協力
發 行 人	蘇拾平	栗原惠津子（日本外務省歐洲局）、角潤一（日本駐伊朗大使館）、先崎將弘（飲食文化研究家）、竹村知恵、古野泉、コーシャジャパン株式会社、グル ナーナクダルバール東京、東京ジャーミィ・トルコ文化センター、Tokyo Jain Sangh、ワットパクナム日本別院
總 編 輯	蘇拾平	
副總編輯	王辰元	
資深主編	夏于翔	
主　　編	李明瑾	
業　　務	王綬晨、邱紹溢	
行　　銷	曾曉玲	

出　　版	日出出版
	台北市105松山區復興北路333號11樓之4
	電話：（02）2718-2001　傳真：（02）2718-1258
發　　行	大雁文化事業股份有限公司
	住址：台北市105松山區復興北路333號11樓之4
	24小時傳真服務：（02）2718-1258
	Email：andbooks@andbooks.com.tw
	劃撥帳號：19983379　　戶名：大雁文化事業股份有限公司

初版一刷	2022年5月
定　　價	600元
I S B N	978-626-7044-47-6
I S B N	978-626-7044-48-3（EPUB）

SEKAI NO KYODORYORI JITEN
Copyright © Yuriko Aoki 2020
All rights reserved.
Originally published in Japan in 2020 by Seibundo
Shinkosha Publishing Co., Ltd.・Traditional Chinese
translation rights arranged with Seibundo Shinkosha
Publishing Co., Ltd.・through Keio Cultural Enterprise Co., Ltd.

國家圖書館出版品預行編目（CIP）資料

世界地方特色料理圖鑑：集結 300 個國家、地區，藉著食譜認識各地歷史、文化、宗教飲食規則 /青木百合子著；洪于琇譯. -- 初版. -- 臺北市：日出出版：大雁文化事業股份有限公司發行, 2022.05
　面；　公分
譯自：世界の郷土料理事典
ISBN 978-626-7044-47-6（平裝）

1. 飲食風格 2. 世界地理 3. 食譜

538.7　　　　　　　　　　　　111007038